Ernst Henrici

Lehrbuch der Ephe-Sprache (Ewe) Anlo, Anecho- und
Dahome-Mundart

Mit Glossar und einer Karte der Sklavenküste

Ernst Henrici

Lehrbuch der Ephe-Sprache (Ewe) Anlo, Anecho- und Dahome-Mundart
Mit Glossar und einer Karte der Sklavenküste

ISBN/EAN: 9783744695817

Hergestellt in Europa, USA, Kanada, Australien, Japan

Cover: Foto ©Paul-Georg Meister /pixelio.de

Weitere Bücher finden Sie auf **www.hansebooks.com**

LEHRBÜCHER

DES

SEMINARS

FÜR

RIENTALISCHE PRACHEN

ZU BERLIN

HERAUSGEGEBEN

VON DEM DIRECTOR DES SEMINARS

STUTTGART & BERLIN
W. SPEMANN
1891

DEM ANDENKEN

IHRER HOCHSELIGEN MAJESTÄT

DER

KAISERIN UND KÖNIGIN AUGUSTA

VI

LEHRBUCH

DER

EPHE-SPRACHE

(EWE)

ANLO-, ANECHO- UND DAHOME-MUNDART

MIT

GLOSSAR UND EINER KARTE DER SKLAVENKÜSTE

VON

Dr. phil. Ernst Henrici, M. A.
LAUREATUS DER KGL. FRIEDRICH-WILHELMSUNIVERSITÄT ZU BERLIN UND DER
KGL. PREUSSISCHEN AKADEMIE DER WISSENSCHAFTEN

STUTTGART & BERLIN
W. SPEMANN
1891

Vorwort.

Die Deutsche Togokolonie liegt bei ihrer gegenwärtigen Ausdehnung zum grösseren Teil im Ephesprachgebiet; doch begreift sie nach Norden auch Akposo, Kebu, Adeli, nach Nordwesten Nkunya und Kratschi in sich. Ephe wird immer die wichtigste Sprache der Kolonie bleiben und hat, da es von mehreren Millionen Menschen gesprochen wird, auch eine selbständige Bedeutung. Ueber die Kolonie nach Osten und Westen weit hinausgreifend, ist es von grosser Wichtigkeit für den deutschen Handel vom Volta bis Pheda (Whydah). Im Hinterlande steht allen Sprachen voran das Tschi (Asante), während Adanme (Ga) das in Agotime und Adanbe gesprochen wird, entbehrlich bleibt. Desgleichen hat Yoruba weit hinaus bis zu den Fullahstämmen die Stellung einer allgemeinen Verkehrssprache, zu welcher es durch den regen Handel der Yorubaleute gelangt ist, die nicht nur ihre Handelsreisen bis Yendi, zu den Moschi und Grussi und zum mittleren Niger ausdehnen, sondern sich auch unter diesen Völkern niedergelassen haben. Zwischen Salaga und dem Niger ist die Yorubasprache eine fast ebenso gültige Münze, wie Haussa, und auch in Adeli findet man fast an jedem Orte Leute, mit welchen man sich auf Yoruba verständigen kann. Ephe, Tschi und Yoruba sind die Sprachen, welche für unsere Besitzungen an der Sklavenküste vollständig ausreichen. Denn leider fehlt es an einer allgemeinen Verkehrssprache, wie es Kisuaheli in Ostafrika ist.

Zur Abfassung des vorliegenden Lehrbuches der Ephesprache, auf welches entsprechende für Tschi und Yoruba folgen sollen, hat mich der vollständige Mangel eines solchen veranlasst, der sich bei der zunehmenden Bedeutung der Togokolonie, für welche es zunächst geschrieben, von Tag zu Tage fühlbarer macht. Der Verfasser hat unter zahlreichen afrikanischen Völkern lange selbst gründlich das Leiden empfunden, immer durch einen oder gar mehrere Dolmetscher verkehren und auf Gnade und Ungnade von diesen abhängen zu müssen, um, wenn nicht Spitzbübereien, doch im besten Falle Missverständnissen der Dolmetscher und Eingeborenen ausgesetzt zu sein. Als Verständigungsmittel diente in Deutsch-Westafrika bisher das dürftige Negerenglisch, dessen ganzer Sprachschatz sich auf kaum hundert Wörter beläuft. Wem ginge nicht ein Schauder über bei Worten wie: *Them massa no be fit for go bush* (dieser Herr ist nicht für Reisen ins Innere geeignet) oder: *He live for find him but no look him* (er ist dabei es zu suchen, findet es aber nicht). Einige Beamte und Kaufleute fangen an, ihren Hausjungen etwas deutsch beizubringen, damit ist aber für die ganze Stellung der Deutschen dem Volke gegenüber noch nichts gewonnen. Der Beamte und Kaufmann muss in Zukunft mindestens soviel von der Landessprache verstehen, dass er den Dolmetscher überwachen kann. Dazu ihm zu helfen, ist der Zweck dieses Buches, das schon um dieses Zweckes willen gar kein wissenschaftliches sein darf noch will.

Von den Arbeiten der Bremer Missionare, welche zu Keta und Ho an der englischen Sklavenküste wirken, ist mein Buch ausgegangen. Doch fehlt es unter all den Arbeiten der Bremer gerade noch an einem Lehrbuch und an einem Wörterbuche. J. B. Schlegels »Schlüssel der Ewesprache, dargeboten in den grammatischen Grundzügen des Anlodialekts, Stuttgart 1857 war eine seiner Zeit Achtung verdienende Leistung, zum

Lernen aber ist das Buch völlig unbrauchbar, und zwar wegen der bei den Bremern selbst veralteten Schreibung und des Mangels an praktischem Uebungsstoff. Wer nicht geübter Sprachforscher ist, wird auch sehr viel Zeit aufwenden müssen, um dem Buche überhaupt beizukommen. Schlegels Arbeit ist aber eine gute Materialsammlung, und ich habe ihr einige Beispiele zu den grammatischen Ausführungen entnommen.

Der Abriss der Grammatik ist, um den Lernenden rasch zu praktischen Uebungen gelangen zu lassen, so kurz wie möglich gefasst. Die lautphysiologische Seite der Sprache konnte hier nicht näheren Erwägungen unterzogen werden, und der Verfasser musste, so nahe ihm auch die Lust zu physiologischen Auseinandersetzungen lag, diese doch bei Seite lassen, wenn er nicht seinem eigentlichen Zwecke, ein Lehrbuch zu schreiben, ungetreu werden wollte. Bei der Darstellung der Laute durch die Schrift habe ich aber einen Schritt gethan, den ich vom praktischen und schriftästhetischen Standpunkte für geboten hielt: ich habe mit dem Antiquaalphabet auszukommen gesucht und die Mischung mit griechischen Buchstaben ganz aufgegeben. Es ist ein grosser Unterschied, ob man als Sprachforscher wissenschaftliche Werke schreibt, oder ein Lehrbuch, odc. gar erst die Schrift für eine neu entstehende Literatur schafft. Einheitlicher Charakter der Schriftzüge muss der unverbrüchliche Grundsatz sein, nach welchem die Schrift zu gestalten ist. Wie hässlich ist in deutscher Schrift schon das gelegentlich auftretende é, è und ê! Der um die Voltasprachen hochverdiente Christaller wollte auf dem von den Bremern betretenen Wege der Mengung lateinischer und griechischer Buchstaben durch Einführung des φ und ε fortschreiten, beides für wissenschaftliche, namentlich lautphysiologische Arbeiten, wohl zu billigen: aber nur längere Gewöhnung kann über das unschöne dieser Mischung hinwegsetzen.

X

Einmal auf dem Wege der Reform, habe ich mich zu weiteren durchgreifenden Vereinfachungen der Ephe-Orthographie entschlossen. Lepsius' Standard-Alphabet hat, nachdem inzwischen die Lautphysiologie eine ganze Wissenschaft geworden ist, längst seine Bedeutung verloren, und auch das Bremer Alphabet musste notgedrungen schon abweichen. Für Ephe hatte ich nunmehr über die Grenzen des Anlodialektes hinaus die Mundarten zu berücksichtigen, und damit verbot sich jede Halbheit um so mehr. Wenn ich für das *tš* des Bremer Alphabetes jetzt *č* schreibe, so genügt es zu bemerken, dass *č* im Anlo wie tsch, im Mittellande wie tss, in den Dialekten von Anecho und Dahome wie ss gesprochen wird; es kann also die Schreibung beispielsweise von *eči*, Wasser, auch in den anderen Mundarten bestehen bleiben, und keine der drei Aussprachen ist bei dem Zeichen *č* unerhört. Der Italiener spricht c vor *i* als tsch, der Deutsche tss, der Franzose ss: italienisch *citronino* (tschitronino), deutsch Citrone (tssitrone), französisch *citron* (ssitrö); die drei Aussprachen für *eči*: etschi, etssi und essi liegen also ganz nahe. Dass nicht einfaches *c* für den Laut gewählt wurde, geschah, weil in den europäischen Sprachen *c* vor *a*, *o* und *u* wie *k* lautet, und weil deshalb uns eine Schreibung wie co mit der Aussprache tscho widerstreben würde. Dies Beispiel genüge.

Es mussten also grundsätzliche Aenderungen eingeführt werden, und die leitenden Grundsätze waren:
1. Beseitigung aller griechischen Buchstaben.
2. Darstellung sämmtlicher Laute durch einfache Zeichen.
3. Zur Ergänzung des nicht ausreichenden Antiqua-Alphabetes dienen: der Strich und Punkt über oder unter, der Akut, Circumflex, Haken (ˇ) und Spiritus asper über den Buchstaben.

Folgende Aenderungen hat das Bremer Alphabet demnach erlitten:

1. Das kurze auslautende e, welches gleich dem e in »Mitte« nach i hin klingt, bezeichnen die Bremer nicht besonders; Christaller schlug ε vor. Im vorliegenden Buche ist es mit ė bezeichnet (e mit i-Punkt).

2. Statt χ ist ḥ eingeführt. Der Laut klingt in den verschiedenen Mundarten vom tiefen Guttural, deutschem ch in »rauchen«, bis zum einfachen h. Das ḥ fügt sich auch hinter h leicht in das Alphabet ein, während gr. χ aus der ihm im griechischen Alphabet zukommenden Stellung herausgerissen ist.

3. Für γ ist ġ eingeführt; auch physiologisch ist der Laut mit g verwandt.

4. Statt ɸ ist ṗ eingetreten. Der Laut gehört durchaus in die p-Reihe, weshalb Christaller für das widersinnige ɸ auch griechisch φ vorschlug. In manchen Mundarten ist der Laut geradezu in p übergegangen, ja sogar bis kp fälschlich fortentwickelt.

5. Für ny ist ñ gesetzt. Der Laut ist ein einfach mouillierter, wie im französischen *campagne*, italienisch *campagna*, spanisch *campaña*. Der leichte Uebergang von ñ (ny) in n, wie er zum Beispiel in ñiko̱ — nko̱, Name, sich zeigt, sollte hinreichende Veranlassung zu einfacher und dem n verwandter Darstellung des Lautes sein. Die Bezeichnung durch ny führt zu falschen Vorstellungen, denn das y gilt im Ephe sonst für einen Laut, der unserem deutschen j mit kurz vorgeschlagenem i entspricht. Die Schreibung ñ ist unbedenklich, obwohl der Circumflex (Tilde) sonst nur für nasale Vokale angewendet wird; das ñ ist aber aus dem Spanischen *(n con tilde)* genügend bekannt.

6. Für tš tritt č ein.

7. » ť » j »
8. » dš » ǰ »
9. » dʑ » ǰ »
10. » dʑ̧ » ǯ »

Zu 6, 8, 9 und 10 sei bemerkt, dass diese Laute ebenso einheitliche sind, wie beispielsweise italienisch c und g vor e und i, englisch j in *job* und russisch ч.

gb und kp sind geblieben, da die sie bildenden Elemente je zwei ganz verschiedenen Consonantreihen angehören und ein blosses diakritisches Zeichen an b und p kein genügender Ausdruck für diese Verschiedenheit sein würde.

Für die Literatur muss den Sprachen, wo nicht eine geschichtliche Ueberlieferung (historische Orthographie) schon vorliegt, die Schrift wie ein Kleid angepasst werden. Man denke nur an die slavischen Sprachen: wie glatt sitzt dem altbulgarischen und russischen das kyrillische Alphabet, und wie verschroben ist die Schreibung des nahe verwandten polnischen. Möge eine Reform für Ephe sich bald Bahn brechen. Wer an das Bremer Alphabet gewöhnt ist, wird zwar zuerst Einspruch erheben; das ist eben die Macht der Gewohnheit.

Zum Vergleich folgen hier ein paar Verse aus der Bremer Bibelübersetzung, II. Mos. II, V. 1 und 2:

Bremer: *Eye ñūtšuade ši tšo Lewi weme la to edši yidade*
Neu: *ñúcuade   éo   peme   eji*
Bremer: *Lewi winyōmuriade. Eye nyōnu la fofu, eye wodši*
Neu: *wiñōmuriade.   ñōnu   woji*
Bremer: *ñūtšuri eye eši wokpo be edze deka la woyle yleti eto.*
Neu: *ñúcuri   eçe   wogle gleti*

Was die Einreihung in das Alphabet betrifft, so setze ich ć an seine Stelle hinter b. In den europäischen Sprachen heisst es Abc, beziehungsweise im italienischen Abc (abbitschi) u. s. f., und der Ephe-Schüler sollte ein Abd haben! Jetzt hat er ein Abetsche. j, ȷ und ɉ stehen hinter y, das seinerseits hinter i tritt. gb und kp, obwohl lautlich mehr zu b und p gehörig, mussten hinter g und k eingereiht werden, um das Aufschlagen im Wörterverzeichniss nicht zu erschweren. ñ steht hinter n, ṗ hinter p; ƭ steht hinter einfachem ƨ und macht den Schluss des Alphabetes. Dass die Orthographie in diesem Lehrbuche bisweilen schwankt, wird der nicht tadeln, der je eine unliteratische Sprache niedergeschrieben hat; Sicherheit wird erst gewonnen, wenn die etymologische Forschung weiter vorgerückt ist. In Zweifelsfällen soll das Wörterverzeichniss als Richtschnur dienen.

In der Darstellung der Konjugation bin ich, wie der Kundige leicht sehen wird, von Schlegels Auffassung darin abgewichen, dass ich die Bildungen mit ḅa, ga und ge nicht als eigene Konjugationen bezeichne. Sie sind Verbanhäufungen, und nur wegen ihres häufigen formelhaften Vorkommens hat Schlegel sie aus der Fülle der anderen Gruppenverben herausgegriffen.

Bezüglich des Dialektes, den ich für die Grammatik wählen sollte, konnte kein Zweifel sein. Der Anlodialekt ist nun einmal zur Schriftsprache geworden und wird, wenn auch in Zukunft andere Mundarten zur Schriftsprache beitragen, was unbedingt nötig und nur zum Vorteil der Sprache ist, dennoch immer der Kern derselben bleiben. Ueberdies durchziehen die zum grossen Teil von der Keta-Lagune durch die Engländer vertriebenen Anloleute als Händler das ganze West- und Mittelland, und ihre Mundart steht in dauernder Wechselwirkung neben den übrigen. Die thatkräftige Erschliessung und Sicherung der Handelsstrassen wird allmählich die getrennten Mundarten, bei denen man jetzt bis in Dorfdialekte scheiden muss, näher rücken und abschleifen. Die Grammatik musste sich naturgemäss auf einen Dialekt stützen, und konnte es um so mehr, als die Verschiedenheiten der Mundarten überwiegend auf dem Gebiete des Wortschatzes und der Phraseologie liegen, während Formenbildung und Satzbau nur unwesentlich abweichen.

Für den praktischen Teil des Lehrbuches gebe ich zunächst Uebungen zur bestehenden Schriftsprache, also dem Anlodialekt, in welchen die Bremer Missionare einen Teil der Bibel übersetzt haben, und in welchem eine Reihe weiter unten verzeichneter Bücher abgefasst ist. Missionen, welche in anderen Teilen des Ephegebietes vielleicht in Zukunft arbeiten, könnten doch schwer die Bibel in kürzerer Zeit in andere Mundarten übertragen, und sollten es auch nicht, damit die jetzt bestehende Uebersetzung eine ähnliche sprachlich vermittelnde Aufgabe erfülle, wie Luthers für die deutsche Sprache. Dagegen musste unbedingt auch dem Dialekt von Anecho (Klein-Popo), so buntscheckig er auch sein mag, eine hervorragende Stelle im praktischen Teile angewiesen werden, da er gerade an der deutschen Togoküste herrscht und von dieser aus, namentlich nach Osten hin, sich rasch Gebiet erobert. Anecho und das nahe gelegene Sebbe sind überdies der Sitz der deutschen Reichsverwaltung. Da das vorliegende Buch in erster Linie der deutschen Kolonie dienen soll, so sind die Uebungen zum Anechodialekte am reichlichsten ausgefallen: zusammenhängende Texte, ein paar kurze sonntägliche Ansprachen, wie der Verfasser sie seinen Leuten zu halten pflegt, und Gespräche. Den Stoff zu den Gesprächen dieses Teiles habe ich nach den Bedürfnissen des täglichen Lebens ausgearbeitet; für ein paar Seiten habe ich dabei die nur handschriftlich vorhandenen Anlo-Uebungen der Bremer Mission in den Anechodialekt umgeschrieben und eingestreut. Ich verdanke diese Blätter der Freundlichkeit der Bremer Mission, welche mir auch gestattete, den Anlo-Text dieser Uebungen abzudrucken. Herrn Missionsdirektor Zahn statte ich dafür verbindlichsten Dank ab.

Die Lesestücke der Anlo-Uebungen sind dem *Epe Ṅgḷẹ-Agbale*, I und II, Bremen 1881—1886 entnommen. Ich habe diese Stücke gewählt, weil sie im westafrikanischen Elementarunterricht eine Art klassischer Bedeutung bekommen haben, insofern als sie in mehreren Sprachen schon verwendet sind. Der Inhalt stammt von der Baseler Mission, vergl. die Tschi- und Ga-Lehrbücher. Ferner gebe ich einige Abschnitte der Bibel, welche ich hinzugefügt habe, um das Buch für Schule und Mission brauchbar zu machen: Der Lernende braucht nicht besorgen, dass er aus diesen biblischen Abschnitten ein geschraubtes vielleicht gar den Schwarzen selbst unverständliches Ephe lerne, zu dem der Uebersetzer in Ermangelung einer genügend reichen Sprache seine Zuflucht genommen hätte. Die Ephesprache ist zum Ausdruck abstrakter Begriffe genau so geeignet, wie irgend eine andere, und die Ephe-Bibel schlägt den einfachen verständlichen Ton des Volkes an.

Ich gebe zu den Uebungsstücken Erläuterungen und, mit Ausnahme der biblischen Texte, zu denen man am besten den hebräischen und griechischen Grundtext, zur Not auch Luthers Uebersetzung heranzieht, die möglichst wortgetreue Uebersetzung, also sozusagen eine Präparation, welche schneller in den Geist der Sprache einführen wird, als alle grammatischen Regeln und Wörterbücher. Eine lebende Sprache will lebendig erlernt werden, und so wenig ich mich auch zur Ausarbeitung eines plumpen »Trichters« entschliessen konnte, aus welchem man sich im besten Falle nur für ein paar hundert Sätze abrichtet, ebenso wenig konnte ich einem Lernenden zumuten, dürftige Grammatik auswendig zu lernen, wie es die ältere Sprachlehrmethode thut. Seit sechzehn Jahren habe ich im Unterricht für die meisten europäischen Sprachen den Vorteil der Robertsonschen Methode erprobt, welche die Sprache am lebendigen Text einübt: sie hat den grossen Vorteil, für jede Sprache zu passen, da sie von der fremden Sprache ausgeht und diese beschreibt. Ich wende sie hier nun für eine afrikanische Sprache an.

Was den dritten Teil der praktischen Uebungen, die Dahome-Stücke betrifft, so habe ich dieselben des Raumes wegen knapp halten müssen. Ich habe sie aus dem Munde eines alten Dahome-Kriegers, Tosu, und eines jungen Dahome-Sklaven, Gudekpo, gesammelt. Während des Druckes erschien: »Côte Occidentale d'Afrique. Etablissements Français du Golfe de Bénin par Alexandre L. d'Albéca. Paris, Librairie Militaire de L. Boudouin et Cie. 30 Rue et Passage Dauphiné 1889.« Das Buch enthält auch einen sprachlichen Abschnitt, der Anerkennung verdient. M. d'Albéca hat aber die Arbeiten der Bremer Missionare augenscheinlich gar nicht gekannt; für ihn ist schon die wenig von Dahome abweichende Mundart von Phla (Grand-Popo) eine andere Sprache. Wichtig aber ist der Aufschluss, dass im Königreich Porto-Novo (Kutonu) Dahome gesprochen wird: die Sprachgrenze liegt gegen Yoruba also etwas mehr östlich, als auf der beigegebenen Karte verzeichnet ist. Aus d'Albécas Vokabular konnte ich noch einige Dahome-Wörter für dies Buch auswählen.

Das Glossar ist nichts als ein alphabetischer Index, und soll nur dem ersten Bedürfniss dienen. Trotzdem dürfte es in der Nomenklatur reichhaltiger sein, als Schlegel. Für den Anlodialekt, dessen Texte wegen der schon vorliegenden Bremer Literatur kürzer gehalten sind, bin ich im Glossar über den Rahmen dieses Buches hinausgegangen, wobei Schlegels Arbeit benutzt werden konnte. Ueberall natürlich, wo Schlegel oder d'Albéca Material abgaben, sind die Wörter in die Orthographie dieses Buches umgeschrieben und vielfach berichtigt worden. Den Teil Deutsch-Ephe habe ich bezüglich der deutschen Synonyma knapp gehalten: ein wenig Nachdenken wird meist das entsprechende Wort auffinden lassen, etwa die Synonyma begreifen, verstehen, auffassen. Ein grösseres Wörterbuch, die Dialekte insgesamt umfassend, wäre eine dringende Notwendigkeit.

Der Europäer, welcher an die palmen- und fieberreiche afrikanische Küste, sei es als Kaufmann oder Pflanzer, sei es als Missionar oder Beamter hinausgeht, soll in vorliegender Arbeit ein möglichst bequemes Hülfsmittel zur Erlernung der reichen und keineswegs leichten Ephesprache finden. Der Vorteil eines in Europa und während einer fünfwöchentlichen Reise an Bord vorausgegangenen Studiums ist, trotz der Gefahr von Irrtümern, namentlich bezüglich der Aussprache, doch ein ungeheuerer. Das Klima gestattet daheim wohl starke geistige Anstrengung, aber der neue Ankömmling darf sich solche draussen in gleichem Maasse nicht erlauben. Gerade in die erste Zeit des Aufenthaltes an der Westküste fallen ja die Plagen der Gewöhnungskrankheiten, und auch später meldet sich das Fieber häufig. Also lerne Jeder, so viel er kann, zuvor.

An ein methodisches Verteilen des grammatischen Stoffes ist, bei der von Grund aus verschiedenen Anschauungs- und Ausdrucksweise der Afrikaner, nicht zu denken gewesen. Der Lernende muss zum mindesten erst einen Ueberblick über die Grammatik gewonnen haben, ehe er mit Erfolg an praktische Uebungen gehen kann. Deshalb empfehle ich folgenden Lehrplan:

1. Ein- bis zweimaliges Durchlesen des grammatischen Teiles.
2. Einüben der kleinen Anlo-Uebungsstücke, so dass der Lernende im Stande ist, dieselben in der fremden Sprache wiederzugeben, wenn ihm der deutsche Text vorgelegt wird. Es empfiehlt sich, diese wichtigste Uebung auch schriftlich auszuführen. Gleichzeitig
3. auf dieselbe Weise Einüben der Gespräche.

Wem es um eine wirkliche Kenntnis der Sprache zu thun ist, der fange unbedingt mit den Uebungen zum Anlodialekt an; sonst ist die Wahl des vorwiegend zu betreibenden Dialektes nach dem Platze zu treffen, auf welchen der Lernende sich begeben will. Erst wenn vielleicht zwei bis drei der kleinen Lesestücke und ebensoviel Seiten der Gespräche eingeprägt sind, gehe man an die

    4. feste Einübung der Grammatik, fahre aber dabei mit dem Durcharbeiten der Lesestücke und Gespräche ununterbrochen fort. Auch vergesse man nie reichliche Wiederholung. Im Sprachstudium geht Wiederholung über Neulernen.

Die Unterscheidung der Dialekte wird nach kurzer Zeit schon nicht mehr schwer fallen.

Behufs weiteren Studiums ist der Lernende bis jetzt noch allein auf die Anlo-Wörtersammlung in Schlegels »Schlüssel« als Hülfsmittel angewiesen, die einen reichen phraseologischen Stoff bietet, aber mit steter Vorsicht, namentlich bezüglich der Schreibung, zu gebrauchen ist.

Der Aufenthalt im Lande allein kann aber eine wirklich tüchtige Kenntnis der Sprache geben: spricht doch der Neger fast ebensoviel mit dem Gesichtsausdruck und Handbewegungen, mit dem Ton seiner Stimme, wie mit Worten. Dort im Lande wird ein tägliches Zusammenarbeiten mit einem verständigen Dolmetscher schnell fördern. Der Lernende muss sich dabei durchaus gewöhnen, die Elemente der Sprache selbst zu analysieren. Hat er den in diesem Lehrbuch gebotenen Stoff erschöpft, so gehe er zunächst etwa an den zweiten Teil des Lesebuches der Bremer Mission, dessen Verständnis mit gelegentlicher Hülfe des Dolmetschers nicht schwer fallen wird.

Einen Rat aber kann der Verfasser nicht unterlassen. Wer nicht darauf gefasst ist, mindestens ein Vierteljahr mit grosser Mühe zu kämpfen und mindestens bei täglich zweistündiger Arbeit ein Jahr lang zu lernen, der fange lieber gar nicht erst an. Eine afrikanische Sprache lässt sich nicht schneller erlernen als eine »Kultursprache«. Wer aber die ersten sehr grossen Schwierigkeiten überwunden hat, der wird bald Freude an seinem Studium haben und etwas mehr Achtung vor dem schöpferischen Geist der Neger bekommen.

Die Drucklegung habe ich, bei einem kurzen Aufenthalte in Europa, leider nur für die ersten drei und die letzten Bogen überwachen können. Die weitere Mühewaltung übernahm mein Bruder Emil: eine sauere Arbeit für eine bis dahin ihm ganz fremde Sprache. Damit möge man etwa vorhandene kleine Satzfehler entschuldigen.

Zum Schluss habe ich noch schuldigen Dank abzustatten an den Häuptling Nayo, genannt J. C. Bruce. Er, der mit gleicher Meisterschaft Ephe, Ga und Tschi beherrscht, hat mir die Brücke vom europäischen zum afrikanischen Denken schlagen helfen. Die Sprache ist der Ausdruck des Denkens, und wer sich nicht in das Denken der Afrikaner hineinlebt, wird nie ihre Sprache lernen.

Hof Ernsthausen bei Gaphe im Togogebiete. September 1889 und Oktober 1890.

Ernst Henrici.

Abkürzungen.

A. = Anlo.
An. = Anecho.
D. = Dahome, Fongbe.
Adj. = Adjektiv.
Subst. = Substantiv.
Pron. = Pronomen.
Num. = Zahlwort, Numerale.

Adv. = Adverb.
Konj. = Konjunktion.
V. = Verb.
S. = Singular.
Pl. = Plural.
Frdw. = Fremdwort.
Gramm. = Grammatik.

Inhaltsverzeichniss.

	Seite
Vorwort	I—XIX
Abkürzungen	XX
Die Afrikanischen Sprachen.	
Negersprachen im engeren Sinne. Ephe und dessen Mundarten und Literatur	1
Abriss der Grammatik	9
Uebungsbuch.	
I. Anlodialekt.	
Lesestücke	43
Zeitrechnung	59
Sprichwörter	61
Stücke aus der Bibelübersetzung	62
Gespräche	71
II. Mundart von Anecho.	
Einleitung	91
Lesestücke	92
Heidenpredigten	94
Gespräche	103
III. Mundart von Dahome (Fongbe).	
Bemerkungen zur Fongbe Grammatik	165
Kleines Vokabular	167
Lesestücke	169
Gespräche	171
Münzen, Masse, Gewichte	175
Glossar	177
Ephe-Deutsch	179
Deutsch-Ephe	230
Bemerkte Satzfehler	268
Bemerkungen zur Karte	269

Die afrikanischen Sprachen.

Negersprachen im engeren Sinne. Ephe und dessen Mundarten und Literatur.

Afrika, welchem der Name des dunklen Erdteils geworden ist, wird als das Gebiet der dunkelfarbigen Rasse diesen Namen auch jetzt und in Zukunft noch weiter führen können, nachdem das geographische Dunkel desselben sich mehr und mehr gelichtet hat. Semitische und hamitische Völker bewohnen den Norden und Nordosten des Erdteils, den westlichen Sudan überschwemmten in neuester Zeit die gelben Fullahs (Fulbe), deren Zugehörigkeit zu anderen Völkergruppen noch nicht sicher steht, die aber, nach einem meteorhaften Auftauchen und Vordringen, schon wieder im Niedergange begriffen sind und sich mit den von ihnen unterworfenen Völkern mischen. Alles was südlich von ihnen wohnt, ist als dunkelfarbige oder eigentliche afrikanische Rasse zu bezeichnen bis zu den Hottentotten, Buschmännern und Kaffern der Südspitze des Erdteils, welchen Lepsius hamitisches Blut zuschreibt. Unerforscht sind noch die Urzusammenhänge vieler dieser dunkelfarbigen Stämme, namentlich diejenigen der Bantuvölker im Süden mit den Negervölkern im engeren Sinne an der Westküste. Fr. Müller, Grundriss der Sprachwissenschaft, Wien 1876, erkennt keinen Zusammenhang der Bantusprachen mit den nigritischen an, während Christaller, Ztschr. f. afr. Sprachen, 1888, Heft III, S. 161 sagt: »dass der gemeinsame Ursprung der Negervölker, die Bantu eingeschlossen, sowie ihrer Sprachen leichter anzunehmen ist, als bei verschiedenem Ursprung das Zusammenstimmen in vielen Einzelheiten erklärt werden könne«. Auch Lepsius nimmt Urverwandtschaft zwischen Nigritiern und Sudannegern einerseits und den Bantuvölkern andererseits an. Ob aber in der That, wie Lepsius in der Einleitung zu seiner Nubischen Grammatik, Berlin, W. Herz 1880, meint, hamitische und semitische Sprachen auf die Entfremdung der Negersprachen im engeren Sinne von den Bantusprachen eingewirkt haben, bleibt noch zu erforschen, jedenfalls ist der Zusammenhang zwischen Bantu und den Negersprachen ein lockerer.

Die Ephesprache gehört der Sprachengruppe von Ober-Guinea an, welche ihrerseits in drei Hauptäste zu zerlegen ist:

1. Wolof, Mandingo-Wai-Golo-Kru-Grebo, Gura, Pessa, Dei, Kabo etc. im Westen von Senegambien an;
2. die Volta-Gruppe, umfassend Tschi (Asante-Fanti), Adanme-Ga, Guan im Bereich weit um Salaga, Avatime, Akposo, Ana, Kebu, Adele, Ephe, u. a., letzteres von der Goldküste bis Yoruba;
3. die Niger-Gruppe, umfassend Yoruba, Nupe, Ibo, Efik u. a., zu beiden Seiten des unteren Niger (Kuora), bis zu den Haussa im Nordosten und Osten und den Bantu im Südosten.

Von der Mündung des Amu (Volta) nordwärts bis Kpandu einschliesslich, dann mit dem Randgebirge (Agome-Akposogebirge u. s. w.) als ungefährer Grenze, mit dem achten Breitengrade etwa sich ostwärts wendend und ganz Dahome bis Yoruba hin einschliessend, liegt das Sprachgebiet des Ephevolkes. Kleinere Sprachinseln sind in dasselbe eingesprengt, doch greift auch Ephe am Unterlauf des Amu über den Fluss hinweg; Avatime hat seine eigene Sprache, und die Agotimeleute, wenngleich in Folge der regen Handelsbeziehungen an der grossen Karavanenstrasse von Salaga nach Lome fast ohne Ausnahme des Ephe mächtig, sprechen doch, ebenso wie die Adanbeleute am Haho, als alte Volkssprache unter sich stets einen Adanmedialekt. Nach Norden schliesst sich die Akpososprache an, welche mit Avatime verwandt zu sein scheint, dann Kebu und Adeli. Die Zugehörigkeit der Sprache von Ana, am oberen Lauf des Amutsu, steht noch nicht fest; doch ist sie jedenfalls mit Anago (Lagos) verwandt. Im Nordwesten sind Tschi (Asante), Boä und Guan, von Nkunya an herrschend, die nächsten Nachbarn. In vielen Stücken schliesst sich Ephe mit den Bantusprachen enger zusammen als andere Guineasprachen; es ist nicht unmöglich, dass die Ephe ein in früher Zeit nördlich gewanderter Bantustamm sind.

Ephe bedeutet Land, Heimat, auch das Innere im Gegensatz zur Küste. Für die Epheleute ist »das Land« schlechthin ihr Land. Ihr

Gebiet nennen sie *Epeme*, die Bewohner *Epe*, Plural *Epewo*; ein Ephemann heisst *Epeto* oder *Epeme*. Bei dem stark ausgebildeten Sippengefühl der Afrikaner und besonders der Ephe, ist es erklärlich dass das Gefühl der Volksgemeinschaft zurücktritt, und daher kommt es, dass die Bezeichnung Ephe vielen überhaupt nicht geläufig ist, andererseits auch als Bezeichnung für den Notschä (Nodschie)-Stamm gebraucht wird. Die Glieder eines Stammes stehen denjenigen anderer Stämme fast ebenso fremd gegenüber, wie den Galeuten, Asantes und anderen. Nicht einmal der Kultus ist ein nationales Band für sie: denn ihre eigenen Priestergenossenschaften hängen zum grössten Teil von ausländischen ab, namentlich dem grossen Fetisch zu Pereu in Adeli. Von den Galeuten werden Epheland und dessen Sprache Ayigbe genannt, in Europa begegnet gelegentlich die Bezeichnung Dahome für die Sprache sämmtlicher Stämme. Ephe bleibt genau ebenso die beste Bezeichnung wie Deutsch für uns.

Die Ephe zerfallen in zahlreiche Stämme mit verschiedenen Mundarten Schlegel nimmt fünf Hauptgruppen derselben an: Dahome im Osten, Machi im Nordosten, Pheda (Whydah) an der östlichen Küste, Anfuä im westlichen Hinterlande, und Anlo an der Ketalagune. Indessen man hat nur drei Hauptdialekte zu scheiden: den westländischen, mittelländischen und ostländischen, deren jeder wieder in einen Küsten- und einen oder zwei binnenländische Dialekte zerfällt.

1. Die westländische Mundart scheidet sich in Anlo an der Ketalagune und Anfuä, das ist die Gruppe der wenig unter einander verschiedenen Mundarten von Ho, Peki und Kpandu.

2. Die mittelländische Mundart umfasst an der Küste das Gebiet etwa von Denu und Aphlahu auf englischer Seite, die ganze deutsche Togoküste entlang bis wenig östlich von Aguä (Adyigo) auf französischem Boden. Nach innen greift der mittelländische Dialekt bis ans Gebirge vor und umfasst auch die schmale französische Kolonie bis Dahome. Doch liegt an dieser Stelle bereits die Scheide der Mundarten, denn am mittleren Lauf des Mono zeigen sich schon die Eigenheiten des Dahomedialektes, wie überhaupt die Uebergänge nirgends schroff sind. Für den mittelländischen Dialekt sind in der Richtung von Nordwest nach Südost drei Unterabteilungen zu trennen:

a) Der Gebirgsdialekt, von Fiopome an über Agome Kpalime) bis Gbele herrschend, und südlich bis zum Agu, nördlich bei Kame, Liati etc., ein Stück über die Berge hinausgreifend: **nordmittelländische Mundart**.

b Das Ephe im engeren Sinne, im Herzen des ganzen Gebietes gesprochen, in Notschä, Game, Gaphe, Tseviephe, kurz, an den mittleren Läufen der Flüsse Haho, Lili, Jio und bis an die Togolagune Gbaga) vorgreifend. An der Küste werden mittelländische Mundarten gesprochen, welche zum Teil unter fremdem Einfluss sich gebildet haben und noch bilden.

Der Küstenstreifen von Denu bis Aguä bildet eine Gruppe mit nur geringen Abweichungen, doch ist die Mundart von Anecho (Klein Popo) als ungleich wichtigste zu bezeichnen. Die fremden Bestandtheile dieses

c^1 südmittelländischen (Anecho-) Dialektes sind teils afrikanischen, teils europäischen Ursprungs. Zur Bildung desselben haben namentlich Einwanderungen von Elmina, Adanme an der Mündung des Volta und Akra beigetragen, welch letztere 1680 stattfand, als Akra (richtiger Ga, die Asante und Fanti nennen es Ṅkraṅ, daher entstellt Akra) von den damals mit den Asantes verbündeten Akwambus verheert wurde. König Momotsche floh über den Volta nach Ada und von dort weiter nach Nordosten. Adanmeleute, welche sich ihm anschlossen, gründeten Adanbe am Haho, der König selbst ging nach Stadt Togo jenseit der grossen Lagune, hinter Porto Seguro und begründete, von dort aus sich weiter ostwärts wendend, das Anecho-Reich. Zunächst nördlich der Lagune zu Gridyi und Soholo: dort werden noch jetzt sein kostbarer Elfenbeinthron und Waffen aufbewahrt, denen alljährlich einmal öffentlich Ehren erwiesen werden. Elminaleute Elmina heisst richtig *Edinā*), also Fanti, welche von Elmina nach Lagos in ihren Booten Handelsreisen machten, errichteten ungefähr zwanzig Jahre nach Momotsches Tode am Gridyi-Strande, also an der Stelle des heutigen Anecho, eine Rast; sie hatten dort von Fischerlagern Rauch aufsteigen sehen und vermuteten daselbst gutes Trinkwasser; die ersten Zelte standen der Ueberlieferung nach an der Stelle, wo jetzt des Schwarzen Cole's Faktorei sich befindet. Bald gesellten sich friedlich zu ihnen die Gridyileute, welche schnell die Mehrheit wurden. Die letzteren nannten den neuen Platz deshalb Anecho, das heisst Ane-Heim; denn Ane wurden alle Fantis damals genannt, und in Anecho (Klein-Popo) heissen die Fantis bis auf den heutigen Tag noch *Anewo*. Diese beiden Volkselemente wurden aber durch fortwährenden Zuzug von Epheleuten in die Minderzahl gebracht, und nahmen allmählich die Landessprache an, genau wie die Nordmannen in England die sächsische; aber wie das nordmännisch-französische im englischen, so hinterliess Ga und Fanti starke Spuren in Anecho. Gegenwärtig ist das reine Ga als familiäre Sprache in Anecho völlig erloschen, während es in Adanbe noch gesprochen wird. Wo jetzt in Anecho noch Ga gehört wird, ist es von Fremden, welche neuerlich zugezogen sind.

Die Entstehungsgeschichte von Anecho gebe ich nach der mündlichen Erzählung des alten Fürsten Pedro Kwadyovi von Anecho, der Mitte der achtziger Jahre im Alter von 90 Jahren starb; er war um 1794 geboren und seine Urgrosseltern gehörten als Kinder zu den ersten Ansiedlern.

Englisch, dänisch, deutsch und portugiesisch haben einzelne Fremdwörter zur Bildung der Mundart abgegeben.

3. Die ostländische Mundart zerfällt gleichfalls in drei Teile: im Norden, von Atakpame an ostwärts, in Folge von Kriegen mit Dahome, schon inselhaft beginnend, die

a) Machi-Mundart; südlich davon, und bis fast zur Lagune reichend, der eigentliche

b) Dahome-Dialekt; im Süden davon, an der See,

c) Pheda-Pla (Whydah-Grand Popo). Im letzten Erlöschen begriffen ist in der Gegend von Pheda das »Alt-Pheda«, das mit dem vorgedrungenen Dahome und Anecho zusammen das (Neu-)Pheda-Pla abgegeben hat.

Im Grossen und Ganzen ist also die Scheidung der Dialekte als dreifache, sowohl von West nach Ost als auch von Nord nach Süd zu bezeichnen. Wollte man die verschiedenen Mundarten charakterisieren, so liesse ein Vergleich sich am besten mit dem italienischen ziehen: die volltönende westliche Mundart, namentlich Anlo, entspricht dem getragenen römischen, die rauheren Gebirgsdialekte den italienischen Alpendialekten; der mittelländische Dialekt hat im übrigen den raschen lebendigen Schwung von Toscana, und, um die Aehnlichkeit noch vollkommener zu machen, die Notschäleute, welche sich rühmen, der Urstamm aller Ephe zu sein, sprechen fein und melodisch »con grazia Pistoiese«, während die Anecholeute dem raschen und lebhaften Florentiner gleichen. Dahome ist noch zu unbekannt, um in den Vergleich eingereiht werden zu können: die Mundart weist augenscheinlich viele Altertümlichkeiten auf und wird rasch und dumpf gesprochen. Abbruzzen!

Das Ephevolk zeichnet sich durch seine gute Beanlagung, bedeutsame selbstentwickelte Gesittung und Friedfertigkeit aus; als kriegerisch im eigentlichen Sinne können nur die Anlos und die Dahomeleute gelten, und auch bei diesen sind die alljährlich regelmässig wiederkehrenden Kriege (neuerdings bei den Anlos von den Engländern unterdrückt) auf den Despotismus der Fürsten eher als auf kriegerische Neigungen des Volkes zurückzuführen. Ueber Kultur, Religion und dgl. habe ich in meinem Werkchen »Das Deutsche Togo-Gebiet« Leipzig, Carl Reissner 1888, gehandelt, welches demnächst in völliger Neubearbeitung erscheinen wird.

Die Ephesprache ist bisher nur von den Bremer Missionaren als Literatursprache behandelt worden, und ihre Literatur erstreckte sich daher bis dahin nur auf den Anlodialekt. Volkspoesien, und zwar lyrische, giebt es wohl, doch nur kümmerlich entwickelt: meist schafft der Sänger sie unter dem Eindruck des Augenblicks. In den überaus zahlreichen Sprüchen der Ephe tritt, als poetische Form, der *parallelismus membrorum* hervor, oder richtiger ein *parallelismus oppositorum*, z. B.: »die Termite frisst alles, frisst keinen Stein; »oder: »Wasser wälzt mancherlei, wälzt nicht Steine«. In das Gebiet der Epik gehören die Geschichten und Fabeln, welche im Munde des Volkes leben, und von denen Schlegel in seinem »Schlüssel« einiges mitteilt.

In Dahome giebt es epische Gesänge, welche von den Thaten ihrer Helden berichten. Es spiegelt sich in ihnen der zum fabulieren mehr als zum erfassen des Heldenhaften geneigte Geist der Neger. An der Ueberlieferung aller Poesie und Geschichte der Ephe sind in hervorragendem Maasse die alten Frauen beteiligt. Von einer heidnisch-volkstümlichen Literatur kann also nicht die Rede sein. Dagegen ist die Uebersetzungsliteratur der Bremer schon ziemlich ausgedehnt, und von Missionaren sind auch geistliche Lieder teils übersetzt teils bearbeitet, teils selbständig abgefasst. Einige Schullesebücher sind selbständige Arbeiten der Bremer.

Folgende Drucke, sämmtlich im Anlodialekt, nenne ich noch:

Epe Hehle-Agbale. Epe Primer together with a collection of Scripture passages. Bremen 1881 (Fiebel für den Elementarschulunterricht der Bremer Mission).

Epe Hehle-Agbale. Epe Reading-Book. Part II. For the Upper Classes of the Elementary Schools of the North German Missionary Society. Bremen 1880.

Mawu agbalea me ñawo le Pegbe me. Bible Stories by Franz Ludwig Zahn. Translated into Epe for the North German Missionary Society by Rev. Johannes Merz. Bremen 1880.

Hawo l'agbale le Epe gbe me. Hymnbook in the Epe language. Basel 1887 (Christliche Ephe-Liedertexte mit europäischen Singweisen).

Nubabla yeye pe agbalẹwo kata. Le Pẹgbe me. The New Testament of our Lord and Saviour Jesus Christ. Translated out of the original Greek. Bremen, North German Mission Society 1877.

Hawo sinu woyo na be Psalmowo p'agbalẹ le Ẹpe gbe me. The book of Psalms in the Ẹpe language. Bremen 1871.

Mose pe agbalẹ gbãto si woyo na be Genesis le Ẹpe gbe me. The first Book of Moses called Genesis in the Ẹpe language. Stuttgart 1870.

Mose pe agbalẹ evelea si woyo na be Exodus. Le Pẹgbe me. The second book of Moses called Exodus in the Ẹpe language. Bremen 1887.

Josua kple Pọnudrũlawo kple Rut pe agbalewo le Ẹpe gbe me. The books of Joshua, Judges and Ruth in the Ẹpe language. Bremen 1875.

Fiawo pe agbalewo kpakple eve le Ẹpe gbe me. The books of the kings in the Ẹpe language. Bremen 1878.

Samuel pe agbalewo kpakple eve le Ẹpe gbe me. The books of Samuel in the Ẹpe language. Bremen 1876.

Abriss

der

Grammatik.

Schrift und Lautlehre.

Das Alphabet.

Zum Schreiben der Ephesprache ist in diesem Buche das folgende Alphabet angewendet, welchem das Bremer Alphabet (siehe Vorrede S. V ff.) gegenüber gestellt ist.

Folgendes sind die 36 (38) Schriftzeichen und deren Namen:

Neues.	Name der Schriftzeichen.	Bremer.
a	a	a
b	be	b
c̆	tsche	tś
d	de	d
e	e	e
ẹ	ä	ẹ
ė	ė, wie das e in »Wolle«	fehlt: Christaller ɛ
f	ef	f
g	ge	g
ġ	ġe (siehe unten)	γ
gb	gbe	gb
h	ha	h
ḥ	cha	χ
i	i	i
y	ye	y
j	je (j = franz. j in journal)	ž
j̣	dye	dś
j̇	dje (dj = engl. j in journal)	dź
k	ka	k
kp	kpe	kp
l	el	l
m	em	m
n	en	n

Neues.	Name der Schriftzeichen.	Bremer.
ṅ	ṅa (siehe unten)	ṅ
n̄	nya	nj˙
o	o (geschlossen)	o
o̱	o (offen)	ǫ
p	pe	p
ṗ	ṗe (siehe unten)	ṗ
r	er	r
s	ess	s
š	sche	š
t	te	t
u	u	u
v	ve	v
w	we (siehe unten)	w
z̦	se (tönendes s)	z̦
ǯ	dse	dz̦

Die Vokale *a, e, ę, é, i, o, ǫ, u* kommen auch schwach nasaliert vor, doch ist der Nasal, bezeichnet durch ~ über dem Vokal (ã, õ u. s. w.), viel schwächer als im französischen und portugiesischen, so dass fast nur eine leichte Dehnung des Vokales hörbar wird.

An Diphthongen kommen vor: *io, oe, oę, oé, oi, ue, uę, ué, ui*; an Triphthongen: *uie* und *uie*.

Die Laute.

1. Die Vokale.

Quantität. Die Ephesprache hat überwiegend sehr kurze Vokale und dementsprechend kurze Silben; die Länge der Vokale wird durch einen darübergesetzten Strich bezeichnet: ā, ō. Stets kurz ist *ė*, stets lang die nasalierten Vokale, die Diphthongen und Triphthongen, und demnach auch die Silben, in welchen sie stehen.

a ist gleich dem reinen deutschen a in Vater und hatte.

e entspricht ungefähr deutschem und französischem geschlossenen e (é), doch ist es höher gestimmt, wenn auch nicht so hoch wie magyarisches *e*; ungefähr wie der Wiener spricht: »Hab' die Ehre«. Man hüte sich, wo es kurz ist, es wie ä zu sprechen.

ę ist kurz, genau gleich ä in hätte, lang gleich ä in Säle, französisch *è* in père.

ė ist ein nur kurz vorkommender Mittellaut zwischen *e* und *i*. Es ist ungefähr gleich dem Schluss-*e* in Mitte. Der Deutsche spricht aber auch das kurze *i* in geschlossener Silbe, z. B. in Mitte, keineswegs als wirkliches *i*, sondern als Mittellaut zwischen *i* und *e*, so dass »Mitte« den Ephelaut *ė* zweimal enthält.

i, kurz und lang. Es ist stets als reines *i* zu sprechen.

o ist das geschlossene *o*, wie in Sohn. Wo es kurz ist, darf es durchaus nicht offen gesprochen werden, also mit Tonerhöhung, wie im deutschen Motte, sondern vielmehr eher mit Tonvertiefung, so dass es mehr nach *u* hin klingt.

o̭, offenes *o*, kommt kurz und lang vor, also wie deutsches *o* in Motte und franz. und engl. *o* in *mort*, *corn*.

u ist gleich dem deutschen *u* in Stuhl; wo es kurz ist, darf keine Tonerhöhung eintreten, wie im niederdeutschen namentlich. Es bleibt im Ephe reines tiefes *u*.

Die Diphthonge und Triphthonge.

Die die Polyphthonge bildenden vokalischen Elemente sind rasch nacheinander zu sprechen, so dass *oe* beispielsweise fast genau so klingt, als wäre es *we*. — Die Diphthonge sind steigende, das heisst, das letzte Element tritt hervor; bei den Triphthongen dagegen ist *u* der stärkste Bestandteil, sie sind also fallende. Für die dialektische Aussprache sei noch bemerkt, dass, namentlich in Mittel-Ephe, *ui* fast wie deutsches ü mit selten nur hörbarem schwachem Nachklang von *i* lautet: *Duivé* klingt demnach fast wie Düve, mit dem Ton auf der letzten Silbe.

Tonleiter der Vokale.

```
                        i
                      ė
                    e
                  e
                a
              o̭
            o
          u
```

2. Die Konsonanten.

b entspricht deutschem *b*.

č wird im Anlodialekt etwa wie tsch, ital. *c* vor *e* und *i* (*cenere*, russisch ч gesprochen; im Mittel- und Ostlande lautet es teils wie ts, teils wie blosses ſs.

d wie im deutschen,
f gleichfalls,
g gleichfalls.

ġ, Ephe-*ġ*, wie es namentlich rein in Anlo und Mittel Ephe gesprochen wird, klingt dem semitischen Gajin ähnlich, arabisch ǧ, verwandt hebräischem ע. Der Laut wird durch Verschluss der Zungenwurzel mit dem Zäpfchen gebildet, das seinerseits in Schwingung versetzt wird. Es liegt also eine gewisse Aehnlichkeit mit dem schwachen r in führen vor, wie es in Niederdeutschland gesprochen wird. Physiologisch wäre *ġ* als uvularer Reibelaut zu bezeichnen. Nur aufmerksames Hören und sorgsames Nachsprechen kann zur richtigen Aussprache führen. In der Mundart von Anecho wird vielfach geradezu *w* gesprochen, so dass *ġé*, Sonne, wie *wé* klingt. Der Anfänger mag es daher getrost als *w* oder ganz schwach am Zäpfchen gebildetes r sprechen.

gb ist fast als Einzellaut zu bezeichnen; doch tritt mundartlich das *g* auch deutlich hörbar auf. Oft aber gehört ein sehr geübtes Ohr dazu, um *gb* von *b* zu unterscheiden. Am richtigsten wird der Europäer das *gb* sprechen, wenn er zu einem *g* ansetzt, aber, bevor noch der Verschluss sich öffnet, zu *b* übergeht. Vergl. *kp*.

h wird schwächer als im Deutschen artikuliert und ist oft fast unhörbar.

ḣ ist gleich dem deutschen ch in rauchen. Im südmittelländischen und zum Teil auch im übrigen Mittellande hört man blosses h, in den Gebirgsdialekten sehr tiefes gutturales ch.

y dient als Konsonant und lautet wenig anders wie deutsches j in »ja«, und genau wie englich y in *yard*, *yes*, das heisst mit einem kleinen Vorschlag von i.

j ist gleich französischem j in *journal*.

ĵ, wie deutsches dj zu sprechen.

j̇, gleich englischem j in *journal*, italienischem *gi* in *giornale*.

k, ungefähr gleich deutschem k, doch ist die Aspiration zu vermeiden, welche dem deutschen k nachklingt. Siehe auch *p* und *t*.

kp verhält sich zu *p* wie *gb* zu *b*. Durch den Vorschlag von *k* tritt die explosive Natur des *p* noch mehr hervor. Vielfach hört man auch reines *p* statt *kp*.

l tönt dumpfer als im Deutschen, aber doch heller als das dumpfe slavische l, polnisch ł, z. B. russisch govoril (fast wie govoriu).

m und *n* wie im Deutschen.

ṅ ist ein Resonanzlaut, gleich deutschem ng in »ringen«, ein g darf dabei unbedingt nicht hörbar werden. ṅ ist völlig verschieden von den nasalierten Vokalen.

ñ ist ungefähr gleich deutschem nj, nur ist der Laut gedrängter, ein wirklich mouilliertes n, wie im französischen *campagne*. Vergl. Vorwort S. VII.

p ist rein labial, wie in den romanischen Sprachen. Die Aspiration, welche der Deutsche folgen lässt (P-hein statt Pein) findet im Ephe nicht statt.

ṗ ist eine geflüsterte *tenuis-aspirata* der p-Reihe. Man stellt den Laut vollständig richtig dar, wenn man irgend einen leichten Gegenstand fortpustet; ṗ ist also der Pustelaut schlechthin. In der Mundart von Anecho wird ṗ überwiegend als reine Tenuis, also p, bisweilen als b gesprochen. Vergl. Vorwort S. VII.

r ist Zungenlaut, nicht Kehllaut, also gleich italienischem r. In einzelnen Fällen dient es zur Bezeichnung des r mit Svarabhakti-Vokal (nach indisch-grammatischem Ausdruck), welches im Auslaut von onomatopoietischen Wörtern vorkommt: gr.... wobei das r fortdauernd schwirrt.

s ist tonlos und gleich deutschem fs.

š ist ungefähr gleich deutschem sch und englischem sh, doch etwas weicher.

t ist gleich romanischem t, ungefähr gleich deutschem t, doch ohne jede Aspiration. Siehe k und p.

v ist gleich romanischem v, fast genau gleich deutschem w in »weben«.

w gleich englischem w in *water*, *Cromwell*; oft aber wird w auch bis zur völligen Unhörbarkeit verflüchtigt.

z bezeichnet das tönende s, wie es sehr deutlich in Niederdeutschland klingt: Wesen, Nase, sagen; genau gleich z im frz. *zone*, engl. *freeze*.

ʒ gleich ds; tönendes s mit leichtem Vorschlag von d; es entspricht genau italienischem zz in *mezzo*.

Für die Aussprache der Konsonanten sei noch bemerkt, dass häufig m mit b, d mit n, n mit l, l mit d und r verwechselt werden, eine Eigentümlichkeit auch anderer afrikanischer Sprachen. Sogar dasselbe Individium spricht dasselbe Wort nicht gleich.

Schreibung des Ephe
in deutschem Druck und auf Karten.

Als Grundsatz für die Schreibung des Ephe in deutschem Druck gelte vor Allem die Fernhaltung fremder Buchstaben und diakritischer Zeichen. Es handelt sich nur um Eigennamen, denn sobald andere Worte anzuführen sind, hat man die Epheschrift anzuwenden. Für deutsche Werke in Antiquadruck und für die Kartenorthographie wäre eine genaue Uebertragung aus dem deutschen Druck anzuwenden. Zu verwerfen ist die Anwendung der kleinen diakritischen Zeichen auf Karten schon deshalb, weil sie dem Auge entgehen und die Kartenfläche oberhalb und unterhalb der Buchstaben bedecken; auch sind sie nicht unmittelbar verständlich, sondern setzen Kenntnis der Sprache voraus.

Die Quantität der Vokale so zu bezeichnen, dass die Kürze derselben stets durch Konsonantverdoppelung ausgedrückt wird, ist nicht angänglich, denn es würden dann fast durchweg Doppelkonsonanten geschrieben werden müssen, was zu Zerrbildern wie Aggottimme, Aggomme und dergleichen führte. Es ist unbedingt an dem einfachen Konsonanten festzuhalten, dabei aber allen bereits herkömmlichen Schreibungen bekannterer Namen der Doppelkonsonant zu lassen. Eine Schreibung Sebe, statt des amtlich bereits längst bestehenden Sebbe wäre eine überflüssige Aenderung, gar aber auf Karten Zebe zu schreiben (Ephe *Zebe*) wäre völlig verfehlt, da der Nichtkenner die richtige Aussprache nicht finden könnte.

Die Nasallaute der Ephesprache sind so schwach, dass sie am besten unbezeichnet bleiben. Für den Resonanzlaut *ṅ* die Schreibung ng zu wählen, ist bedenklich, da man leicht versucht sein könnte, ein k im Auslaut zu sprechen.

Im vorliegenden Buche ist deshalb einfaches n geschrieben. Doch wäre die Schreibung ng immerhin nicht unbedingt zu tadeln, namentlich bei schon bekannteren Namen, wo sich ng bereits festgesetzt hat, wie z. B. Adangbe.

Ausserdem sei folgendes zu beachten.

č ist, je nachdem es im Dialekt gehört wird, entweder durch tsch oder fs letzteres im Anlaut des Wortes als einfaches S) zu schreiben.

e entweder als einfaches e oder besser ä.

é als i.

ġ als einfaches g.

h als ch,
y als y,
j als j,
j̱ als dy,
j als dsch,
ñ als ny,
ṗ als ph,
š, je nachdem es dialektisch gehört wird, als sch oder fs,
v als v, romanische Lautgeltung,
w als w,
s̨ als s,
z̨ als ds.

Beispiele:

Ephe	Deutsch	Antiqua
Togo	Togo	Togo
Aneḣo	Anecho	Anecho
Zebe	Sebbe	Sebbe
Bagidá	Bagida	Bagida
Agbedrāfo	Agbedrafo (Porto Seguro)	Agbedrafo
Griji	Gridyi	Gridyi
Adanbe	Abanbe (Abangbe)	Adanbe
Tove	Tove	Tove
Waya	Waya	Waya
Jio (Fluss)	Jio	Jio
Anlo	Anlo (Anglo!)	Anlo
Srōgbe	Srogbe	Srogbe
Seva	Seva	Seva
Añáko	Anyako	Anyako
Atiaṗe	Atiaphe	Atiaphe
Aḣliḣa	Achlicha	Achlicha
Dahōme	Dahome	Dahome
Kwajovi	Kwadyovi	Kwadyovi
Agidigidi	Agidigidi	Agidigidi
Akuraje	Akuradye	Akuradye
Mēsavi	Mesavi	Mesavi

Bezüglich der Anwendung des Akut für die betonte Silbe gelte als Grundsatz, dass solcher auf Karten im Allgemeinen zu meiden ist, ausser etwa auf Routenskizzen, welche rein wissenschaftlichen Zwecken dienen. In geographischen Lehrbüchern ist derselbe am Platze, um das Festsetzen einer falschen Aussprache zu vermeiden, wie sie beispielsweise für die italienische Stadt Brindisi besteht, welche in weitesten Kreisen Brindísi genannt wird. Bagidá im deutschen Togogebiete hat schon das Schicksal gehabt, als Bagída im grössten Teile Deutschlands bekannt zu werden. Vielleicht würde es sich empfehlen, auf Spezialkarten zunächst in zweifelhaften Fällen die Tonsilbe durch den Akut zu bezeichnen.

Anlaut und Auslaut.

1. Im Anlaut kommt *r* nie vor, es sei denn als Verwechselung mit *d* oder *l*. Einfaches *p* steht nur im Anlaut von Fremdwörtern.

2. Der Auslaut eines jeden echten Ephewortes ist ein Vokal oder, in einigen Fällen, Resonanzlaut *(m, ń*: *du* essen, *pá* säen; *ķeńķeń (ķeńūķeńū)* schön, vortrefflich; *dom*, Particip von *do* aussenden. Nur das Svarabhakti-*r* kommt, als scheinbarer Konsonant im Auslaut vor: *gr...*, vergl. oben S. 15 unter »Konsonanten«.

In Fremdwörtern, wie *köt*, Rock, werden auch andere konsonantische Auslaute geduldet.

Wort- und Satzbetonung, Intonation.

Bei mehrsilbigen Wörtern hat die letzte Silbe in der Regel den Wortton. Die Satzbetonung ist, bis zum wichtigsten Worte in einer Steigerung begriffen, von da an fällt sie in einer Art von Cadenz.

Die Tonhöhe, Intonation, der Wörter bildet eine vollständige Satzmusik, welche allen Negersprachen eigen ist. Die musikalische Bewegung der Negersprachen lässt sich nur annähernd mit dem Französischen vergleichen. Man hat drei Tonstufen zu unterscheiden: Hochton, Tiefton und Tonlosigkeit. Aber der musikalische Ton ist sogar für die Bedeutung des einzelnen Wortes entscheidend: ein Wort, das in der Schrift unverändert bleibt, kann je nach der Tonhöhe, in der es gesprochen wird, verschiedene Bedeutung haben. Im Folgenden sind die Töne im allgemeinen angedeutet; der Hochton durch den Akut (´), der Tiefton durch den Gravis (`), die Tonlosigkeit gar nicht. In den Drucken bleibt sonst in der Regel diese Bezeichnung fort. Nur lange Gewöhnung kann den Europäer zur richtigen Anwendung der Satztöne gelangen lassen. Ihre falsche Anwendung entstellt die Sprache bis zur völligen Unverständlichkeit. Deshalb wird der Europäer viel früher zu einem vollständigen Verstehen als zum Selbstsprechen gelangen.

Lautwandel. Apokope. Verschluckung.

1. Die Grundvokale *a*, *i*, *u* sind die stärksten, und ihnen haben sich die übrigen unterzuordnen. Was die Kraftfolge betrifft, so geht *a* über *u* und *i*, *u* über *i*. In dieser Kraftfolge wirken sie verändernd auf einander ein, oder verdrängen sich: *pú añi*, zu Boden werfen, wird zu *p'añi*.

2. Das suffigierte Personalpronomen *é*, ihn, sie, es, wandelt sich nach den Auslauten *i*, *e*, *o*, *u* zu *i*, wobei *ii* zu *i* zusammengezogen werden kann. Beispiel: *w'ué* ihn tödten, wird *w'ui*, *dié*, es verlangen, wird *dii*, *di*, *kpleé*, von *kple* mit ihm, wird *kplii*. Nach Regel 1. verdrängt das *i* den vorausgegangenen Verbalauslaut *e*, z. B. *leé*, es fassen, Zwischenform *lei*, wird zu *li*. — Nach den Stammauslauten *a* und *o* wird das Pronomen *é* vielfach zu *ę* verdumpft (Vokalassimilation).

3. Im Imperativ von Verben, deren Wurzelvokal *o* oder *u* ist, geht dieser meist in *ui* über; desgleichen *e* in *i*. Beispiele: *do* ausgehen, *dui; pu* öffnen, *pui; le*, fassen *li*.

4. Apokopierung tritt vielfach ein: *n'ava* aus *na ava* oder *ng ava*, er soll kommen.

5. Die Verschluckung von Lauten und selbst ganzen Silben ist keine grammatische Erscheinung, sondern eine Flüchtigkeit der Aussprache, welche allen afrikanischen Sprachen eigen ist. Sie erschwert das Verstehen der Sprache ungemein.

Wortbildung.

Die Wurzeln

sind ursprünglich nur zweilautig, einfacher Konsonant mit folgendem einfachen Vokal: *na* geben, *yi* gehen, *du* essen, *be* sagen.

Die einfache Wurzel erscheint bei zahlreichen Verben und Substantiven auch als Stamm. Beispiel für Substantive: *ku* der Tod.

Die nächste Form der Entwickelung ist Nasalierung oder Diphthongierung des Wurzelvokals: *lõ* lieben, *sia* ausbreiten, trocknen, *lã* Tier, *fia* König; ferner Eindringen eines zweiten Konsonanten in die Wurzel: *dro* abstellen, abhelfen, *srõ* Gemahl.

Stammbildung.

Während die indogermanischen Sprachen ihre Verbal- und Nominalstämme durch Anfügung von Bindevokalen und Stammbildungssilben (*va, ya, na* u. a.) gewinnen, bildet das Ephe, wie andere afrikanische Sprachen, seine Stämme entweder durch

1. Präfixe, Vorsilben,
2. Reduplikation, Verdoppelung der Wurzel,
3. Affixe, Nachsilben.

1. Durch die Präfixe *a* und *e* werden Substantive gebildet: Wurzel *du*, essen, *adu* der Zahn; *fi* stehlen, *afi* die Stehlerin, Maus; *mę* bilden, *amę* das Gebilde, der Mensch. Das Präfix *e* ist immer beweglich, das heisst, es kann im Satze fortfallen: *kpa te,* schäle Yams, statt *kpa ete.*

Das Präfix *a* ist in der Regel nicht beweglich: *aha* Alkohol, *afo* Fuss, *amę* Mensch; nur manche Substantive, namentlich Personennamen, nehmen *a* als bewegliches Präfix vor sich: *ati* Baum, *(A)fayū* Personenname.

2. Durch Reduplikation werden *a)* Verben, *b)* Substantive und *c)* Adjektive gebildet. Für die Adjektivbildung ist die Reduplikation die eigentlichste Form. Verben mit reduplicierter Wurzel haben meist intensive oder frequentative Bedeutung. Beispiele: *a)* Wurzel *tu* reiben, *tutu* fortreiben, auslöschen, reinigen; *bo* sich bücken, *bobo* sich tief bücken, demütigen; *sę* hart sein, *sęsę* sehr hart sein. *b)* Wurzel *hō* helfen, *hōhō* Rettung; *gbo* atmen, *gbogbo* Atem, Geist (πνεῦμα); *c)* Wurzel *mu* grünen, *mūmū* frisch, grün; *ku* sterben, *kuku* todt.

Die Reduplikation ist vielfach unregelmässig, sei es dass der Vokal der Reduplikationssilbe sich wandele, sei es dass, bei Doppelkonsonanz des Wurzelanlautes, der Anlaut der Reduplikationssilbe nur einfachen Konsonanten zeige: *gbo* kommen, *gbugbo* zurückkommen; *tro* umkehren, *totro* verweilen; *ple* kaufen, *peple* leibeigen; *hlę* lesen, rechnen, *hęhlę* das Lesen, Rechnen.

3. Durch Affixe, Nachsilben, werden Nomina gebildet, und zwar Substantive, welche Personen, abstrakte und konkrete Begriffe bezeichnen. Die Bildungssilben sind *la, to, no* und *li*.

a) la dient zur Bildung von Substantiven, welche den Verrichter einer Tätigkeit bezeichnen, oder die Tätigkeit selbst: *subo* dienen, *subola* Diener; *de agble* auf das Feld gehen, *agbledela* der Landmann; *ha* singen, *hala* Gesang.

Die Bildungssilbe *la* dient ferner als suffigierter Artikel, um ein Substantiv als bestimmtes Einzelding zu bezeichnen. Gewöhnlich erscheint dieser Artikel dann in der verkürzten Form *a: amęa*, der Mensch. Der suffigierte Artikel wird, wie in den nordischen Sprachen, am besten ungetrennt vom Substantiv geschrieben.

Der Artikel *la* dient aber auch als Satzteiler oder Satzartikel, das heisst, er schliesst Sätze von einander ab, um sie bestimmter als getrennt zu bezeichnen. So wird namentlich der vorausgehende Nebensatz gern durch den Satzartikel vom folgenden Hauptsatz getrennt. Beispiel: *Ne mieñlọ agbalę la, miaćọe dade kplõ ji*, Wenn wir schreiben Buch, nehmen wir es zu legen auf den Tisch. Der Satzartikel wird am besten als besonderes Wort geschrieben.

b) *tọ*, zur Bildung von Substantiven verwendet, drückt den Eigentümer einer Sache aus: *apę* Haus, *apętọ* Hausherr; *agblę* Feld Pflanzung, *agbletọ* Landbesitzer, im A. wohl zu unterscheiden von *agbledela* Feldarbeiter.

c) *nọ* dient zur Bildung von Personenbezeichnungen, um das Behaftetsein mit einem Zustande auszudrücken; *nọ* als Wortwurzel hat die Bedeutung sitzen, festsitzen, anhaften. Beispiel: *tokunọ* der Taube. von *to* Ohr und *ku* abgestorben sein.

d) *li* dient zur Ableitung von konkreten und abstrakten Verbalsubstantiven: *alili* Himmelsgewölbe, zur Wurzel *li* steigen; *ƒoli* der Gang, das Einhergehen, zu *ƒo* schreiten; *kọkọli* Licht zu *kọ*, *kọkọ* leuchten; dasselbe *kękęli*.

Komposita

bildet das Ephe in grosser und unbeschränkter Menge. Es giebt zusammengesetzte Substantive, Verben, Adjektive, Zahlwörter, Pronomina und Adverbien. Beispiele: *home* das Zimmer, von *ho* Haus und *me* Inneres, Mitte: *apunu, aputa* Meeresufer, von *apu* Meer, *nu* Mund, *ta* Kopf (*apunu* sagt man von der See, *aputa* vom Lande aus gerechnet). — Die zusammengesetzten Verben sind teils untrennbar, teils trennbar zusammengesetzt. Untrennbar zusammengesetzt ist z. B. *subọ* dienen, aus *su* sein, *bo* sich bücken. Ueber die Behandlung der trennbaren Verbalkomposita siehe beim Verb. — Adjektive: *ñupa* eifersüchtig, *ñuse* mächtig. — Zahlwörter: *wuiñi* achtzehn; *adelea* der sechste (An. *adegoa*). — Pronomina: *nusianu* jegliches, alles: *ehela, ekela* dieser da. — Adverb: *nugbe* irgendwo; *gbekagbe* wann; *gbadewogbe* bisweilen.

Formenlehre.

Die Ephesprache hat acht (neun) Wortklassen oder Redeteile ausgebildet:
1. Verb,
2. Pronomen,
3. Substantiv,
4. Adjektiv,
5. Zahlwort,
6. Adverb,
7. Konjunktion,
8. Interjektion, wozu noch
9. Präpositions-Ersatz durch Umschreibung kommt. Die eigentlich fehlende Präposition wird durch Umschreibung mit Substantiven und Verben ersetzt.

I. Das Verb und seine Formen.

Das Verb ist das bedeutungsvollste Wort des Satzes; es enthält den Kern des Gedankens, um welchen sich alle übrigen Satzteile schaaren. Die afrikanischen Sprachen, und unter diesen das Ephe, wenden das Verb im reichsten Maasse an und häufen es im Satze (Gruppenverben), so dass z. B. »holen« ausgedrückt werden kann durch: »gehen nehmen geben«. Bei diesen Häufungen ist eine Art von Verben von Bedeutung, welche man Hülfs- oder Formverben nennt. Diese haben den Zweck, die Bedeutung des Verbs zu modificieren, sind aber selbst zum Teil gar nicht selbständig vorhanden.

Das Verb hat keine Flexion, sondern erleidet nur durch Präfixe und Suffixe temporale und modale Veränderungen. Ist ein Substantiv Subjekt im Satze, so erscheint der Verbalstamm einfach oder mit temporalem Präfix bez. Suffix. Ist ein Personalpronomen Subjekt, so tritt dieses vor das Verb, auch in der Frageconstruktion.

Ein Passiv giebt es nicht. Dasselbe wird durchweg durch aktivische Konstruktionen ersetzt, namentlich durch die dritte Person Pluralis, welche dadurch fast passivisch wird. Beispiele bietet die Bremer Bibelübersetzung, z. B. in den Seligpreisungen der Bergpredigt: *woayira*, eigentlich: sie segnen, dann passivisch: gesegnet (vgl. Uebungsbuch), *elabena woauro bu habena le wope ñagbogblo gede ñuti la, eye woado to yewo*, denn sie denken, dass um ihrer Vielrederei willen dann sie erhört werden.

Als Modus giebt es Indikativ und Imperativ, sowie eine Art Optativ, s. u. S. 24.

Tempora sind vier: Präsens, Präteritum, Futur und Aorist.
An Konjugationsformen sind ausgebildet der Affirmativ
und Negativ.
Was die Bedeutung der Formen betrifft, so wird mit Affirmativ
der nicht verneinte, mit Negativ der verneinte Indikativ bezeichnet.
Die Tempora Präsens, Präteritum und Futurum haben ihre gewöhnliche Bedeutung; der Aorist bezeichnet die einfache Handlung des Verbs
ohne irgend welche Beziehung auf die Zeit, eine gewohnheitsmässige
oder mögliche Handlung ohne Rücksicht darauf, ob sie im Augenblick
ausgeführt wird. Häufig kann man den Aorist im Deutschen durch
pflegen übersetzen: *dadi dua la*, die Katze pflegt zu fressen Fleisch.
Ausser den genannten Formen giebt es noch Verbalnomina:
1. Verbalsubstantive, die Infinitive der vier Tempora; 2. das Verbaladjektiv, am besten Particip genannt, *dum* essend oder gegessen
werdend, von *du*.

Formenbildung.

1. **Die Personen** werden, wenn ein Personalpronomen Subjekt ist,
durch Vorsetzung des entsprechenden Personalpronomens vor den Verbalstamm gebildet. Das Ephe hat, gleich dem Französischen, ein nur mit dem
Verb verbundenes Personalpronomen (Pronomen personale conjunctum)
und ein selbständiges Personalpronomen 'Pronomen personale absolutum'. Das letztere wird zur Bildung aller negativen Formen verwendet.

Pronomen pers. conjunctum.   Pronomen pers. absolutum.
S. 1. *me* ich   S. 1. *ñe* ich
   2. *ne, wo* du   2. *wo* du
   3. *e* er, sie, es; von Personen   3. *e, eye* er, sie, es.
      und Thieren auch *wò*.
Pl. 1. *mi, mie* wir   Pl. 1. *miawo* wir
   2. *mi, miè* ihr   2. *mia* ihr
   3. *wo* sie.   3. *wo* sie.

Beispiel: *medu* ich esse, Affirmativ von *du*; *nye medu wò* ich
esse nicht, Negativ desselben Verbs. Die Negation ist, wie im Franz.
ne pas, eine doppelte: *me-wò*; *me* steht vor dem Verb, *wò* am Ende des
Satzes, so dass nur noch der Satzartikel *la* gegebenenfalls folgen kann.

2. **Die Tempora** Präteritum und Futur werden durch Präfixe
(Augmente) gebildet. Es ist
    e das Augment des Präteritums, wie in den griechischen historischen Temp. das ε; Beispiel: *edu* ass;
    a das Augment des Futurs, z. B. *adu* wird essen.

Der Aorist wird mit dem Suffix *a* gebildet: *medua* ich esse.

3. **Die Modi.** Indikativ des Präsens und Imperativ zeigen den einfachen Stamm des Verbs; dem Imperativ wird oft das Pronomen personale beigegeben: *dui* oder *midu* esset. Der Imperativ erscheint auch als Imperativ des Futurs mit dem Präfix des letzteren. Die Vokale *o* und *u* werden im Imperativ zu *ui* diphthongiert: *do* gehen, Imperativ *dui*; *wu* tödten — *wui*; *du* essen — *dui*. Im Imperativ wird ferner das auslautende *e* zu *i*: *dé* nehmen — *di*; *lé* fassen — *li*, vgl. S. 19. Der Imperativ erscheint auch häufig in Zusammensetzungen mit den Form- oder Hülfsverben *na* und *he*; *na* hat die Grundbedeutung des schenkens, gebens, in adverbialer Bedeutung also etwa gleich »doch«; *he* bedeutet haben, halten. Auch *nghe*, aus *nae*, gieb ihm, und *he* gebildet, dient zur Zusammensetzung von Imperativen.

Eine Art Optativ wird durch das Verb *(na) ne* gebildet. Wo diese Fügung in unabhängiger Konstruktion auftritt, also rein adhortativ, kann sie als Imperativ aufgefasst werden: *neva*, er möge kommen; *kekeli neva*, es werde (komme) Licht; *alili neno ciawo pe titina*, eine Feste möge sitzen zwischen den Wassern (der Wasser ihre Mitte). Die Konstruktion kommt aber auch in abhängigen Sätzen vor: *epe numega wocọ na, fia ne be neto dusi alō miámemọ*, seinen (des Pferdes) Zaum nehmen sie, um es zu lenken, dass es wende zur rechten oder zur linken. *Blui ñue de ne ab'lo nghña* (An.) rühre gut, damit das Brot aufgeht (gährt).

4. **Nominalbildungen** des Verbs. Der Infinitiv ist stets der reine Stamm, je nachdem mit Hinzufügung des Temporalsuffixes oder Präfixes. Das deutsche »um zu« beim Infinitiv wird häufig durch Vorsetzen des Formverbs *he* gebildet. — Das Particip ist eine adjektivisch und substantivisch angewendete Bildung auf *m*, abgekürzt aus *me*, mit aktiver und passiver Bedeutung: *dum* essend und gegessen werdend. Es ist gebildet aus dem Stamm *du* und dem Substantiv (Präposition) *me*, Mitte (in), also: beim Essen begriffen. Häufig erscheint es in reduplicierter Form, *dudum*. Das Particip wird zur Bildung einer umschreibenden Konjugation verwendet, Kontinuativ (Schlegel).

5. **Die Konjugationen.** Das Ephe hat eigentlich nur zwei Konjugationen ausgebildet: Affirmativ und Negativ. Schlegel nahm ausserdem noch eine Anzahl weiterer Konjugationen an, welche man unter dem Namen umschreibende zusammenfassen könnte. Es sind folgende:

1. Kontinuativ, eine Umschreibung mit dem Particip: *mele dum, mele dudum* ich esse jetzt, ich bin beim essen.

2. Konsekutiv, eine Zusammensetzung mit dem Verb pa eilen, oder fa gehen: me pa du ich esse sogleich.

3. Iterativ, Zusammensetzung mit ga, wiederholen, me ga du ich esse wieder.

4. Intentionalis, Zusammensetzung mit den Formverben le, sein, und ge, dessen Grundbedeutung eine Absicht ausdrückt: mele du ge, ich beabsichtige zu essen, will essen. Das Objekt wird bei dieser Verbalfügung hinter das Formverb le gesetzt: mele nu du ge, ich will etwas essen; miele p̀e gbe se ge wir wollen sein Wort hören.

Dazu kommen die entsprechenden Negative. Die Verbindung dieser Verbalfügungen ist eine zu lockere, als dass sie in dem Sinne wie etwa die semitischen Konjugationen als eigene Konjugationsformen bezeichnet werden müssten. Wollte man dies, so müsste noch eine grössere Zahl von anderen Verbalgruppen als besondere Form angesetzt werden, und es wäre eine Grenze zwischen Konjugationen und mehr zufälligen Verbanhäufungen (Gruppenverben) kaum noch zu ziehen.

Auf die Gruppenverben richte man das Hauptaugenmerk. Sie bilden den wesentlichsten Unterschied zwischen den europäischen und afrikanischen Sprachen. Was dem Unkundigen ein Mangel an Verben scheint, zu dessen Deckung die Verben gehäuft werden, stellt sich dem Kundigen als eine Schärfe und Sinnlichkeit der Auffassung dar, deren nicht jede europäische Sprache sich rühmen kann.

Reflexive Verben, mit dem Reflexiv dokui gebildet, vgl. beim Pronomen, giebt es in nur sehr geringer Zahl, z. B. eye ejijo edokui ṅkeke adadreagbe, und er erholte sich am siebenten Tage. Gewöhnlich dient das einfache Verb auch als reflexives.

Konjugationstabelle.

Affirmativ. **Negativ.**

Präsens.

medu ich esse, ñe medu wò ich esse nicht,
wodu, nedu du isst, wo medu wò du isst nicht,
edu er, sie, es isst, e, eye medu wò er, sie, es isst nicht,
miedu wir essen, miawo medu wò wir essen nicht,
mídu ihr esst, mía medu wò ihr esst nicht,
wodu sie essen. wo medu wò sie essen nicht.

Präteritum.

medu ich ass,
woedu, nedu du assest,
eedu, edu er, sie, es ass,

miedu wir assen,
miedu ihr asset,
woedu, wodu sie assen.

ñe medu wò ich ass nicht,
wo medu wò du assest nicht,
e, eye medu wò er, sie, es assen nicht,
miawo medu wò wir assen nicht,
mia medu wò ihr asset nicht,
wo medu wò sie assen nicht.

Futurum.

madu ich werde essen,
woadu du wirst essen,
eadu er, sie, es wird essen,

miadu wir werden essen,

miadu ihr werdet essen,
woadu, wodu sie werden essen.

ñe madu wò ich werde nicht essen,
wo madu wò du wirst nicht essen,
e, eye madu wò er, sie, es wird nicht essen,
miawo madu wò wir werden nicht essen,
mia madu wò ihr werdet nicht essen,
wo madu wò sie werden nicht essen.

Aorist.

medua ich esse,
wodua du isst,
edua er, sie, es isst,
midua wir essen,
midua ihr esst,
wodua sie essen.

ñe medua wò ich esse nicht
wo medua wò du isst nicht,
e, eye medua wò er, sie, es isst nicht,
miawo medua wò wir essen nicht,
mia medua wò ihr esst nicht,
wo medua wò sie essen nicht.

Imperativ.
dui, wodui iss,
dui, midu esset
adu, woadu, adu
miadu.

Infinitive.
du essen,
edu gegessen haben,
adu essen werden,
dua essen.

Particip (Gerundium).
dume, dum, dudum,
dudume essend,
gegessen werdend.

Formverben.

Die Ephesprache teilt mit anderen afrikanischen Sprachen die Eigentümlichkeit, dass sie die Verben im Satze häuft; sie zergliedert die Tätigkeit in ihre einzelnen Abstufungen. Eine Reihe solcher Verbanhäufungen oder Gruppenverben ist zur ständigen Ausdrucksweise geworden, bei noch anderen ist sogar die ursprüngliche

Bedeutung kaum noch erkennbar, so dass sie eine bloss formale Hülfe sind, um den Verbalbegriff zu bilden. Dies sind also in der That nur Form- oder Hülfsverben. Das Hülfsverb dient also im Ephe nicht zur Bildung etwa mangelnder Formen, sondern zur Abänderung des Begriffes.

Die trennbaren Komposita (siehe unten), die Verbanhäufungen und die Formverben bilden die grösste Schwierigkeit der Ephesprache. Beispiel: *ekplo alǧa de fa nam*, wörtlich: er führte das Schaf nehmen kommen geben mir, d. h., er brachte mir das Schaf. Folgende Formverben sind namentlich zu merken:

1. *gbli*, Grundbedeutung: nehmen; z B.: *megbliwo yi*, wörtlich: ich nehme Dich gehen, d. h. ich gehe mit Dir.

2. *he* heben, halten, tragen, z. B.: *ehe yi* er nahm ging, d. h. er machte sich auf. *he* wird namentlich auch verwendet, um den Imperativ zu verstärken; auch erscheint es mit Infinitiven verbunden, wo man im Deutschen den Infinitiv mit »zu« anwendet (im Ga *ke*).

3. *de* und *di* sein, verweilen, z. B. *kplẽ di* verlassen, wörtlich: zurücklassen bleiben. *eekplẽ yefofo gbli yedada di*, er verliess seinen Vater und seine Mutter.

4. *h'ade*, aus den beiden vorigen zusammengesetzt: *he ade*, *h'ade*.

5. *na* hat eine äusserst vielseitige Anwendung:

a) geben, genehmigen. Häufig zur Umschreibung des Imperativs verwendet,

b) es drückt die Richtung nach einem Orte hin aus: *miayi na Angho* lasst uns nach A. gehen.

c) es wird angewendet zur Bildung der Optativform (siehe oben S. 24).

d) völlig pleonastisch erscheint es oft zur Verstärkung eines Verbalbegriffes: *muvõ mivo na*, *ćo ke mi* die Sünde (welche) wir gethan haben geben, nimm schenke uns, d. h. erlass uns.

Aus dieser Anwendung hat sich

e) eine Art pronominaler Bedeutung entwickelt, so dass *na* das Objekt vertritt: *woćo na dea tome* sie nehmen ihn gehen zum Wasser.

Ausser den genannten kommen noch zahlreiche andere Verben gleichzeitig als Formverben vor. Häufig z. B. treten auf die Verben: *ćo* nehmen, *yi*, *de* gehen, *dé* fassen, *ćo* hervorkommen, *lé* ergreifen, *te ñũ* können, dürfen, *no* sitzen, *pa* sich aufmachen, eilen, *wu* übertreffen, durch welches der mangelnde Komperativ der Adjektiva ersetzt wird, z. B. *dadi gã wu afi* die Katze ist grösser als die Maus, wörtlich: die Katze gross übertrifft die Maus.

Anmerkung. Nicht zu verwechseln sind: *de* sein, bleiben, *de* gehen, *dé* nehmen. *le* sein, verweilen, *lé* ergreifen.

Komposita.

Die zusammengesetzten Verben sind teils trennbar teils untrennbar verbunden. Zu vergleichen sind im Deutschen die mit trennbaren und untrennbaren Präpositionen und Adverbien verbundenen Verben, z. B. übersetzen = ich übersetze; übersetzen = ich setze über; unterhalten = ich unterhalte; unterhalten = ich halte unter.

Das Ephe setzt auch Verb mit Verb zusammen zu einem neuen Verb, das im Satze entweder trennbar oder untrennbar ist: *subo* dienen, ist untrennbar: aus *su* sein, bestehen, und *bo* sich bücken; *ñlobe* vergessen aber ist trennbar zusammengesetzt: *ñlo* einwickeln und *be* sagen.

Trennbare Verben nehmen ihr Objekt zwischen sich, selbst wenn dieses ein ganzer Satz (Objektssatz) ist. Beispiel: *eñlo drʋla gbewo be* er vergass des Richters Worte (vgl. oben S. 25 »Intentionalis«).

Das Verb kann auch mit Substantiven oder Adverbien zusammengesetzt werden: *wunu* vollenden, aus *wu* übertreffen und *nu* Sache; *de* gehen. *me* Inneres, *deme* eintreten, *do* gehen, *go* draussen, *dogo* hinausgehen.

II. Das Pronomen.

Im Ephe hat man fünf Arten von Pronomen zu unterscheiden:
1. Personalpronomen,
2. Relativpronomen,
3. Interrogativpronomen,
4. Demonstrativpronomen,
5. Indefinites Pronomen.

1. Das Personalpronomen.

Es tritt zunächst auf als
1. Pronomen personale conjunctum beim Verb, vgl. S. 23. Als solches kann es Subjekt oder Objekt sein. Die Formen sind:
   S. 1. *me*, als Objekt auch *ye* ich, mir, mich.
   2. *wo, ne* du, dir, dich.
   3. *e*, für Personen und Thiere auch *wò*, er, ihm, ihn.

Pl. 1. *mi, mie* wir, uns, als Objekt nur *mi*.
2. *mi* ihr, euch.
3. *wo, woawo, yewo* sie, ihnen, sie

Das *wò* der dritten Person des Singular ist übereinstimmend mit o, *o* im Tschi, das stets für Personen angewendet wird, während *e* in dieser Sprache nur für Sachen gilt.

Als Objekt muss *ye* für *me* in der ersten Person eintreten in den Kontinuativ- und Intentionalfügungen, z. B. *ciko le wuyem*, auch getrennt geschrieben: *wu yem*, der Durst überwältigt mich; das Suffix *m* tritt dabei stets hinter *ye*. — *Ele po ye ge* er will mich schlagen.

2. Als **Pronomen personale absolutum** stets in den negativen Konjugationsformen.

S. 1. *ñe* ich.
2. *wo* du.
3. *e, eye, ye* er sie es.
Pl. 1. *miawo* wir; *miayo* wir alle (*yo* voll sein).
2. *mia* ihr.
3. *wo, woawo, yewo* sie.

3. Als **Attributivpronomen** (Possessivpronomen). Die Formen decken sich mit denjenigen des absoluten Personalpronomens, doch treten noch Nebenformen auf:

S. 1. *ñe, ye, he, si, ape* mein.
2. *wo, wope* dein.
3. *e, ye, epe, pe* sein, ihr.
Pl. 1. *miawo, mia, miape* unser.
2. *mia, mi, miape* euer.
3. *wo, woawo, wope* ihr.

Das Attributivpronomen wird seinem Substantiv teils vorgestellt (präfigiert), teils angehängt (suffigiert). Vorgestellt werden: *ye, he, si* und *ape* als erste, *wo, wope* als zweite, *ye, epe, pe* als dritte Person des Singular und alle Personen des Plural; nachgestellt werden nur *ñe* in der ersten und auch *wo* in der zweiten Person des Singular. Beispiel: *yefofo* mein Vater, aber *fofoñe*. *Mawu na pe ci ja* Gott giebt seinen Regen zu fallen; *miecoa miape nududu 'gbawo* wir nehmen unsere Speiseteller.

Das Suffix des Plurals tritt hinter das suffigierte Attributivpronomen: *noviñe* mein Bruder. Plural *noviñewo* meine Brüder.

Für die Anwendung der verschiedenen Formen der ersten Person des Attributivpronomens sei bemerkt, dass *ñe* und *ye* mehr persönliche Beziehung, die anderen Formen äusseren Besitz bezeichnen.

Pleonastisch wird das Attributivpronomen zwischen den vorausgesetzten attributiven Genetiv und das regierende Substantiv gesetzt: *wosea wo dada wo gbe* sie gehorchen ihrer Mutter ihr) Wort; *ciawo fe titina* der Wasser (ihre) Mitte, inmitten, zwischen den Wassern.

Als substantivisches Attributivpronomen dient:
S. 1. *yeto*, *toñe* der, die, das meinige.
    2. *woto*, *towo* » » » deinige.
    3. *eto*, *eyeto* » » » seinige, ihrige.
Pl. 1. *miato* » » » unsrige.
    2. *miato* » » » eurige.
    3. *woto* » » » ihrige.

to als Substantiv bedeutet Eigentum. Es wird noch eine verstärkte Attributivform mit *to* gebildet.
S. 1. *yeñutoto* mein eigen.
    2. *woñutoto* dein eigen.
    3. *eñutoto* sein, ihr eigen.
Pl. 1. *miawoñutoto* unser eigen.
    2. *miañutoto* euer eigen.
    3. *woñutoto* ihr eigen.

4. Reflexivformen des Personalpronomens sind:
S. 1. *yedokui*, *hedokui* mir, mich selbst.
    2. *wodokui*, *dokuiwo* dir, dich selbst.
    3. *edokui*, *dokuiwò* sich selbst.
Pl. 1. *miawodokui* uns selbst.
    2. *miadokui* euch selbst.
    3. *wodokui* sich selbst.

Diese Formen können durch angehängtes *ñuti* verstärkt werden.

5. Zusammensetzungen mit den Personalpronomen:
S. 1. *ñela* eben ich.
    2. *wola* eben du.
    3. *ela*, *ea*, *ee* eben er, sie, es.
Pl. 1. *miawola*, *mila* eben wir.
    2. *miala*, *mila* eben ihr.
    3. *wola* eben sie.

la ist hier der Artikel. Auch mit *ñuto* zusammengesetzt erscheint das Personalpronomen: *ñeñuto* ich selbst, *woñuto* du selbst u. s. w.

2. Relativpronomen.

Drei Formen des Relativpronomens treten auf: *si*, *he*, *ke*, unter denen *si* die häufigste ist.

In Relativsätzen tritt die Präposition, von welcher das Relativ abhängen sollte, als Adverb an das Ende, ähnlich der häufigen englischen Konstruktion: *ablęgǫ eñe jikpui si afǫ ene nǫa egome* der Stuhl ist ein Sitz, unter welchem vier Füsse sitzen.

Das Relativ gehört mehr zu seinem Beziehungswort als zum Relativsatz; daher es auch oft mit jenem als ein Wort geschrieben wird: *amęsi*. Es tritt sogar das *wo* des Plural hinter das Relativ: *ći siwo le alilia te* Wasser, welche unter dem Himmel sind. *koklovi sugsugsiwo woñō* die kleinen Küchlein, welche schön sind.

Als Objekt wird das Relativ bisweilen ganz fortgelassen, wie in den germanischen Sprachen (ausser deutsch): *hevi miakpǫ na* der Vogel, welchen wir sahen, *the bird we saw*.

Das Relativ der Negersprachen kommt mit der arischen Auffassung desselben nicht völlig überein; es drückt eine reine Relation aus und setzt das Substantiv oder Pronomen nur in Beziehung zum folgenden, ähnlich wie der »relative Anschluss« im lateinischen Satze.

3. Interrogativpronomen.

Amęka wer, eigentlich: was für ein Mensch, auch *amęka .... memā*. *nuka* was, eigentlich: was für eine Sache. *nęnię* wieviel, wie teuer, z. B. *amę nęnię* wieviel Menschen.

Im Anlodialekt wird der direkte Fragesatz durch *mahā*, *mā*, *hā* oder *de* geschlossen und durch *de* eingeleitet, wenn nicht eins der obigen Fragewörter ihn beginnt. *mahā* und *hā* erscheinen auch als blosses *ā*, *a* verkürzt, namentlich im Anechodialekt.

4. Demonstrativpronomen.

Das Demonstrativpronomen drückt die Ephesprache aus durch: *ehe*, *eśi*, *eke*, auch mit Artikel, substantivisch, *ehea*, *eśia*, *ekea;* Plural *ehewo*, *eśiwo*, *ekewo* dieser, diese, dieses. Mit dem vollen Artikel verbunden: *ehela*, *ekela*. Der Ton liegt bei allen auf der ersten Silbe.

Substantivisch erscheinen auch: *amęhe*, *amęke* dieser, *nuhe* und *nuke* dies; mit Artikel: *amęhela*, *amękela* dieser da, *nuhela*, *nukela* dies da.

5. Indefinites Pronomen.

Deke irgend ein; *amęde*, *amędeke*, *amadeke* irgend Jemand, *nane*, *nade*, *nuade*, *nadeke* irgend etwas.

Negative Indefinite giebt es nicht; die Negation wird stets am Verb ausgedrückt.

Zahlpronomina: *amesiame* Jedermann, *musianu* jegliches, alles. *kat.i, kata, kpata* all, ganz: *ame (wo) kata* alle Menschen; *nu kata* alles. *gede, fu; fu gede* viel, sehr viel, *vade, vide* ein wenig; wenig. *vivivi* ein klein wenig. *bu* ein anderer; *bu — bu* der eine — der andere.

III. Das Substantiv.

Kasusflexionen und grammatisches Geschlecht kennt das Ephe nicht. Das Subjekt ist stets durch seine Stellung an der Spitze des Satzes, vor dem Verb, kenntlich. Das Objekt steht hinter dem Verb, nur in einigen Fällen, in den Konsekutiv- und Intentional-Konstruktionen steht es voraus, vgl. S. 25. Der attributive Genetiv wird durch seine Stellung vor dem regierenden Substantiv ausgedrückt: *fofo home* des Vaters Haus, sehr oft aber wird pleonastisch noch das attributive Pronomen hinzugesetzt: *fofo pe home*. Der Dativ wird durch Vorsetzung von *na* gebildet, vgl. S. 39.

Der Plural wird, falls er eine bestimmte Mehrheit ausdrückt, einfach durch Nachstellung des entsprechenden Zahlwortes bezeichnet: *dadi atõ* fünf Katzen; falls er eine allgemeine, unbestimmte Mehrheit ausdrückt, durch das Personalpronomen der dritten Person des Plural, *wo*, als Suffix, z. B. *ame* Mensch, Plural *amewo*; *agbleto* Pflanzer, *agbletowo*. Der Artikel bleibt dabei vor dem Pluralsuffix stehen: *nuawo* die Sachen.

Auch das Adjektiv, Attributiv- und Demonstrativpronomen, welche hinter ihrem Substantiv stehen, nehmen das Pluralsuffix *wo* hinter sich: *kuku gãwo* grosse Hüte; *viñe* mein Kind, Plural *viñewo* meine Kinder: *avuke* dieser Hund, Plural *avukewo* diese Hunde.

Grammatischen Geschlechtsunterschied giebt es nicht; nur durch Bildungssilben lassen sich Gruppen von Substantiven, welche weibliche Wesen bezeichnen, von entsprechenden männlichen unterscheiden: *sośu* Hengst, *sono* Stute; *koklocu* Hahn, *koklono* Henne; *apeto* Hausherr, *apeno* Hausfrau. — *cu* heisst stark, *no* Mutterbrust.

IV. Das Adjektiv.

Das Adjektiv erscheint in der Form der einfachen oder entwickelten Wurzel, namentlich aber tritt die Reduplikation als eigentlichste Adjektiv-Bildnerin auf. Beispiele: *vi* klein, *gã* gross, *kpui* kurz, *ñõ* schön; *fafa* kühl, friedlich, *mũmũ* grün.

Das attributive Adjektiv steht seinem Substantiv nach: *ati vi* ein kleiner Baum.

Vor dem prädikativen Adjektiv fällt die Kopula *le* gewöhnlich fort: *ablegɔ ekɔ* der Stuhl ist hoch; *Mawu kpo kekeli la, bena enõ* Gott sah das Licht, dass es gut (war, *ko* und *nõ* können auch als Verben aufgefasst werden.

Komparation des Adjektivs giebt es nicht; dieselbe wird durch das Verb *wu*, übertreffen, umschrieben: *eso le gã wu deji* das Pferd ist grösser als der Esel, wörtlich: das Pferd ist gross übertrifft den Esel. Die gleiche Ausdrucksweise herrscht in den meisten anderen Negersprachen, weshalb das Negerenglisch gleichfalls den Komparativ umschreibt, und zwar mit *past: dem horse be big past ass* das Pferd ist grösser als der Esel.

Die Anwendung des Adjektivs ist in den Negersprachen, auch im Ephe, gegenüber den arischen Sprachen sehr eingeschränkt, da neben dem Adjektiv das entsprechende Verb gewöhnlich noch in voller Lebendigkeit besteht. In einem Satz wie: *ati mũ eñe deti* der grüne Baum ist eine Oelpalme, kann *mũ* ebensogut als Verb aufgefasst werden: der Baum grünt, ist eine Oelpalme. Das Adjektiv ist noch viel zu wenig vom Verb getrennt, als dass ein Afrikaner hier an zwei verschiedene Wortarten denken könnte, vielmehr wird die scharfe Scheidung erst durch die Grammatik hineingetragen.

V. Das Zahlwort.

Das Zahlsystem der Ephesprache ist, mit Ausnahme des Dahome dialektes (siehe Uebungsbuch Abt. III) jetzt entschieden **dekadisch**. Das im Dahomedialekt noch teilweis auftretende **pentadische** Zahlensystem ist, bei dem altertümlichen Charakter, den dieser Dialekt im allgemeinen hat, als Rest des gemeinsamen **älteren** Standpunktes aufzufassen. Die Zahlen des mittelländischen Dialektes, namentlich der Mundart von Anecho, schliessen sich teils an den ostländischen, teils an den westländischen Dialekt an; namentlich in den Zehnern ist der Anechodialekt nahe mit Dahome verwandt.

Die Ordnungszahlen bildet man im Anlodialekt durch Anfügung von *lea* an die Grundzahl, im Anechodialekt durch *goa*.

Im folgenden sind die Zahlen des Anechodialektes, wo dieser von Anlo abweicht, in Klammern beigefügt.

Kardinalzahlen.   Ordinalzahlen.
1. *de, deka*   1. *gbãto, gbãgbiãgbãto, ñkogbea*
                                        (*ñkogbe*)

Kardinalzahlen.	Ordinalzahlen.
2. eve	2. mekpeto eriometo, dometo, evelea (evegoa)
3. etõ	3. tõlea (tõgoa)
4. ene	4. enelea (negoa)
5. atõ	5. atõlea (atõgoa)
6. ade, ãde	6. adelea (adegoa)
7. adre, dadre, adadre	7. dadrelea (adregoa)
8. ñi	8. ñilea (ñigoa)
9. ñide, aṡieke (aṡideke)	9. ñidelea (aṡidekegoa)
10. ewo	10. ewolea (ewogoa)
11. wui deka, wuideke (wedeka)	11. wui dekalea (wedekagoa)
12. wui eve (weve)	12. wui evelea (wevegoa)
13. wui etõ (wetõ)	13. wui etõlea (wetõgoa)
14. wui ene (wene)	14.
15. wui atõ (weatõ)	15. u. s. w.
16. wui ade (weade)	
17. wui adre (weadre)	
18. wui ñi (weñi)	
19. wui ñide, wui aṡieke (weñide)	
20. blave (ewui)	
21. blave vo deka (ewui vo deka)	
22. blave vo eve (ewui vo eve)	
23. blave vo etõ (ewui vo etõ)	
30. blatõ (gbaẽ)	
40. blane (ka)	
50. blaatõ katṡiwo)	
60. blaade (katawo)	
70. blaadre (tṡiwo to le kaveme)	
80. blañi (kavé)	
90. blañide (kave tṡiwo)	
100. alafa	
105. alafa kple atõ (kave tá ko tṡi atõ)	
200. alafa eve (katõ)	
300. alafa etõ (kaadre ta akpó	
400. alafa ene (kawo)	
500. alafa atõ (kaweve ta akpó)	
600. alafa ade (kawiatõ)	
700. alafa dadre (kawiadre ta kpo)	
800. alafa ñi (kawi)	

Kardinalzahlen.

900. *alafa ṅide ˌkawi vove la kpo*¹
1 000. *akpe ₍kawi vo atõ)*
2 000. *akpe eve ₍hotu)*
3 000. *akpe etõ ₍hotu kawi vo atõ)*
4 000. *akpe ene ₍hotu eve)*
5 000. *akpe atõ (hotu eve kawi vo atõ)*
10 000. *akpe ewo (hotu atõ)*
20 000. *akpe blave ₍hotu ewo)*
100 000. *akpe alafa ₍hotu katsiewo)*
1 000 000. *akpe akpe.*
10 000 000. *akpe akpe ewo.*
100 000 000. *akpe akpe alafa.*

Die Zahlen bis 19 können *ame* vor sich treten lassen, z. B. *amatõ*, *amewuideka*.

Die Multiplikation wird durch *tepe* ausgedrückt, so dass das *deka tepe deka*, Einmaleins, lauten würde:

deka deka tepe deka ñe deka
veve tepe eve ñe ene
etõtõ tepe etõ ñe ñide (alo asidekę)
u. s. w.

Die Distributiva lauten:

deka kple deka, je einer
eve kple eve je zwei,
etõ kple etõ je drei,
ene kple ene je vier
u s. f.

Für *kple* kann auch *gbli* stehen, auch kann es ganz fortgelassen werden.

Adverbia multiplicativa.

si deka einmal
si eve zweimal,
si etõ dreimal,
si ene viermal
u. s. f.
si dekalea zum ersten Male.
si evelea zum zweiten Male,
si etõlea zum dritten Male,
si enelea zum vierten Male
u. s. f.

kpala erstens,
megbela zweitens, nachher
tõleala drittens,
neleala viertens
u. s. f.

In der Mundart von Anecho heisst es ʒe *deka* einmal, ʒe *eve*, ʒe *dekalea*, ʒe *evelea* u. s. f.

VI. Das Adverb.

Die hauptsächlichsten Korrelative sind: *fihe*, *fike*, *fiha*, *afika* wo, hier, dort; *gahe* diesseits, hier; *gam*, *game* jenseits, dort; *gaka* wo; *afiade*, *afiadeke*, *nugbe* irgendwo; *afisiafi* überall. — *Aʒo*, *aʒola*, *aʒogo*, *aʒoto*, *aʒotola* jetzt; *gbekagbe* wann; *gbeadegbe* irgend wann; *gbedegbedegbede gberegberegbere*) jemals; *gbademogbe* manchmal. — *Aleke* wie, *nene* so, also; *sike-nene*, *sigbe alesi-na ene* gleichwie, mit dazwischentretendem Substantiv oder Verb, z. B *sike yofu nene* wie ein Weisser; *sigbe alesi mielõ na ene* so wie wir es lieben. Einige andere häufige Adverbien; *jipo* oben, *anī*, *anigba* unten, *egome* darunter, *go* draussen, *godo*, *gonu* jenseits, *to* an, auf, *didipe* fern, *pē* fern, *kpuipe* nahe, *fonoli* früh morgens, *egbe*, *egbeta* heute, *eco* gestern, aber auch morgen, *ñico* vorgestern, übermorgen, *ñico ke me* vorvorgestern, übermorgen, *ñdi* morgens, *hoho* längst, *dahe*, *dasi* immer, *ano*, *ba* ungefähr, *evo* fertig, *bleo*, *bleū* langsam, *kaba*, *debla* rasch, *kpa*, *kpakpa* sehr, allzusehr, *kakaka* sehr weit jenseits, *eyome* hinterdrein örtlich).

Die meisten dieser Adverbien sind eigentlich Substantive oder lassen sich auf solche zurückführen. Viele Adverbien werden auch von Substantiven durch Suffigierung des Attributivpronomens der dritten Person gebildet: *mēe* sein Rücken, rückwärts, *apee* nach Hause, u. a.

Adverbien der Zustimmung sind: *ē*, *yo*, *msi* ja; der Ablehnung: *wo*, *dabi* nein. Die Bejahung und Verneinung einer Frage wird meist, wie im Lateinischen, durch Wiederholung des Fragesatzes oder des wesentlichsten Teiles desselben, also namentlich des Verbs, ausgedrückt.

Die onomatopoietischen Schall- oder Intensitäts-) Adverbien bilden in ihrer reichlichen Anwendung eine Eigentümlichkeit der afrikanischen Sprachen. Sie dienen dazu, den Begriff von Farben, Geräuschen und dergleichen besonders hervortreten zu lassen. Viele sind im Ephe herkömmlich, andere schafft das Bedürfniss und die Stimmung des Redenden. Beispiele: *gi brambrambram*, zu *gi* weiss:

schneeweiss; *lĭlĭlĭ* fein, vom Geruch. Will man sagen: der Regen fällt ganz langsam, ganz allmählich, so würde man das Schalladverb *wluwluwlu* hinzufügen. In diesen Adverbien tritt die in hohem Maasse sinnliche Auffassung aller Dinge hervor, welche den Neger kennzeichnet.

Adverbiale Bestimmungen des Raumes und der Zeit, auf die Frage wo?, wann? werden durch das Verb des Seins, *le*, eingeleitet, also: es ist da und da, oder dann und dann: *le eñu* daran, *le egome* darunter. *Le gome jejeame Mawu wo jipo kple añigba* im Anfang schuf Gott Himmel und Erde; *ete do na le gume* der Yams wächst im Boden; *alili neno ciawo pe titina, n'añe numãnu le ciwo kple ciwo dome* eine Feste möge sitzen in der Wasser ihrer Mitte, damit sein werde eine Scheidewand zwischen den Wassern und Wassern. *le añigba la ji* auf der Erde. *nade Ho le ñkeke atõ me* du musst in fünf Tagen in Ho sein. Auf die Frage: wohin? steht vor adverbialen Bestimmungen *de* oder *yi*: *de jipo alilia ñu* an die Himmelsfeste, I. Mos. 1, 17.

VII. Die Konjunktion.

Koordinierend: *kple, gbli,* An. *ku, gbaku* und, mit; *eyia, eya, eye* dann; *na, ne* aber, sondern, auch in der Bedeutung und; *dede* alsbald, dann; *gake* dennoch; *alõ* oder.

Subordinierend: *be, bena, bene* dass, damit, weil; *ne* gesetzt, wenn, auch als Optativpräfix, vgl. S. 24; *gane* wenn nicht, *hafi*, ehe bis; *ehe, esi* als, da.

Die Konjunktionen lassen sich auf verbale Wurzeln zurückführen.

VIII. Interjektion.

Ahã aha, da haben wir's; ja so! *wòwò*, reduplizierte Negation, nicht möglich, nein nein; oft wird diese Interjektion mit geschlossenen Lippen hervorgebracht, so dass sie dann wie *m-m* klingt.

wò drückt Unmut oder Entrüstung aus.

jo, so, recht so, ganz recht.

ćo, ću Ueberraschung: nanu!

wõu körperlicher Schmerz, au; es klingt fast wie im Deutschen.

Die Zahl der Interjektionen ist eine sehr beträchtliche, vorstehend nur die hauptsächlichsten. Wiedergabe durch die Schrift ist immer nur annähernd möglich.

IX. Die Präposition.
(Postposition.)

Die Ephesprache ermangelt der Präposition. Man kann darin keine Unvollkommenheit sehen, denn die Anschaulichkeit des Ausdrucks gewinnt eher durch die Umschreibung. Diese wird entweder durch Substantive oder durch Verben bewerkstelligt, wobei die substantivischen stets nachstehen, also eigentlich Postpositionen sind.

Erschöpfend oder auch nur annähernd alle Konstruktionen aufzuführen, welche an die Stelle indogermanischer Präpositionen treten, ist unmöglich bei einer Sprache, wo alles syntaktische Fügung ist. Dem Europäer erscheint ein grosser Teil dieser Fügungen als blumige Ausdrucksweise, namentlich da auch die geistigen Beziehungen durch sinnliche Begriffe ausgedrückt werden. Als Typus für die Ausdrucksweise des Ephe dienen die deutschen Sätze: Die Bienen sitzen Baumes Aussenseite, d. h. am Baume; er sah ein Kleid herkommen sein Vater, d. h. er empfing ein Kleid von seinem Vater.

Die hauptsächlichsten Substantive und Verben, welche präpositionale Verhältnisse ausdrücken (präpositionale Substantive, Postposita) sind:

me das Innere, Gegensatz *ñŭ* das Aeussere. Es wird für »in« verwendet. Beispiel: *kpame* im Hofe. Das Denken des Westafrikaners bewegt sich fortdauernd innerhalb der Gegensätze innen und aussen.

titina die Mitte, mitten in: *zã titina* mitten in der Nacht.

dome Zwischenraum, unter, mitten unter, zwischen; entsprechend niederdeutschem mang, englisch *among*: *amewo dome* unter den Menschen.

ñŭ, ñŭti, Aussenseite, an: *ati ñŭ* am Baum, *gli ñŭti* an der Wand.

gbo Seite, neben, bei: *efa apeto gbo* er ging an des Hausherrn Seite.

ha, ha Seite, hinter, zwischen: *adaka ha* hinter der Kiste.

ji das Obere, Decke, Himmel, auf, über. Gegensatz: *añi* Boden, unten. *kplo ji* auf dem Tische.

tame, von *ta* Kopf, auf, über, oberhalb: *alilia tame* über dem Himmelsgewölbe.

te unten, unterhalb: *alilia te* unterhalb des Himmelsgewölbes.

añi, ñi der Boden, das Untere, unter: *aflaga ñi* unter der Flagge.

de der Boden, das Untere, unten an, unten: *yeḫome toa de*, sein Haus steht am Fuss des Berges.

mo, ŋkume, ŋgo, Antlitz, Vorderseite, vor, gegenüber. *Ajido Aneho ŋgo*: Adschido liegt Anecho gegenüber. *Ie Mawu mo*, vor Gott.

megbe, Rücken, nach, hinter: *ńkeke atũ megbe* nach fünf Tagen; *kwasida deka megbe* nach einer Woche; *Tǫmegbe*, Ortsname, hinter dem Flusse.

ńũti Aussenseite, wegen, um willen: *agbe ńũti*, um des Dankes willen; *nuka ńũti* weswegen.

ćo, herkommen, von: *ekpǫ aṛǫ ćo yefofo* er bekam ein Kleid von seinem Vater, wörtlich: er sah Kleid herkommen sein Vater.

yi, de, na gehen, nach: *yi apụta* an den Strand; *de home*, in das Haus.

na geben, für, als Kasuspräposition des Dativs gebraucht, vgl. beim Substantiv S. 32. *Eéo abolo nam* er giebt mir Brot, wörtlich: er nimmt Brot geben. *Woayira ameśiwo le nublami kpǫm na ameṇwo la* gesegnet seien die Menschen, welche Erbarmen zeigen d e n Menschen.

Uebungsbuch.

I.
Anlodialekt.

1. Kplõ.

Wocǫa púpowo kpa kplõ hedade họme. Miecǫa miape mududu 'gbawo doa eji heduna nu le eñũ. Ne mieñlo agbale la, miacǫe dade kplõ ji. Kplõ ekǫ wu jikpui eye afǫ ene le egǫme.
Sie pflegen zu nehmen Bretter zu glätten Tisch (ihn) zu stellen ins Haus. Wir pflegen zu nehmen unsere Speiseteller zu stellen darauf zu speisen etwas daran. Wenn wir schreiben Buch, werden wir es nehmen zu legen auf den Tisch. Der Tisch ist höher als der Stuhl und vier Beine sind darunter.

Kplõ Tisch. — *wocǫa* sie pflegen zu nehmen. 3. Plural Aorist von *cǫ*. — *púpowo*, Plural von *púpo* Brett, Planke, Tischplatte; An. *gbogblo*. — *kpa* zerschneiden, zerbrechen, zerquetschen, schälen, glätten, hobeln. — *hedade* Infinitiv *dade* hinstellen, legen, mit vorgesetztem Formverb *he*, »um zu«, vgl. Gramm. S. 27. — *họme*, in das Haus; *họ* allein bedeutet Haus, *me* Mitte, in, präpositionales Substantiv. — *miecǫa* wir pflegen zu nehmen; 1. Plural Aorist von *cǫ*. — *miape* unsere. — *mududu 'gbawo* Speiseteller; *mududu* Speise, von *nu* Sache und *du* essen, *dudu* essbar; *'gbawo*, apostrophiert aus *agbawo* Teller, Plural von *agba*, welches auch Traglast bedeutet. — *doa* Infinitiv Aorist von *do* liegen, legen, setzen: *edo kplõa ji* es liegt auf dem Tische. — *ji*, Adverb, oberhalb; präpositional: auf; Substantiv: das Obere, der Himmel. — *heduna nu* um etwas zu essen; *heduna*, Infinitiv mit folgendem *na*, eigentlich geben, das nur den Verbalbegriff verstärkt, Gramm. S. 27; *he* um zu, siehe oben; *nu*, eigentlich Sache, dann: etwas. Das Ephe erfordert zum Verb irgend ein Objekt. — *le eñũ*, wörtlich: es ist Aussenseite, d. h. an seiner Seite, daran. *le* entspricht dem deutschen Verb sein, sich befinden, *eñũ*, als Adverb: aussen, daran, als Präposition: an. Nebenform *ñũti*. Adverbiale Bestimmungen dieser Art werden stets mit *le*, es ist, eingeleitet, wie gleich im folgenden *le egome:* vergl. Gramm. S. 37. — *ne* wenn, Konjunktion. — *mieñlo* wir schreiben, 1. Plural Präsens von *ñlo*. Die Schreibfeder ist *womañloti*, wörtlich: Papierschreibstock; die Tinte *womaći*, wörtlich: Papierwasser. — *agbale* Buch, eigentlich Fell. — *la*, Satzartikel, Gramm. S. 21. — *miaćoe* wir werden nehmen es, 1. Plural Futuri mit suffigiertem *e*, es, Personalpronomen. — *dade* legen, Infinitiv. — *kplō ji* auf den Tisch; *ji* ist gleich dem obigen *eji*. — *kplō eko wu jikpui*, wörtlich: Tisch hoch übertrifft Stuhl, d. h. der Tisch ist höher als der Stuhl. Der Komparativ wird stets durch das Verb *wu* umschrieben, Gramm. S. 27 f. und 33. *jikpui* ist im A. Stuhl, An. sagt man *azikpe*. Aehnlich diesem Worte klingt *ćikpo*, An. *tsukpo*, *tsikpo*, die aus Rohrstäben gearbeitete Trage, in welcher man Lasten auf dem Kopf trägt. — *eye* und, wird zur Verbindung von Sätzen gebraucht; Substantive verbindet man im Anlodialekt durch *kple*, eigentlich: mit, sammt, An. *ku*, *gbaku*. — *afo ene*, Füsse vier; *afo* ist Singular; folgt ein Zahlwort, so steht das Substantiv stets ohne Pluralsuffix. — *le* sind. — *egome* darunter; *ego* ist die Unterseite, *me* Mitte, in; als adverbiale Bestimmung des Ortes nimmt *egome* das Verb *le* vor sich, wörtlich: »es ist darunter«, Gramm. S. 37.

2. *Ablego*.

Ablego eñe jikpui si afo ene noa egome; ne wono eji la, woda mēe. Adāñwola ćoa ati kpa ablego. Gli ñuti alō kplō ñuti woda ne do. Jikpui si mēdepe mele eñu wō la, eye eñe amagui alo jikpui. Ne dedie te ñuwo la, alo nele nu dum la, alo nele ze dom hā la, wonoa eji.

Der Stuhl ist ein Sitz, welcher vier Beine sitzen darunter; wenn sie sich setzen darauf, lehnen sie sich zurück. Der Handwerker nimmt Holz zu glätten (zimmern) den Stuhl. An die Wand oder an den Tisch stellen sie (ihn) zu setzen. Der Sitz, welcher keine Rückenlehne hat, und der ist eine Bank oder Sitz. Wenn Müdigkeit sie fasst, oder wenn sie speisen, oder wenn (sie) Unterhaltung auch machen, pflegen sie sich darauf zu setzen.

Ablego Stuhl mit Lehne und vier Beinen; der einheimische Stuhl mit rundgeschweiftem Sitz ist *jikpui*, An. *azikpe*. — *eñe* ist; *le* bedeutet das sein an einem Orte, *ñe* dagegen erklärt einen Begriff, giebt eine Definition, bezeichnet aber auch, philosophisch, das sein, das Dasein: *eñe Mawu, ἐστὶν ἔστι*. — *noa* sitzen, sich befinden; 3. Plural Aorist. Dieser wird angewendet, wenn kein bestimmter Einzelfall und demnach auch keine bestimmte Zeit ins Auge gefasst wird; z. B. »er spricht englisch« wenn es die Fähigkeit oder Gewohnheit im Allgemeinen ohne Beziehung auf die augenblickliche Ausführung bezeichnet, wäre durch den Aorist wiederzugeben. Die Bedeutung ist also: vier Beine pflegen darunter zu sitzen; das Relativ *si* setzt diesen Satz in Beziehung zu dem vorausgehenden Substantiv *jikpui*, »unter welchem vier Beine sitzen. -- *ne wono eji la* wenn sie sich setzen darauf; *wono* 3. Plural Präsens, dasselbe Verb, wie zuvor *noa*. Das deutsche »man« wird im Ephe gewöhnlich durch die 3. Pluralis ausgedrückt, wie im Lateinischen: *dicunt, narrant* u. a., oft auch durch *ame* Mensch, Mann, also wie im Deutschen. - *la* Satzartikel wie Stück 1, *ne mieñlo agbale la. woda* sie legen, lehnen, 3. Plural Präsens von *da*. — *mee* zurück. *mee* wörtlich: sein Rücken, das suffigierte *e* ist Possessivpronomen. Zahlreiche Adverbien werden so gebildet, z. B. *apee* nach Hause, Gramm. S. 36. — *adañuwola* der Handwerker, zunächst der europäische, welcher Kunstarbeit anfertigen kann; *adañu* ist kunstvolle Arbeit. — *eoa*, Aorist von *eo*. — *ati*, mit Ton auf der letzten Silbe, der Baum — *kpa* glätten, Infinitiv. — *gli* Wand, *ñuti* Aussenseite, *gli ñuti* an die Wand, an der Wand, vgl. Gramm. S. 38. -- *alo* oder. — *kplõ ñuti* an den Tisch. -- *woda* sie setzen, stellen, 3. Plural Präsens. — *ne*, gleich *nae*, zu *na* geben, Vertreter eines pronominalen Objektes, vgl. Gramm. S. 27. — *jikpui si mĕdepe mele eñu wo la* ein Sitz welcher Lehne ist nicht Aussenseite, d. h. welcher keine Lehne hat. *mĕdepe* Rückenlehne, An. *ñgbedonu* oder *ñgbedope*. *mele eñu wo; me* und *wo* bilden die (stets doppelte) Negation. *le* ist. — *la* Satzartikel. — *eye eñe amagui*, und ist Bank; das *eye*, das auch mit unserem »dann« verglichen werden kann, erscheint uns pleonastisch hinzugefügt, wie häufig nach vollständigen Relativsätzen· — *dedie te ñuwo la* Müdigkeit fasst sie, wörtlich: fasst ihre Aussenseite; *te* ist Verb, *ñu* die Aussenseite, das suffigierte *wo* ist Attributivpronomen der 3. Person Pluralis: ihr. *te ñu* allein heisst können, gewöhnlich als Futuro-Präsens gebraucht: *mateñu* ich werde die Aussenseite fassen, d. h. ich kann. Die Ausdrucksweise der Afrikaner hat noch die volle Frische der Sinnlichkeit. - *la* Satzartikel. — *alo* oder. — *nele nu dum la*, wörtlich: wenn ist Sache essend (gegessen werdend); *nele*, zusammengesetzt aus der Konjunktion *ne* und dem Verb des seins *le*; *nu* Sache, gehört zu *dum*, essend oder gegessen werdend, Particip von *du*; das Verb bedarf im Ephe der objektiven Ergänzung, daher *nu*. — *la* Satzartikel. — *nele ƒe dom hã la*, wörtlich: wenn ist Unterhaltung aussendend auch, oder ausgesendet werdend: *ƒe* Unterhaltung, *dom* Particip, wie oben *dum*; *do* bedeutet aussenden, ausgehen lassen und dient zur Umschreibung mannigfacher Begriffe, z. B. *do aśi*, haschen, greifen, wörtlich: die Hand ausgehen lassen; *ge do la* die Sonne sendet aus Kopf, d. h. es ist Mittag. *ha* dann, auch. *la* Satzartikel. — *wonoa* 3. Plural Präsens, *no* sitzen, setzen, sich setzen, siehe Stück 1. *aṣo enẹ noa egome.* — *eji* darauf.

3. Adaka.

Adanùwola ćo ati kpa adaka. Ejićyonu le ne kple srōto, si woćo dea enu. Wode avo kple hoćui kple muawo gede eme. Adaka noa home, bena fiafito matenū afi nu wò.

Der Kunsthandwerker nimmt Holz zu glätten (hobeln) Kasten. Ein Deckel ist da und mit Schloss, welchen sie nehmen legen darauf. Sie legen Kleidung und Kauris und Sachen manigfache hinein. Der Kasten steht im Hause, damit ein Dieb nicht kann stehlen etwas.

Ejićyonu Deckel. — *ne*, als Konjunktion gebrauchtes Verb: dass, wenn; aber auch beiordnend: und. — *kple* mit. — *srōto* Schloss, Fremdwort aus Ga *sroto.* — *woćo* 3. Plural Präsens. — *dea* Infinitiv Aorist von *do* legen. *enu* darauf, zum Verschluss, es giebt zwei Worte *nu*: Sache und Mund, von letzterem hier *enu*, Adverb, zum Verschluss, auf die Oeffnung. Nicht zu verwechseln mit *nū*, *enū* an, eigentlich Seite. — *wode* sie legen. 3. Plural Präsens von *de*. *avo* Kleidung. — *hoćui*, An. *hoti* Kaurimuschel, hier kollektiv. Davon abgeleitet *hoćuito* der Kaurimann, Wohlhabende. — *muawo gede* Sachen viele. *gede* wird auch mit dem an sich schon »viel« bedeutenden *fu* zusammengesetzt: *fugede*. *eme* hinein, dasselbe wie *me*, ist eigentlich Substantiv, dient aber auch als Adverb und Präposition. Vielfach in Zusammensetzungen: *home* das Haus-Innere, Zimmer; *Epeme*, das Epheland. — *noa* Aorist von *no* sitzen. — *ho me*, hier hat *me* mehr präpositionale Bedeutung: im Hause. — *bena*, Konjunktion, dass damit. — *fiafito* Dieb, zu *fi* stehlen, mit Ableitungssilbe *to*, vgl. Gramm. S. 21. — *matenū*... *wò* kann nicht. Futur des Verbs *te nū* eigentlich: Aussenseite fassen, mit der Negation *me*. — *wò*, vgl. Gramm. S. 23. *afi*, Infinitiv Futuri von *fi* stehlen. — *nu* Sache, etwas. Das Verb bedarf des ergänzenden Objektes.

4. Tomedeʒe.

Woćo ani mea ʒe. Woćo na dea tome yi d'adua ći, eye woćoe va aṗee nū na. Gbadewogbe woćo aha alo ami dea me. Ne miekpo nuie wò, eye wojea ani la, agbā eye megale nane ke wowo la.

Sie nehmen Lehm zu formen Topf. Sie nehmen ihn gehen zum Fluss schöpfen Wasser, und sie nehmen ihn kommen nach Hause trinken es. Bisweilen nehmen sie Rum oder Oel zu thun hinein. Wenn wir nicht achtgeben gut, und sie fallen nieder, zerbrechen, und es ist nicht wieder etwas zu thun (es ist nichts mehr mit ihnen zu machen).

Tomedeze Wassertopf, von *to* fliessendes Wasser, *me* Mitte, *de* nehmen, *ze* Topf, also Wassernehmtopf. — *ani* heisst Erde, Lehm, Thon, als Adverb: unten. — *mea* Infinitiv Aorist von *me* schaffen, anfertigen, bilden, daher *ame* Mensch. — *ze* Topf, häufig in Zusammensetzungen, z. B. *tabaze* auch *tamaze* Tabakspfeife, eigentlich Tabakstopf. — *na*, eigentlich ein Verb, geben, ist zu einer Art Pronomen geworden, um das Objekt zu vertreten, vergl. Gramm. S. 27. — *tome* im Fluss, zum Fluss. — *yi* gehen. — *d'adua*, Infinitiv Aorist, zu schöpfen; das Verb ist zusammengesetzt aus *de* nehmen und *du* essen. — *ci* Wasser. — *eye* und. — *wocoe*, sie nehmen ihn; das auslautende *e* ist Personalpronomen der 3. Person. — *va* kommen, Infinitiv. — *apee* nach Hause, *ape* Haus, mit suffigiertem Attributivpronomen *e*, also eigentlich sein Haus, adverbial gebraucht. — *gbadewogbe* bisweilen. — *aha* Rum, Branntwein. — *ami* Oel, mit dem Ton auf der letzten Silbe. — *dea* Infinitiv Aorist von *de* zu legen, giessen, thun. — *me* Mitte, hinein. — *ne* wenn. — *miekpo*, 1. Plural Präsens, wir sehen, achten, von *kpo*. — *nuie* gut, schön, hier Adverb. — *wò*, Negation; der erste Teil der sonst stets doppelten Negation fehlt. *ne* an der Spitze des Nebensatzes steht hier für »dass nicht«. — *eye* und dann, leitet oft den Nebensatz ein. — *wojea*. 3. Plural Aorist von *je* fallen. — *ani* hier Adverb, zu Boden. — *la* Satzartikel. — *agbá* Futur von *gbá* zerbrechen. — *megale* .... *wò* ist nicht wieder; *me* Negation, *ga* Iterativpartikel, wieder, *le* das Verb sein, *wò* zweite Negation. — *nane ke* irgend etwas, welches; *ke* Relativ, vgl. Gramm. S. 30. — *wowo* zu tun, Infinitiv. Das nicht reduplicierte Verb *wo* hat dieselbe Bedeutung.

5. *Abolo.*

Wocoa amowo poa abolo. Bli alo lu si wogbá, eye wopo jogbo de me la, woyo ne be: amowo. Yofuwo si woblui há la, woyo ne be: amowo. Agble me la eye bli mie na do. Agbledela pá bli, Mawu na pe ci ja na de ji eye wogana pe getotui do na de ji eye hafi woci na.

Sie pflegen zu nehmen gesäuertes Mehl zu kneten Brod. Mais oder Getreide, welches sie mahlen, und sie kneten Brei zu nehmen hinein, sie nennen es: Sauerteig. Europäisches Mehl, welches sie auch rühren, nennen sie: Sauerteig. Auf der Pflanzung, und Mais wächst (da). Der Ackerer säet Mais. Gott giebt seinen Regen zu plätschern ihn zu gehen darauf, und er giebt wieder seinen Sonnenschein senden darauf, und bis sie wachsen.

Abolo Brod, An. *ab'lö*. *amowo* gesäuerter Mehlteig, zu *wo* Mehl. — *poa* Infinitiv Aorist zu *po* kneten. — *bli* Mais. — *lu* Guineaweizen, welcher jung fast wie junger Mais aussieht. — *si* Relativ. — *wogbā* sie mahlen, 3. Plural von *gbā*, siehe oben Stück 4. — *wopo* sie kneten, 3. Plural Präsens. — *jogbo* Brei. — *de me* legen hinein. *la* Satzartikel, welcher dies ganze relative Satzverhältniss schliesst, das bei *si* beginnt. *woyo ne be* sie nennen es. *woyo* 3. Plural Präsens von *yo* rufen, mit *be* verbunden: nennen, z. B. *eye Mawu yo kekeli la be ŋkeke, eye viviti la woyo be zā* und Gott nannte das Licht Tag und die Finsterniss Nacht. Das zwischen *yo* und *be* eingeschobene *ne* ist gleich *nae*, eigentlich: geben es, dann mit pronominaler Bedeutung, wie *na* es. *be* bedeutet sagen. — *Yofuwo* das Mehl der Weissen; *yofu* ist der weisse Mann, der Europäer, abgleitet von *fu*, weiss sein. Die Anrede *yofu*, welche Buschleute dem Europäer gegenüber sich erlauben, gilt als grob; *apeto*, eigentlich Hausherr, dann Herr, oder *amegā* grosser Mann, ist die höfliche Ausdrucksweise; mit *amegā* reden die Eingeborenen auch die Aeltesten des Dorfes an. — *woblui* sie kneten. — *hā* auch. *la* Satzartikel, schliesst den Relativsatz. *agble* die Pflanzung, *me* Mitte, *agbleme* auf der Pflanzung. — *la* Satzartikel, schliesst hier die an die Spitze gestellte adverbiale Bestimmung. *mie na do* wächst. *mie* heist: versiegen, seicht sein, z. B. *Gbagā mie* die Lagune ist ausgetrocknet, seicht. Das Verb bedeutet aber auch spriessen, wachsen, z. B. *gbe mie* das Gras wächst. Hier sind zu dem einfachen Verb zwei andere noch hinzugesetzt: *na* geben und *do* aussenden, ausgehen lassen. — *Agbledela* der Ackerer. — *pā* säen, auch *wu* wird in dieser Bedeutung gebraucht. — *Mawu* Gott; auch im Gā, namentlich bei den Adanmern ist das Wort üblich. Im Ga sonst *Nyoŋmo*, im Tschi (Asante) *Nyame*. *Mawu* wird auch von den Akposo- und Akebuleuten gebraucht, bei den Adeileuten verstanden. — *na* giebt. — *ci* Wasser, Regen. — *ja* plätschern, Infinitiv Präsens. *ci le jadjam* es regnet. — *na de ji* darauf; wörtlich: geben gehen darauf. *wogana* er giebt wieder; *wo* tritt in der dritten Person für Personen auf; Iteratives Präsens. — *pe getotui* seinen Sonnenschein. — *do na de ji*, wörtlich: ausgehen lassen geben gehen darauf. — *hafi* bis, *woci na* sie sprossen geben. Durch *na* wird die Bedeutung des Verbs *ći* sprossen, verstärkt. *ći ji* ist das gewöhnliche Verb für keimen, z. B. *aṅba le ćićim* »Kraut spriesst«; auch gebären, werfen. *ći viwo*, Junge werfen, Kinder gebären.

6. Ete.

Ete do na le gu me. Agbledela sia ave toa jo, eye wòpua kpo, ćoa te la dea me. Epe miemie la, eye mejo agbledela gbo ña deke wò, deko elala ne halase eśi Mawu yira na de ji eye hafi wòdo na. Ne epe hohogi edo la, eye woho ne yi apee kple jijo, hećoe da ne du.

Der Yams wächst in dem Boden. Der Ackerer schneidet Busch, legt Feuer an, und er wirft Haufen, nimmt den Yams zu legen darein. Sein Wachstum, und es ist nicht des Landmanns Sache, nur er wartet darauf, bis dass Gott segnet ihn legen darauf, und bis er ihn wachsen lässt. Wenn seine Erntezeit herauskam, dann ernten sie ihn gehen nach Hause mit Freude, zu nehmen ihn kochen ihn zu essen.

Ete mit beweglichem *e*, Yams. — *do* herauskommen, wachsen, hier mit dem Formverb *na* verbunden. — *le gu me* (ist) in dem Boden, adverbial. — *sia* Aorist Affirmativ von *si* schneiden. — *ave* Busch, Wald. — *toa jo* legt an Feuer; *toa* Aorist Affirmativ. — *wòpua* er wirft, 3. Person Singular Aorist Affirmativ. — von *pu* werfen, stossen. — *kpo* Haufen, kollektiv gebraucht statt des Plural; *kpo* ist auch der Buckel; *kpono*, *kpoto* der Bucklige. — *ćoa* zu nehmen, Aorist. — *te*, mit abgefallenem Präfix *e*, Yams. — *la* Satzartikel, schliesst hier den Infinitivsatz. — *dea* zu legen, zu liegen, Aorist Infinitiv. — *epe* sein, Attributivpronomen. — *miemie* Wachstum, zu *mie* wachsen. — *la*, Satzartikel, weil der vorhergehende Begriff aus seiner Konstruktion herausgerissen ist. — *mejo* 3. Singular Präsens von *jo* dabei sein, da sein, mit der Negation *me*. — *agbledela gbo* Ackerers Seite, d. h. bei dem Ackerer. — *ña* Sache. — *deke* irgend ein. — *deko*, *ko* Adverb: nur. — *elala* er wartet, 3. Singular Präsens von *lala* warten, abwarten. — *ne* objektive Ergänzung dazu: es. — *halase eśi* bis dass; für *halase* häufiger *fase*, *hafi*; *halase* zu Wurzel *la* warten, *eśi* als, da, Grundbedeutung: Zeit. — *yira na*, *yira* segnen. — *de ji* legen darauf, also: bis Gott seinen Segen darauf legt. — *hafi* bis. — *wòdo na* er ihn wachsen lässt; 3. Singular Präsens von *do* herauskommen, aber auch transitiv, herauskommen lassen, durch *na* geben, verstärkt. — *ne* wenn. — *hohogi* Erntezeit, von *ho* ausreissen. — *edo*, 3. Singular Präteritum von *do*, herankam. — *woho* sie ernten, 3. Plural Präsens von *ho* ausreissen, ernten. — *ne* und. — *yi* gehen. — *apee* nach Hause, wörtlich: sein Haus. — *kple* mit. — *jijo* Freude;

joji Verb, sich freuen. — *hec̣oe* ihn zu nehmen, *he*, entsprechend dem deutschen »um zu«. vgl. Gramm. S. 27; das *e* am Ende ist Personalpronomen, ihn. — *da* liegen, legen, aber auch kochen, backen; *da abolo* Brod backen; *nuka mada egbe mã (mahã)*, was soll ich heute kochen. — *ŋe* in pronominaler Bedeutung ihn, den Yams.

7. So.

So eko eye woño ame ŋu; ŋuse hã le ŋe. Ep' asike edidi, eye fu playa hã le eŋu. Wodá afokli, eyañuti kpo ñuie, ŋe n'agate de ŋutiwo wo. So pua du sesie; epe numega wocọ na, fia ŋe, be ŋeto dusi alọ miãmemo, sigbe alesi mielō na eŋe. So ec̣oa ejiŋola alọ agba, eye wotea tasiadam hã. So gie, yibo, ge, c̣ie, c̣ē kple ŋōŋoe wole.

Das Pferd ist gross, und es ist schön für den Menschen; Kraft auch wohnt ihm inne. Sein Schwanz (ist) lang und schlichtes Haar auch ist aussen (auf dem Körper). Sie schlagen (mit dem) Huf, deshalb sich wohl (zu), dass du ihm nicht nahe kommst. Das Pferd läuft stark; seinen Zaum geben sie ihm, um es zu lenken, damit es wende zur rechten oder zur linken, so wie wir lieben gerade so. Das Pferd nimmt den Reiter oder die Last und zieht auch den Wagen. Das Pferd aschgrau, schwarz, weiss, fuchsrot, braunrot und scheckig sie sind.

woñõ es ist schön, 3. Person Singular *eñõ* Gegenteil *meñõ* — *wò* (An. *muñõ*), als Adjektiv: schön, hier verbal: schön sein. *ame ŋu* wörtlich Mensch Aussenseite, für den Menschen. — *ŋuse* Kraft, zusammengesetzt aus *ŋu* Aussenseite und *se* stark sein. — *ŋe*, wörtlich: ihm geben. — *asike* Schwanz; zu *asi* Hand und *ke* spalten? — *edidi* lang, weit, fern, auch als Adverb. Von der Zeit: lange. — *fu* Haar; *playa* schlicht, pelzig. — *dá* schiessen, schlagen. — *afokli* Huf. — *eyañuti eyiañuti, eañuti)* deshalb. — *ŋe n'aga* dass nicht: häufiger einfach umgekehrt *gaŋe* wobei die erste Negation zu ergänzen ist. — *te de ñutiwo* zu nahe kommen seinem Körper, ihm. *te* gehen, Fremdwort aus Ga? — *wò* zweite Negation. — *pua du* läuft, rennt; *pu* ist werfen, schlagen, *du* essen, das häufig zu blossen Umschreibungen angewendet wird und oft nur den Begriff des Seins ausdrückt, wie auch in anderen afrikanischen Sprachen. — *sesie* stark, zur Wurzel *se* stark sein; Reduplikation mit Diphthongierung des Wurzelvokals. — *numega* Zaum, Trense; von *nu* Mund, *me* in, *ga* Eisen. — *fia* zeigen, führen; daher heisst der König *fia*, An. *fio*; der Lehrer *fiala*, *nufiala*; der Führer *mofiala*, An. *mofioto*, zusammengesetzt mit *mo* Weg. — *be, bena* dass, damit. — *ŋeto* gleich *naeto* er gehe, er wende; *ŋe* ist

Optativbildend. vgl. Gramm. S. 24. *dusi* die rechte Hand, die rechte, eigentlich die Esshand, von *du* essen und *asi* Hand; adverbial *dusime* zur rechten. Hier folgt gleich *emiamemo* »zur linken Weg«, so dass -*memo* auch zu dem vorausgehenden *dusi* gehört (An. *emiame*). — *sigbe alesi* — *na ene* = *sike-nene* so-wie. — *lo̱* lieben, davon *ho̱lo̱* Freund, zu *ho* helfen, retten. — *ejinola* Reiter, zu *eji* auf, darauf und *no* sitzen. — *agba* Last, Traglast. — *te* ziehen. — *tasiadam* Wagen, Fremdwort aus Fanti; An. *keke* eigentlich Rad.

8. Ale̱.

Ale̱ eñe lasi efa. Epe fu le fuẓeẓe, eye woyo ne be: kutú. Abloći alenwo pe fu ñlo na ñuto. Wocoa kutu woa ka, eye wocoa ka la lo̱a arosiwo ho asi sese. Ale̱ dua gbe eye wodua bli hã. Ejoa pe mududú la, eye wògadu ne. Wodua ale̱ pe la, eye wocoa pe agbale woa nuwo gedë. Alẹvi pe lame mese na wò, eye wòfa hã. Emele ame du ge wò 'mele afokli da ge wò, eye emele po ge hã wò. Ne emekpoa edada wò la, eḥlo̱ na. Amesi kpoa alenwo kple wope vinwo ji la, woyo ne be: alẹnila alo aleḵplola. Aleḵplola de le jipo si kpoa añigba da, he yoa epe alenwo kple ep alevinwo eye wòfia mo ñuiewo. Aleḵplola ma ñiko de? Ameka woñe ep alenwo kple ep alevinwo mahã?

Das Schaf ist ein Tier, welches sanft (ist). Sein Haar ist zottig, und sie nennen es: Wolle. Europäische Schafe ihr Haar kräuselt sich sehr. Sie nehmen Wolle zu machen Faden, und nehmen Faden zu weben Kleider, welche kostbar sind. Das Schaf isst Gras und isst auch Korn. Es giebt von sich seine Nahrung und isst sie wieder. Sie essen des Schafes sein Fleisch, und sie nehmen sein Fell zu machen viele Sachen. Des Lammes sein Körper ist nicht stark, und es ist auch sanft. Es will nicht den Menschen beissen und will nicht mit Hufen schlagen, und will auch nicht stossen. Wenn es nicht sicht seine Mutter, schreit es. Ein Mensch, welcher beaufsichtigt die Schafe und ihre Jungen, den nennen sie: Schäfer oder Schafhirten. Ein Hirt ist im Himmel, welcher auf die Erde blickt, welcher ruft seine Schafe und seine Lämmer, und er führt gute Wege. Des Hirten Name ist? Wer sind seine Schafe und seine Lämmer?

Ale̱ Schaf. — *la (ala)* Thier, Fisch, Fleisch. — *efa* ist kühl, ruhig, sanft, friedlich. — *fu* Haar. — *fuẓeẓe* zottig. - *kutu* Wolle; An. *kuntu* bedeutet auch Decke. — *abloći* europäisch, Fremdwort aus Ga, *Ablotsiri, Abrotsiri, Ablotsili,* Europa; Tschi *Abrokiri*. Der damit verbundene geographische Begriff ist unbestimmt: Land der Weissen, wozu auch Amerika gehört, dessen Lage man nicht kennt, selbst Sierra-Leone wird dazu gerechnet. — ñlọ na sich kräuseln: ñlọ ist schreiben, aber auch einwickeln, zusammenballen, sich ballen, sich kräuseln. — ñūtọ sehr. — ka, eka Faden, Seil, auch Liane und Luftwurzel. — lō weben. aṿọsiwo ḫọ aśi sẹsẹ Kleider welche kostbar sind; aṿọsiwo, die Pluralpartikel wo tritt hinter das Relativ: ḫọ aśi teuer sein, ḫọ nehmen, aśi Hand, Handel; sẹsẹ stark, teuer. — gbe, egbé Gras. — ejoa es giebt von sich. — wògadu es isst wieder, mit iterativem ga. — agbalẹ Fell, Pergament, Buch. — gede viele. — alẹ̄vi kleines Schaf, Lamm. — lāme, wörtlich Fleisch-Innenseite, dann der Körper mit Bezug auf seine innere Beschaffenheit. — sẹ stark, davon oben sẹsẹ stark, theuer. — wòfa es (ist) sanft. — emele....wò, es ist nicht. — amẹ, Objekt, einen Menschen. — du ge essen, beissen zu wollen; durch das Formverb ge wird der Wille, die Absicht ausgedrückt. Für du sagt der englisch redende Küstenbewohner stets »chop«, also: the dog chop him, der Hund hat ihn gebissen. — do schiessen, schlagen. — pọ schlagen, prügeln, stossen (mit den Hörnern). — edada seine Mutter. — ḫlō schreien — kpọ....ji, beaufsichtigen, wie im deutschen gebildet. — wope ihre, Attributivpronomen der 3. Person Plural. — vi klein, jung, das Junge. — aleñla der Schäfer; ñi ist weiden. — alẹ̄kplọla dasselbe. kplọ führen, treiben. — de le, ist, befindet sich; de, das sein ausdrückend, kommt in dieser Bedeutung nur in Verbindung mit anderen Verben vor. — jipọ Himmel, oben, hier adverbial; zu ji auf. — añigba die Erde, hinunter, unten; hier adverbial. — da, zu unterscheiden von dà schiessen, schlagen, bedeutet liegen, legen und kommt meist nur verbunden mit anderen Verben vor; hier gehört es zu kpọ, also gewissermassen: den Blick senken. he, Relativ, welcher. — yọ rufen. — wòfia er führt. — mọ ñuiewo gute Wege; das Pluralzeichen steht hinter dem attributiven Adjektiv. — mā gleich mahā, Fragepartikel, könnte am Ende des Satzes stehen, wo hier de, gleichfalls Fragepartikel, steht. — ñkọ, ñikọ Name. — ameka wer, hier als Plural. — woñe, 3. Person Plural von ñe sein.

9. Dadi.

Dadi melolo wò. Lāćiñku woñe. Epe ñku doa ñoji na amẹ tà; ege kple aśike legbe le nẹ. Epe fewo nu eda na, eye wode na doa ga hā. Nele fefe ge kple dadi la, nakpọ ñuie le epe fe mūti. Dadi dua lā, eye wofi na hā ñūtọ. Nele elé ge la wòde ati ji eye wòkpoa wo kple ñku vō. Afiwo kple alegeliwo pe ketọ woñe. Edea ha de muḫa kple ḫome. Dadi eñe lā ñuie, elabena ewua afiwo le ḫome.

Die Katze ist nicht gross. Ein scharfäugiges Tier ist sie. Ihr

Auge sendet Schrecken auf den Menschen sehr; Bart und Schwanz langen hat sie. Ihre Krallenspitzen sind scharf, und sie legen sie auch in Eisen (das geschieht, wenn die Katze nicht maust, man sucht dann die Mäuse durch das Geschrei der Katze zu verscheuchen). Wenn man zu spielen beabsichtigt mit der Katze, achtet man wohl auf ihre Kralle. Die Katze frisst Fleisch, und sie stiehlt es auch sehr. Wenn man sie fassen will, geht sie auf einen Baum und sie sieht dich an mit bösem Auge. Der Mäuse und Ratten ihr Feind ist sie Sie versteckt sich im Hinterhalt und im Hause. Die Katze ist ein nützliches Tier, weil sie tötet die Mäuse im Hause.

Dadi, An. *asé* Katze. — *lolo* gross, dick. — *lāćiṅku* scharfäugiges Tier. — *wòñe*, 3. Singular zu *ñe* sein. — *ṅaji* Furcht, Schrecken. — *na*, hier präpositional, für. — *tà* sehr (im Ton verschieden von *ta* Kopf, z. B. *Keta* Sandkopf), auch *kpem* und *ṅūto*, *ṅto*, haben dieselbe Bedeutung, letzteres namentlich in An. gebraucht. — *egé* Bart. — *le ṇe* sind geben ihr; also *ei sunt*. — *feṇro* Krallen. — *eda*, zu da werfen, schiessen, scharf, spitz. — *ga* Eisen. Die Stadt Game, Eisenmitte, am Haho gelegen, hat den Namen von dem vielen dort vorkommenden Eisenstein, ebenso Gaphe (Gape), drei Stunden davon, »Eisenheim«. — *ṇele fefe ge; fe* spielen. Nach Schlegels Bezeichnung wäre die Verbindung mit *ge* ein Intentionalis. — *nakpo*, Imperativ, verstärkt durch *na*, vgl. Gramm. S. 27; man könnte in Fällen wie der vorliegende von einer Rektion des Verbs sprechen, so dass *kpo* mit dem folgenden *ṅūti* konstruiert ist. — *le epe fe ṅūti*, als adverbiale Bestimmung konstruiert und durch *le* eingeleitet, vgl. Gramm. S. 27. — *dua* Aorist. — *wòfi*, 3. Singular zu *fi* stehlen; davon abgeleitet *afiafito* der Dieb, *afi* die Maus, eigentlich Stehlerin. — *ṅūto* sehr, viel, hier mehr temporal: häufig. — *ṇele elé ge la*, wie oben *ṇele fefe ge; lé* fassen, greifen, fangen. — *wòde*, 3. Singular zu *de* gehen. — *wòkpoa wo* sieht dich *wo* an. — *vọ̄*, Adjektiv, böse, davon *nuvō*, das Böse, die Sünde. — *afiwo* die Mäuse, siehe oben. — *alegeliwo*, Plural, Ratten; die afrikanische Ratte mit weisser Schwanzspitze: die Wanderratte giebt es in Westafrika nicht. — *keto* Feind. — *Edea ha de nuha* sie geht beiseite zu nehmen Versteck; *ha* ist beiseite, hinter, *de* nehmen, *nuha*, wörtlich »eine Sache hinten«. — *elabena* weil. — *enua* sie pflegt zu tödten. — *le home*, adverbiale Bestimmung, durch *le* eingeleitet.

10. *Kokloćú kple aśi.*

Kokloćú eñe lāśi ṅko le ṇe. *Wòzoa zoli sigbe fia eṇe, eṗe ta le ji, eye wòćo fiakuku śi biā zīe, sigbe ṗu edo eṇe. Eṗ'aflāgā eñe ṗe* blẽ ñuie la. Ne kokloću bubu va eẏe fiadupe me la, eɣa kplii woa vũ, eɣe wòñã ne doa go, hlõ na sesie kple gbe gã bena: »medu eji«. Ebua eẏe koklonowo ñuti, eɣe ne ñũ eke la, ehlõ na bena: »Kokoli ko hõe, kokro ko! ñũ eke lo, mifõ!« Koklono mesea ñũ wò, eɣe womeda na hã wò. Woda aji mogõ gedẽ na mi, eši wo ñuti le gie. Nu gie kple noguie si ele gò sia me la, vivi na ñuto. Ne mielo kokloji la kaba wò la, woɖɣo eji, halase sime wowo na, eɣe ne wowo la, nuka do na le mea? Koklovi lo!

Koklovi sueseswo woñõ eɣe woda bla hã. Wosea wo dada ẏe gbe eɣe wonoa eɣome. Eɣe ne fua de gbo na wo ji la koklovi sueswo dia glaglape le wo dada p'aẏa la te.

Ama de le si ehlõa nu mi le fu šia fukpekpeme, eɣe eɣoa mi va egboe. Ameka eñe nenem memã? De miele ẏe gbe se ge, ano eɣome wò ba?

Der Hahn und Henne. Der Hahn ist ein Thier, welches Ruf hat (bekannt ist). Er geht einen Gang wie ein König, sein Kopf ist hoch, und er trägt (nimmt) Krone, welche knallrot ist, als ob er Blut aufgesetzt hätte. Seine Flagge ist sein schöner Schwanz. Wenn ein anderer Hahn in sein Reich kommt, dann mit ihm macht er Streit und er vertreibt ihn hinauszugehen, schreit sehr mit lauter Stimme, so: »Ich besiegte ihn.« Er schützt seine Hennen, und wenn die Morgenröte kommt, schreit er: »Licht leuchtet, Kikeriki! Die Morgenröte kommt, steht auf.« Die Hennen sind nicht stark und sie stossen auch nicht. Sie legen Eier rund herum viele für uns, deren (ihre) Aussenseite weiss ist. Ein weisses Ding und rundes (das Gelbe) welches ist in dieser Schale, ist sehr süss. Wenn wir nicht wegnehmen die Eier schnell, setzen sie sich darauf, bis zu der Zeit wo sie aufbrechen, und wenn sie aufbrechen, was liegt darin? Ein Küchlein!

Die kleinen Küchlein, welche schön sind, und sie laufen auch schnell. Sie gehorchen ihrer Mutter ihr Wort, und halten sich hinter ihr. Und wenn Gefahr kommt über sie, suchen die kleinen Küchlein Schutz unter ihrer Mutter ihrem Flügel.

Ein Mann ist welcher zuruft (Rat giebt) uns, wenn eine Gefahr ist, welche erlitten wird, dann ruft er uns zu sich (an seine Seite). Wer ist so dieser? (was ist das für ein Mann). Wollen wir seinem Wort gehorchen, werden wir uns hinter ihm halten oder nicht?

ñko le ne, nomen est ei. — ʒo gehen schreiten. ʒo ʒoli. — biã Verb, rot sein. — eɣa, eɣia dann. — kplii gleich kple = e mit ihm,

Gramm. S. 19. — *wòñā doa go*, er treibt ihn hinaus; *ñā* vertreiben, *doa go: do* hinausgehen, *go* hinaus. — *medu eji* ich siegte, eigentlich ass oben; das Verb essen wird in grosser Mannigfaltigkeit zur Bildung von Begriffen verwendet: *du dome* Leibschmerzen haben, *du do* einen Gruss entbieten, *du ge* (Tanz essen) tanzen, *du fia* König sein. — *bu* denken, meinen, Sorge tragen. — *ñū eke* die Aussenseite (der Sonne) kommt hervor, der Tag bricht an. — *kokoli ko hōe* onomatopoietisch: Licht leuchtet; *ko* leuchten, *kokoli* (strahlendes) Licht: *hōe* onomatopoietisch, oft gebraucht um Vogelschreie nachzuahmen. — *kokro kō*, rein schallnachahmend. — *lo*, Interjektion, sehr häufig am Schluss von Ausrufen angewendet: *miyi lo!* Lasst uns gehen, als Abschiedsgruss. — *mifo* steht auf, zu *fo* wozu auch *afo* der Fuss. — *koklono* Henne. — *se ñū* hart sein. — *womeda... wò* sie stösst oder schlägt nicht, wie etwa der Bock, oder auch der Hahn im Kampf. — *nogō* ganz voll, rund herum. — *go śia me* in dieser Schale; *go* ist Melone, Kürbiss, auch Kürbissschalen-Gefäss und Schale im allgemeinen. — *mielo* wir nehmen mit; *lo* ist Fremdwort aus dem Ga: *lo*. — *sue* klein, dasselbe *suesue*; hier Plural mit Relativ *śi*, Gramm. S. 31. — *woda bla hā* sie schreiten auch schnell; *bla* schnell; häufiger Zuruf ist: *de bla, de bla, mide bla* geht schnell, um Leute anzutreiben. *wo dada pe gbe* ihrer Mutter ihr Wort, Gramm. S. 30. — *no eyome* hinten sitzen, hinter jemandem stecken, ihm nachfolgen. — *fu* Streit, Mühe, Gefahr. — *gbo na* kommen. Auf dem Marsch ruft man den Trägern zurück: *mígbo na mā?* Kommt ihr? Antwort: *mígbo na* oder: *wogbo na*, sie kommen. — *wo ji* über sie, auf sie. — *di* wünschen, begehren. — *glaglape* Versteck, Schutz, von *gla* verbergen, *pe* Ort. — *le wo dada p'apa la te*, unter ihrer Mutter ihrem Flügel, adverbiale Bestimmung durch *le* eingeleitet, vgl. Gramm. S. 37. — *p'apa* ihrem Flügel, pleonastisches Attributivpronomen, Gramm. S. 30. — *te* unter. — *ama = amga*. — *ehloa nu* Sache ruft, Rat giebt. — *le fu śia fukpekpeme*; adverbial mit *le* konstruiert, das ganze eine Art absoluter Participialkonstruktion: wenn Gefahr ist, welche er leidet. *śia*, Relativ mit Artikel, zu *fu* gehörig; *fukpekpeme*, *kpe* heisst zusammentreffen, *kpe fu* Gefahr, Noth leiden oder einfach leiden. — *egboe* zu sich, suffigiertes Personalpronomen der 3. Person. *e*. — *ameka — memā* wer? — *nenem* so nur, nur. — *De*, Fragepartikel, stets an der Spitze des Satzes stehend. — *miele pe gbe se ge* wollen wir sein Wort hören, intentionale Ausdrucksweise; *se* hören, gehorchen. Bei dieser Konstruktion steht das Objekt vor dem Hauptverb. — *ano eyome* siehe oben. — *wò ba* oder nicht?

11. Deti.

Deti eñe ati ñuie ṅuto. Epe ku le sue, eye wòbiã ʒie. Woćoa eñutito ʒie la woa ami si woyona be: amiʒie. Esia wowona le etotome. Emegbe la wokoa ći de eji, eye ne eʒe añi la, ekemã wotea ami la le eṅgo. Ami sia woćone dea deći eye wòvivina tá. Dewola wotoa de la eye wóćyone ćo poa deći, si woyona bena: dedeći. Ke gedea la wopone pu de ʒe gãwo me, eye wokone yia puta. Ekemã asićalawo plene, eye woćo ne dea pu dona de Abloći. Afimã la woćoa amila pe de dena de mõwo ñuti, bene woatro ñuie. Ke akpa 'de hã la woćona woa bosomi, si eñe akadimi ñuie.

Ne woto de la vo la, ekemã wojia ku la, ye eñe nepi la. Epe to la sena. Woćone woa asigewo hã, si woyona be: nepisige. Emeto la woćona ganoa ne 'mi. Gbã la wotone; ekem woyi d' atune le tepo. Ne wotuwo vo la, woćoa ći kona de eji, eye woćone doa joa ji. Wonoa eblum vasede esime wonoa ami la tem le eṅgo de nububu me. Esia eñe ne 'mi. Ḥliḥawo la woćone puagbe. Wosia ami la woćone sia akadi hã abe amiʒie ene; woćone toa lã kple nububuwo hã alo wodene deći. — Gake eñũdowowo le mo sia ji la, mana ami gede nado wosi wò. Eyañuti ne woji nepi gede ko la, woćoa nepiwo jrana na asićalawo, amesiwo hã ćoawo dona de Abloći, afisi woćone woa ami gede le tegãwo po. Ami sia hã wowoa eñutido sigbe ekemeke ene.

Afisike detiwo do kpekpekpe le la, wohoa dewo. Wona womlo añi kwasida eve, hafi woyina d'adea fõwo le wo ñuti, eye kwasida deka megbe la woyi d'akpane. Wodea do viade de wome. Ekemã woćoa epe alodewo siwo wofe eye wokpa wo pome keñ la blana hewoa kakati; eye ne woyide ekpage la woćoa kakati la nu pona de jo me, eye woćoa ayeti yone de do la me. Ekemã woćoa kpeʒe suede si woyona be atanudoʒe hedoa etc, esime woaji do. Ne ñu eke la wodea ʒeawo katã le deawo te wotrone de ʒo gãde si wodi de kopea me la me. Nenem jiji sia woyona be: deḥa. Evivina hafi eva- ćina. Ne eći la emũa ame. Hafi ne woayojo de eme la esike ʒi de ʒea me la, woyo ne be: tugum. Jo gbãto kple evelea hã gavivina, eye meñõa amewo katã ñu wò; etõlea me la ekem eći heyina, eye wòdo ñućuwo to nõnõme.

Ejieji wogbléa deti gedewo akpa le deha ñuti. Esia wowo meñõ kura wò. Elabena miekpo bena deti eñe ati ñuie ṅuto. Eje bena amewo nakpo eta eye woadoe gede. Elabena videde gede le eñuti na añigbajitowo. Defõwo woćona toa kpo. Woćone woa potrusi woyona be: agodabe si woćo dea akpatawo nu; eye woćoa epe alowo pe tumito woa atsatsa. Eye wolõa kusiwo kple ḥanwo hã kplii.

Die Oelpalme ist ein sehr nützlicher Baum. Ihr Kern ist klein und er rötet rot. Sie nehmen das rote Fleisch zu machen Oel, welches sie nennen Palmöl. Dies machen sie stampfend (durch Stampfen). Dann giessen sie Wasser darauf, und wenn es sinkt zu Boden, dann schöpfen sie das Oel oben ab. Oel, welches sie nehmen zu machen Suppe und es süsst sehr (ist sehr süss). Manchmal reiben sie Palmkern und seihen ihn, nehmen anzurühren Suppe, welche sie nennen: Palmsuppe. Dies alles giessen sie zusammen hinein in grosse Töpfe, und sie heben es auf zu gehen zur Küste. Dann Händler kaufen es, und sie nehmen es zu bringen (zu) Schiff zu senden Europa. Dort nehmen sie das Oel etwas davon zu streichen auf Maschinen, damit sie gut werden. An manchen Orten auch nehmen sie zu machen Thran (Walfischöl), welcher ist gutes Lampenöl.

Wenn sie stampfen Palmkern fertig, dann pflegen sie zu zerschlagen Nuss, und das ist Palmkern. Seine Schale ist hart. Sie nehmen sie zu machen Fingerringe auch, welche sie nennen: Nussringe. Die innere Frucht nehmen sie wieder zu machen Palmkernöl. Erst rösten sie sie, dann gehen sie zu reiben auf der Mühle. Wenn sie sie fertig gerieben haben, nehmen sie Wasser darauf zu giessen, und sie nehmen sie zu stellen auf das Feuer. Sie pflegen zu sitzen rührend, bis zur Zeit wo sie sitzen das Oel schöpfend oben ab in etwas anderes hinein. Dies ist Kernöl. Die Rückstände nehmen sie fortzuwerfen. Sie reiben Oel auf, sie nehmen es anzuzünden Lampe auch wie Palmöl; sie nehmen es zu braten Fleisch und andere Sachen auch, oder sie richten an Suppe. — Jedoch die Bearbeitung auf diesem Wege wird nicht geben viel Oel in ihre Hand. Deshalb wenn sie zerschlagen Kerne viel ausserordentlich, nehmen sie die Kerne zu verkaufen an die Händler, Leute welche auch sie nehmen zu senden sie nach Europa, wo sie sie nehmen zu machen viel Oel auf grossen Mühlen. Dies Oel auch machen sie Anwendung wie das andere.

Wo die Oelpalmen wachsen sehr dicht, pflegen sie fortzunehmen einige. Sie geben sie legen (lassen sie liegen) am Boden zwei Wochen, bis sie gehen wegnehmen die Zweige von ihnen, und nach einer Woche gehen sie zu schneiden sie. Sie machen ein Loch ein wenig in sie. Dann nehmen sie seine Wedel (Zweige), welche sie zerbrechen und sie schneiden ihr Inneres ganz binden zu machen Fackel; und wenn sie gehen zu schneiden, nehmen sie den Fackelmund (das eine Ende) zu stossen ihn in das Feuer und sie nehmen Pustrohr (Schilf zu blasen in das Loch. Dann nehmen sie Steintopf kleinen, welchen sie nennen Weintopf zu stellen darunter, in welchen sie tropfen gehen.

Wenn die Morgenröte anbricht, nehmen sie alle Töpfe unter den Palmbäumen vor, sie giessen es in einen grossen Topf, welchen sie eingraben im Dorfe. So Flüssigkeit diese nennen sie: Palmwein. Er ist süss bis er sauer (streng) wird. Wenn er streng wird, berauscht er den Menschen. Bis dass sie Feuer legen darein, das was fliesst in den Topf, nennen sie *tugum*. Das erste Feuer und das zweite auch sind süss, und es ist nicht gut für alle Leute; beim dritten dann ist er stark zu werden (zu kommen) und wird der Männer Getränk.

Bisweilen verderben sie viele Palmbäume sehr um des Palmweins willen. Dies thun ist durchaus nicht gut. So sehen wir, dass der Palmbaum ist ein sehr nützlicher Baum. Es ist recht, dass die Menschen sehen danach und sie pflanzen ihn viel. Denn Vorteil viel ist dabei für die Erdbewohner. Palmzweige nehmen sie zu binden Gehege. Sie nehmen sie zu machen Thür, welche sie nennen: Matte, welche sie nehmen stellen vor die Veranden, und sie nehmen ihrer Zweige ihr Mark zu machen Matratze. Und sie flechten Körbe und Besen auch dazu.

le etotome stampfend, Particip zu *toto* stampfen; durch das vorgesetzte Adverb bildende *le* wird eine Art Gerundium erzielt. — *ko* hoch sein; *ko de ji* darauf giessen. — *ẓe* sinken, fallen. — *eṅgo*, Adverb oben, von oben; *ṅgo* Oberfläche, Vorderseite. — *deċi* Suppe. — *ṁòvivina* es süsst; das Ephe wendet gern Verben statt Adjektive an: es ist süss, wohlschmeckend. — *tá* sehr. — *denola* manchmal, sonst. — *djoċjo* seihen. — *ṗoa* anrühren, schlagen; *ṗo deċi* Suppe anrichten, *ṗo abolo* Brot anrühren, backen. — *ṗoṗu* zusammengiessen, intransitiv zusammenströmen. — *de ẓe gãwo me* hinein in grosse Töpfe; *de* präpositionales Verb, eigentlich gehen. — *ko* aufheben, in die Höhe heben; als Substantiv Haufen. — *plene* kaufen es; *ne* hier in pronominaler Bedeutung als Vertreter des Objekts. — *je de* etwas davon. — *dena* bestreichen, betupfen. — *mõ* Schlinge, Falle, Maschine. — *beng woatro ñuie* damit sie gut werden; *tro* heisst wenden, umkehren, aber auch zu etwas werden, wie engl. *to turn*. — *bosomi*, aus *boso* Wallfisch und *ami* Oel. — *akadimi* Lampenöl; *akadi* Lampe. — *dela* Palmkern. — *ro* fertig. — *ji* zerschlagen. — *ṛe = eye*. *neṗi* Palmkern. — *to* Schale. — *sẹna*, Verb, ist stark. — *asige* der Fingerring, zu *asi* Hand. — *emeto* die innere Frucht. — *gawoa*, iteratives *ga*. — *ne'mi* Palmkernöl. — *gbã* erst, *gbãto*, Zahlwort, der erste. — *wotone* sie rösten sie, *to* rösten. — *ekem*, verkürzt aus *ekemã*. *d'atune*, aus *de atu ne* gehen zu mahlen sie. — *le teṗo* auf dem Mahlstein, der Mühle; *le* zur Einleitung der adverbialen Bestimmung. — *woŋa eblum* sie pflegen zu sitzen rührend. Particip zu *blu*. — *vasede esime* bis zur Zeit wo. — *tem* schöpfend, Particip zu *te*. *de nububu me* in etwas anderes hinein, d. h. in ein anderes Gefäss. *pu gbe* fortwerfen. — *abe* — *ene* so — wie, gleichbedeutend mit *sike* — *nene*. — *le mo sia ji*, adverbiale Bestimmung, durch *le* eingeleitet. — *nado*, hier in präpositionaler Bedeutung hinein in. — *wosi* ihre Hand, *wo* Attributivpronomen, Gramm. S. 29. *asi* Hand. — *ko* sehr, ausserordentlich. — *le tegawo po* auf grossen Mühlen; *tepo* Mühle, eigentlich Mahlstein *(te)* — Schlag *(po)*; hier adverbiale Bestimmung, durch *le* eingeleitet. *kpekpekpe* sehr dicht, zu *kpe* zusammendrängen. — *wodea do* sie machen ein Loch *(do)*. — *de wome*, wörtlich: gehen ihre Mitte. — *kakati* Fackel, etwa zwei Fuss lange zusammengebundene Palmrippen, genau in der Form der römischen Fasces; man bringt in dieser Weise auch Feuer weit über Land. — *ayeti* Schilf. — *atamudoʒe* Weintopf; *atati* heisst jede weingebende Palme. — *ete* darunter. — *ñu* Morgenröte; *ñu le kekem* die Morgenröte bricht an. — *le deawo te* unter den Palmbäumen (vor), adverbiale Bestimmung mit *le*. — *de ʒo gade* in einen grossen Topf; *ʒo* wird für grosse Wassertöpfe gebraucht; *gade*, aus *ga* gross, und *de*, gleich *deka*, Zahlwort eins. — *wodi* sie graben ein; die mit Palmwein gefüllten grossen Töpfe werden halb in die Erde gegraben, damit das Getränk kühler bleibt. — *di* bedeutet auch begraben, *ame didi* ein Begrabener. — *de kopeame la me*, wörtlich: zu gehen in das Dorf darin. — *eći* es ist sauer, stark. — *ñućuwo to ñoñome* der Männer ihr Getränk, den vorangegangenen leichteren Wein trinken die Frauen; *to* bedeutet etwa eigen, Gramm. S. 30. — *akpa* sehr. — *kura* ganz und gar. — *eje* es ist recht. — *nakpo eta* mögen sehen danach, darauf *(eta)*. — *videde* Vorteil. — *akpatawo nu* vor die Veranden, *nu* eigentlich Mund. — *lō* weben; flechten; ein anderes Verb *lō* bedeutet lieben.

12. Zeitrechnung.

Die Wochentage. *Kwasida, Joda, Brada, Kuda, Yawoda, Fida, Memleda.*

Die Woche als Abschnitt in der Zeitrechnung ist den Guineanegern schon sicher vor der Ankunft der Europäer bekannt gewesen, ob aus eigener Entwickelung, durch zweimalige Zweiteilung aus dem achtundzwanzigtägigen Monat, oder durch Einwirkung des Orients, ist schwer zu entscheiden. Für die Ephe ist aber der Ursprung von Norden her daraus ersichtlich, dass die in Abgeschlossenheit lebenden Dahomeleute keine Namen für die Wochentage haben, während im

West- und Mittellande die Namen derselben aus dem Tschi, also vom Nordwesten her stammen. Die Woche an sich ist auch in Dahome bekannt.

Wie die alten Egypter, Babylonier, Indier und Germanen die sieben Tage der Woche nach sieben Göttern benannten, so scheinen die Tschi-Neger sie nach sieben persönlichen Wesen oder Genien benannt zu haben, namens *Ayisi*, *Adwo*, *Benā*, *Wukú*, *Yaw*, *Afi*, *Ameñ*. Die Namen der Tage sind: *Kwasida*, *Dwoda*, *Benāda*, *Wukuda*, *Yawda*, *Fida*, *Memeneda*. Jeder Knabe empfängt einen Namen von dem Tage, an welchem er geboren ist, indem die Silbe *Kwa* (= *akoa*, Mann, Sklave) einem der sieben Personennamen präfigiert wird: *Kwasi*, *Kuadwo*, *Kwabenā*, *Kwaku*, *Kwaw* oder nur *Yaw*, *Kofi*, *Kwame*. Wenn Jemand mit Namen *Kwasi*, *Kwadwo* u. s. w. eine Person grüsst, die ihn bei diesem Namen kennt, so antwortet der andere: *ya Ayisi*, *ya Adwo* u. s. f. Die entsprechenden weiblichen Namen sind: *Akosuwa* (= *Akwasiba*), *Adwowa*, *Abenā*, *Akuwa*, *Ya* (*Yawa*), *Afuwa*, *Amma*. Solch ein männlicher oder weiblicher Name wird genannt der Name der »*okra*«, das ist Seele desselben, aber man spricht von der *okra* bisweilen wie von einem persönlichen Wesen, das von dem Menschen selbst verschieden ist, so dass Jemand, der zu irdischen Gütern gelangt ist, es der Gunst seiner *kra* zuschreibt, und seiner eigenen Seele Opfer bringt (vgl. *Christaller*, *Dictionary of the Asante and Fanti language*, Basel 1881, Appendix D, S. 662 f.).

Die Namengebung nach den Wochentagen greift tief in das religiöse Leben und die anthropologischen Vorstellungen der Neger ein. Die Vorstellung, dass hinter jedem sichtbaren Wesen ein ihm entsprechendes unsichtbares stehe, ist der platonischen Philosophie verwandt, und es handelt sich nicht eigentlich um ein Opfer für die eigene Seele, wie es Christaller ausdrückt, sondern eher um einen Schutzgeist, eine Idee, deren unzulängliche Verkörperung der Mensch ist. Die Ephe haben von den Asantes nicht nur die Namen der Wochentage übernommen, sondern auch die Sitte der Namengebung und Begrüssung mit diesen Namen; daher begegnen so sehr häufig die Namen: *Kwasi*, *Kwajo* (Tschi *Kwadwo*, spr. Kuadscho), *Kwaku*, *Kwakuvi*, *Kwao* Tschi *Kwaw*, spr. Kuau) u. s. f.

Die Monatsnamen sind europäischen Ursprungs: *Yanuar*, *Februar*, *Marse*, *April*, *Mai*, *Yuni*, *Yuli*, *Auguste*, *September*, *October*, *November*, *Dezember*. Die Zeitrechnung geschieht gewöhnlich nach Tagen, seltener schon nach Wochen gleichfalls *kwasida* benannt und fast nur bei schulmässig Gebildeten nach Monaten (*gleti*); in Dahome kennt man die Rechnung nach Monaten fast garnicht. Dagegen ist das Jahr, *ƥe*, allgemein bekannt, wenn auch nicht viel danach gerechnet wird. Von der Küste aus verbreitet sich mehr und mehr die europäische Zeitrechnung:

Gleti wui eve eñe ƥe deka. Kwasidawo blaatõ vo eve hã eñe ƥe deka. Pe deka, ñkeke alafa etõ kple ñkeke blaade vo atõ ele me. Gaƥoƥo (Stunde) *blave vo eng eñe ñkeke deka. Sekunde blaade eñe minite deka (Primer).*

13. Sprichwörter.

Fia eve menoa dume wò. Zwei Könige sitzen nicht in der Stadt.

Lovi mekua toku wò. Ein junges Krokodil stirbt nicht Wassertod.

Amade medua sre wò. Niemand isst Kaktus.

Ati deka mewoa 've wò. Ein Baum macht nicht den Wald.

Didiƥe nake eeña nake ñuie.. Brennholz aus der Ferne, das ist gutes Brennholz (Gut Ding will Weile haben).

Ći kplo nu mekplo kpe wò. Wasser wälzt manches, wälzt nicht Steine.

Avũ dua ƥu, medua kpe wò. Der Hund frisst Knochen, frisst nicht Steine.

Baba du nu, medu kpe wò. Die Termite zernagt alles, zernagt nicht Stein.

Amg deka wua 'tikliñi, duwo gede du na. Ein Mann tötet den Elefanten, viele Städte essen ihn.

Amade megblo na dolela wò, bena mega v'avi wò. Niemand sagt zum Kranken, dass er nicht wieder weinen soll.

He ke nu edidia, edua didiƥe nu. Der Vogel dessen Schnabel (Mund) lang ist, frisst ferne Sache.

Ede fofoa gbo, edada gboyiyi esuto. Geht er zum Vater, (so ist) das zur Mutter gehen zu Ende. (In einem bestimmten Alter verlässt der Knabe das Haus und die Sorge der Mutter und zieht in das Haus des Vaters. Die Eltern bewohnen stets zwei getrennte Hütten, welche an demselben Hofe liegen.)

Ńku le eve, mekpoa ve nu wò. Zwei Augen sind, nicht sehen zwei Dinge (auf einmal).

Agbledela mede hũlũ ƥ'agble me wò, agblo be: ñe deka le agble dem. Geht der Pflanzer nicht auf des Freundes Pflanzung, wird er sagen: ich allein gehe auf die Pflanzung (pflanze).

Dume dede, nu kpokpo; ne mede dume wò la, mela nu kpo ge wò. Stadt sehen, Sachen sehen; wenn man nicht in die Stadt geht, sieht man nicht Sachen.

Ame du nu, meno añigba. Der Mensch isst etwas, setzt sich nicht auf die Erde (Wer nicht arbeitet, soll nicht essen).

Nu wo Asantè fia, Dàhōme fia de kpo; nu wo Dàhōme fia, Asantè fia mede kpo wò. Macht etwas der Asantekönig, geht der Dahomekönig zu sehen; macht etwas der Dahomekönig, geht der Asantekönig nicht es zu sehen (d. h. der Dahomekönig ist der mächtigere; zeitweise war es der Asantekönig).

Bu yi na, bu gbo na. Der eine geht, der andere kommt.

Ne ṅku mele kpom, to ele sem; ne to mele sem wò, ṅku ele kpom. Wenn das Auge nicht sieht, hört das Ohr; wenn das Ohr nicht hört, sieht das Auge.

Avo eñe ame. Das Kleid ist der Mensch.

Zã do, eye afi ca na. Die Nacht sinkt und die Maus raschelt.

Ele vivim, ele vevem. Es ist süss, es ist bitter (Keine Rose ohne Dornen.

14. Stücke aus der Bibelübersetzung.

I. Mose, I.

1. *Le gome jejeame Mawu wo jipo kple añigba.*

   le gome, wörtlich: es ist Ursprung, es ist unten, im Anfang. Adverbiale Begriffe werden gewöhnlich durch *le* eingeleitet. — *jeje*, Reduplikation von *je*, zerreissen, bedeutet als Adjektiv zerrissen, als Substantiv: Riss, Abschnitt, und geht in den Begriff der Zeit über: *jejeame* also: »in dem Abschnitt, zur Zeit«, so dass es mit dem vorausgegangenen *le gome* zusammen erst den vollen Begriff »im Anfang« bildet. — *Mawu* Gott. — *wo* machen, arbeiten, schaffen. — *jipo*, zu *ji*, darauf, oben; als Substantiv Himmel, als Adverb: oben, hoch. — *kple* zusamt. — *añigba* Erde.

2. *Eye añigba mele nonome wò, ele puplu, eye viviti do de globo la ṅkume, eye Mawu ƒe gbogbo le akpa sam de ciawo ji.*

   nono Bild, Gestalt; *nonome*, eigentlich: im Bilde, in der Gestalt: »die Erde war nicht in Gestalt«, d. h. war formlos. — *puplu*, auch *pluplu* leer. — *viviti* das Dunkel. — *do de* ausgehen sein, hier: sich befinden. — *globo* die Tiefe; *ṅkume* das Antlitz, von *ṅku* Auge; »auf der Tiefe Antlitz.« — *Mawu ƒe gbogbo* Gott sein Geist; Personennamen als Genetiv vorausgestellt, erfordern, wie auch in anderen Negersprachen, das Attributivpronomen. —

le akpa sam schwebte: Kontinuativform, *sa akpa* schweben; *akpa* ist die Tiefe, *sa* aufheben, in die Höhe heben. — *dé*, verschieden von *de*, nehmen, bedeutet transitiv: bewegen; intransitiv: sich bewegen; so hier. — *ciawo ji* auf den Wassern, Plural von *ći*. Die Uebersetzung schliesst sich eng an den hebräischen Text an.

3. *Eye Mawu gblo be: kękęli neva, eye kękęli va.*

gblo be sagte zu sagen, oder, da *be* zu einer Art Konjunktion geworden ist, sagte dass. — *kękęli* Licht. — *neva* komme, möge kommen; *ne*, ursprüngliches Verb (*nae*), bedeutet: wenn, dass; doch wird es, wie hier, auch zur Bildung einer Art Optativ gebraucht: möge kommen. Man ruft: *nudala* (An. *kukuwia*) *neva,* der Koch soll kommen! Gramm. S. 24.

4. *Eye Mawu kpo kękęli la, bena eñõ. Eye Mawu mā kękęli la kple viviti la me.*

bena eñõ dass es gut (war). — *mā* und *māmā* teilen, trennen. — *viviti* Dunkelheit, Finsterniss. — *me* gehört auch zu *kękęli*: Gott schied zwischen dem Licht und der Finsterniss.

5. *Eye Mawu yo kękęli la be: ñkeke, eye viviti la woyo be ʒā. Eye ʒā do, eye ñū eke, eśi eñe ñkeke gbāto.*

yo-be, wörtlich: rufen-sagen, bedeutet nennen. — *ñkeke* Tag. — *ʒā do* die Nacht kommt; wird häufig als Ermunterung auf Märschen und bei der Arbeit gebraucht. — *ñū eke* die Morgenröte geht auf; *ñū* ist Aussenseite, Gestalt, die Morgenröte gewissermassen die Aussenseite der Sonne; *ke* eigentlich spalten, sich Bahn brechen. — *eśi*, Demonstrativ, dies. — *eñe* ist. — *gbāto* der erste.

6. *Eye Mawu gblo be: alili neno ciawo pe titina, be n'añe numānu le ciwo kple ciwo dome.*

alili Himmelsgewölbe. — *neno*; *no* sitzen, mit dem optativischen *ne*, möge sitzen. — *ciawo pe titina* der Wasser ihre Mitte, zwischen den Wassern. — *be n'* dass, damit. — *añe*, Futur von *ñe*, sein. — *numānu* Trennung, »eine Sache, welche eine Sache trennt«, also eigentlich sinnlich: Scheidewand. — Die folgende adverbiale Bestimmung wird, wie gewöhnlich, durch *le* eingeleitet. — *ciwo* die Wasser; es hängt ab von dem am Ende stehenden *dome*, zwischen, unter, präpositionales Substantiv, eigentlich: Zwischenraum.

7. *Eye Mawu wo alili la, eye emā ći śiwo le alilia te kpakple ći śiwo le alilia tame. Eye eʒu nenemā.*

wọ machen. — *alili* Feste, Himmelsgewölbe. — *ći śiwo* Wasser welche, vgl. Gramm. S. 31. — *le alilia te*, adverbial, unter der Feste, eingeleitet durch *le*, Verbum substantivum, sein; *te* im A. das Untere, unter, gleichbedeutend mit *gọme*. — *kpakple*, intensiver als *kple*, mit; hier: von. — *tame*, von *ta*, Kopf, oberhalb. — *ezu* es geschah, ereignete sich. — *nẹnẹma* gerade so

8. *Eye Mawu yọ alilia be jiṗo. Eye za do, eye ńu eke, esi eńe ńkeke evelea.*

Vgl. oben Vers 5. — *evelea* der zweite.

9. *Eye Mawu gblọ be: ći śiwo le jiṗo la te n'aṗo ṗu de nọṗe deka me, be nẹ ṗuṗuiṗe n'aje. Eye ezu nẹnẹma.*

n'aṗo möge sich zusammenlegen, sammeln, Futur zu *ṗo* mit vorgesetztem optativischem *na (nẹ)*. — *ṗu* gehen, fortgehen; *ṗoṗu* zusammenströmen. — *nọṗe* Wohnort; *nọ* sitzen, *aṗe* Haus, Heim. — *ṗuṗuiṗe* das Trockene; *ṗuṗui* trocken, *ṗe* Heim. — *n'aje* möge erscheinen. Futur von *je* mit optativischem *n'*.

10. *Eye Mawu yọ ṗuṗuiṗe la be ańigba, eye ći ṗoṗuwo wòyọ wo be aćiaṗu. Eye Mawu kpọ, bena eńo.*

ṗoṗuwo, Plural, Zusammenströmung, Sammlung. — *wọyọ wo* nannte sie. — *aćiaṗu* grosse See, gewöhnlich nur *aṗu* Meer.

11. *Eye Mawu gblọ be: ańigba n'ado numiemiewo kple gbeku śi etse ku kple atitsetse śiwo tse no le wọṗe ṗomevi me ęśiwo ṗe ku le wome le ańigba la ji. Eye ezu nẹnẹma.*

n'ado optativisches Futur, mit *na (nẹ)*, möge hervorbringen. — *numiemiewo* Kräuter, zu *mie* sprossen. — *gbeku* Gras; *gbe* Gras, *ku* Same. *śi etse ku* welches trägt Samen. — *atitsetse śiwo* Fruchtbäume, welche. — *le wọṗe ṗomevi me* in ihrer Art; *ṗomevi* Stamm, Familie, Gattung. — *eśiwo ṗe ku le wome* deren ihr Same ist in ihnen. — *le ańigba la ji* auf der Erde, adverbiale Bestimmung mit *le*, Gramm. S. 37.

12. *Eye ańigba edo numiemiewo kple gbeku śi tse ku le wọṗe ṗomevi me kple atiśiwo tse na, eśiwo ṗe ku le wome le wọṗe ṗomevi me. Eye Mawu kpọ bena eńo.*

13. *Eye za do, eye ńu eke, esi eńe ńkeke etọlea.*

14. *Eye Mawu gblọ be: akadiwo n'ado le jiṗo alilia ńu, be nẹ woama ńkeke kple za dome. Eye woano hena jeśiwo, azagbewo, ńkekewo, kple ṗewo.*

akadi Licht. — *le jiṗo alilia ńu* an des Himmels Feste. — *dome* zwischen. — *woano* sie werden sitzen. — *hena* um zu geben. — *jesi* Zeichen; Narbe. — *aƶagbe* Jahreszeit. — *ƥe* Ort, aber auch Zeit, Jahr; z. B. *ƥetotro* Jahreswende, Neujahr.

15. *Eƴe woaƶu akadiwo le jiƥo alilia ñu, be nę woaklę de añigba la ji. Eƴe eƶu nęnęmā.*

woaƶu sie werden geschehen, werden sein. — *woaklę* sie werden schimmern; *kle* heisst knirschen, knistern, flimmern.

16. *Eƴe Mawu wo akadi gā eve la, akadi gā la hena ñkeke jidudu, eƴe akadi sue la hena ƶā jidudu kple gletiviawo hā.*

hena ñkeke jidudu, wörtlich: um zu geben Tages Ueberwindung, d. h. um den Tag zu beherrschen. — *du ji* bedeutet überwinden, beherrschen. — *gletivi* Stern; von *gleti* der Mond, Monat.

17. *Eƴe Mawu dowo de jiƥo alilia ñu, be nę woaklę de añigba la ji.*

dowo setzte sie. — *de jiƥo alilia ñu*, adverbiale Bestimmung, eingeleitet durch das Verb *de*, Gramm. S. 39.

18. *Benę woadu ñkeke kple ƶā ji, eƴe nę woamā kękęli kple viviti dome. Eƴe Mawu kpo bena eñō.*

woadu....ji sie werden, mögen beherrschen.

19. *Eƴe ƶā do, eƴe ñu eke, esi eñe ñkeke englea.*

20. *Eƴe Mawu gblo be: ciawo n' aƥā kple nuƥaƥa gboagbewo kple hejojoewo n' ajo le añigba la ji le jiƥo alilia ƥe ñkume.*

na ƥā hervorbringen, *ƥā* säen. — *nuƥaƥa gboagbewo; nuƥaƥa*, zu *ƥa* bewegen, also lebende Wesen. — *gboagbewo*, zu *gbo* hauchen, atmen und *agbe* Leben, also atmende, Seele habende. — *hejojoewo* fliegende Vögel; *he* Vogel, *jo*, *jojo* fliegen. — *n' ajo*, aus *na jo* zu fliegen.

21. *Eƴe Mawu wo lācu gāwo kple nugboagbe siwo katā ƶona, esiwo ƥa na le ciawo me le woƥe ƥomevi me, kple hejojoe siwo katā jo na le woƥe ƥomevi me. Eƴe Mawu kpo bena eñō.*

lācu grosser Fisch. — *nugboagbe* lebende Wesen. — *katā* all, ganz. — *ƶo* einhergehen. — *ƥa* sich bewegen.

22. *Eƴe Mawu eƴira wo bena: miji, nę miasogbo, eƴe miaƴo aciāƥu ciawo me, eƴe hejojoewo n' asogbo le añigba la ji.*

eƴira, zu *ƴira* segnen. — *ji* gebären, hervorkommen, hervorbringen. — *sogbo* viel sein. — *ƴo* füllen. — *aciāƥu ciawo me* das Innere der Meeresfluten.

23. *Eƴe ƶā do, eƴe ñu eke, esi eñe ñkeke atōlea* (fünfte).

24. *Eƴe Mawu gblo be: nugboagbewo n' adogo le añigba me le woƥe ƥomevi me, aƥemelāwo kple mutatawo kple añigbajilāwo le woƥe ƥomevi me. Eƴe eƶu nęnęmā.*

n' aḍogo mögen hervorgehen. *apemelã* Haustier. *nutata* kriechende Tiere, Reptile. — *añigbajilã* Tiere auf der Erde, Säugetiere.

25. Eye Mawu wo añigbajilãwo le wope pomevi me, kple nusiwo katã ta na le añigba la ji le wope pomevi me. Eye Mawu kpo bena eñõ.

nu siwo katã ta na, wörtlich: Sachen welche alle kriechen, Tiere.

26. Eye Mawu gblo be: mine miawo ame le miape nonome, be ne woadi mi, eye woadu aḍiãpu pe lãwo kple jipo pe hejojoewo kple apemelãwo kple añigba blibo la katã kple nutata siwo katã ta na le añigba la ji la ji.

mine, optatives ne mit Personalpronomen: lasst uns. — *woadi* sie gleichen, di. — *woadu*.... *la ji la ji; du... ji* bedeutet herrschen, hier ist als Plural und um einen intensiven Ausdruck zu schaffen das *ji* und der Satzartikel wiederholt. — *añigba blibo la katã* der ganzen Erde Gesammtes; *blibo* ganz.

27. Eye Mawu wo ame le epe nonome, le Mawu pe nonome eye wonwoe do; ñuḍu kple ñõnu eye wòwo woawo.

wonwoe er machte ihn. — *ñuḍu* Mann, *ñõnu* Weib. — *woawo* Objekt, sie.

28. Eye Mawu eyira wo, eye Mawu wògblo na wo bena: miji, ne miasogbo, miayo añigba la, eye miañe agbo le eji, eye miadu aḍiãpu lãwo kple jipo hejojoewo kple lã siwo katã to na le añigba la ji la ji.

miañe agbo le ji herrschet darüber, wörtlich: ihr werdet sein Bock darüber, eine sehr häufige Redewendung für herrschen: eñe agbo duame er ist der erste Mann (eigentlich Bock, Widder) in der Stadt. Gleichlautend mit diesem Wort ist *agbo* Thor.

29. Eye Mawu gblo be: kpoda, mena gbe siwo katã tse na ku siwo le añigba katã ji kple ati siwo katã tse na atitsetse siwo tse na ku la mi, be ne woañe nududu na mi.

kpoda siehe. — *mena* ich gebe. — *gbe* Gras. — *mi* euch. — *ne woañe* sie mögen sein, optativisches Futur.

30. Hena añigbajilãwo katã kple jipo hejojoewo katã kple nutatawo katã le añigba ji, siwo me agbe gbogbo le la, amãgbawo katã mana, be ne woañe nududu na wo. Eye eʒu nenemã.

hena um zu geben, für. — *agbe* Leben, *gbogbo* Geist, *agbe gbogbo* lebendige Seele. — *amãgbawo*, *amã* Grünes, Kraut, Gemüse, *gbe* Gras. — *mana* ich werde geben. — *na wo* für sie. Sinn: für die Tiere will ich Kraut zur Nahrung geben.

31. *Eye Mawu kpo nuśiwo katã wòwo la, eye kpoda, eñō ñūto. Eye ʐã do, eye ñu eke eśi eñe ṅkeke adelea.*

I. Mose, II, 1—4.

1. *Eye ale wowu jipo kple añigba kple wope asafoko katã nu.*
   ale so. — *wu* übertreffen, *wu ... nu* vollenden. — *asafoko* Schaar, Haufe.

2. *Eye ṅkeke adadreagbe Mawu wu epe dowowo śi wowo la nu; eye ejijo edokui ṅkeke adadreagbe ćo do śiwo katã wòwo la me.*
   ejijo ejijo) edokui, reflexiv, er ruhte sich; reflexive Verben sind selten, Gramm. S. 25. — *ćo*, präpositionales Verb, hervorkommen; von, aus. — *do* Arbeit; *dowola* Arbeiter.

3. *Eye Mawu eyira ṅkeke adadre eye wòwoe kokoe, elabena ejijo edokui le 'ya ji ćo epe dowowo me, eśiwo katã Mawu me eye wòwo.*
   yira segnen. — *koko* heilig. — *le 'ya ji; 'ya* aus *eya, eyia*, dann, sodann; also: an diesem gerade. — *me* schaffen.

4. *Eśiawo ñe jipo kple añigba pe jiji meñawo, eśime wòwowo le ṅkeke, śime Yehowa Mawu me añigba kple jipo.*
   Eśiawo diese. — *jiji* Geburt, Ursprung; *meñawo*, zu *ña*, Sache, Geschichte, also Ursprungsgeschichten. — *eśime* als, zu der Zeit als. — *le ṅkeke*, adverbial, an dem Tage. — *śime* wie vorher *eśime*.

Matthäus V, 1—16.

1. *Eye eśi wòkpo asafokowo gedewo la, elia to la ji, eye eśi wòbobo no añi la, epe nusrõlawo va egbo.*
   eśi als. — *asafoko* Menge, Haufe. — *gede* viel. — *lia ji* hinaufsteigen. — *to* der Berg. — *bobo no añi* sich setzen. — *nusrõla* der Jünger, Schüler, zu *srõ* lernen. — *va* kommen. — *egbo*, seine Seite, zu ihm.

2. *Eye wòke enù wòfia nu wo gblo bena:*
   ke öffnen. — *enù* Mund. — *fia* zeigen, lehren, dazu *nu* als formales Objekt: Sache, etwas. — *wo* sie, ihnen.

3. *Woayira gbogbo me amedahewo, elabena woawo to ñe jipo fiadupe la.*
   Woayira, wörtlich: sie werden segnen, aus Mangel des Passivs, Gramm. S. 22. — *gbogbo me* im Geiste. — *amedahewo* die Armen; *dahe* arm. — *woawo to* ihr Eigentum. — *ñe* ist. —

5*

4. Woayira amesiwo le koñi fam la, elabena woafa akɔ na woawo.
amesiwo die Menschen welche. — le koñi fam sie' klagen, sind betrübt. Kontinuativform von fa koñi; koñifafa Klage. — woafa....na woawo sie werden sie trösten, statt des Passivs. — akɔ Brust, ist zu woafa gehörig und ergänzt den Begriff.

5. Woayira amesiwo ñe amefafawo la, elabena woawo añi añigba ƒe dome.
amefafa ein kühler, sanftmütiger Mensch. — ñi dome, dasselbe wie du dome die Hinterlassenschaft in Besitz nehmen, erben; añigba ƒe dome der Erde ihre Hinterlassenschaft.

6. Woayira amesiwo do le wo wum, eye ciko hã le wo wum le jojoeñeñe yome la, elabena woawo adi ƒo.
do le wo wum Hunger überwältigt sie, Kontinuativ; wu wird auch zur Umschreibung des Komparativs gebraucht. — ciko, jikɔ Durst. — le jojoeñeñe yome, adverbial, nach Gerechtsein; zu jojo gerade, gerecht, jojoa Gerechtigkeit; yome = yiome nach. — adi, zu di füllen; didi voll, toa di der Fluss ist voll. — ƒo voll sein. Also: sie werden gefüllt werden

7. Woayira amesiwo le nublanui kpɔm na amewo la, elabena woakpɔ nublanui na woawo.
le nublanui kpɔm Barmherzigkeit zeigen, Kontinuativform; nublanui heisst auch Elend, Erbärmlichkeit. — na amewo für die Menschen, den Menschen. — na woawo, ebenso, für sich.

8. Woayira amesiwo ja le woƒe jime la, elabena woawo akpɔ Mawu ñkume.
ja rein. — jime im Herzen. — ñkume Antlitz, zu ñku Auge.

9. Woayira amesiwo l'avu la elabena woayɔ woawo be Mawuviwo.
l'avu la, aus le avu la, es ist Streit da, daraus entwickelt sich die Bedeutung friedfertig, indem man an den dritten im Streit denkt, der zuschaut; daher avulela der Friedensstifter. — woayɔ woawo be sie werden heissen. —

10. Woayira amesiwo wos'a ñúta wo ñu le nujojoe ñúti la, elabena woawo to ñe jiƒo fiaduƒe la.
wos'a ñúta wo ñu sie die Leute) sind hart, unbarmherzig, ihre der Verfolgten) Aussenseite, d. h. denen es hart geht, welche verfolgt werden. — wos'a, apostrophiert aus sea, hart sein. — le nujojoe ñúti, adverbiale Bestimmung mit le eingeleitet, um der Gerechtigkeit willen. — woawo to ñe ihr Eigentum ist. — fiaduƒe Königreich, Reich.

11. Woayira mi, ne woaju mi, eye woase ñuta mia ñu, eye woaka apaćo agblo ña vo bubu pomevinvo katã de mia ñuti, le ñuti ñe.
woaju, sie verspotten. — woase ñuta mia ñu, sie sind hart gegen euch (eure Aussenseite). — woaka apaćo, wörtlich: sie werden Lüge schneiden, d. h. lügen. — agblo ña werden sprechen Sache; vo böse, bubu ander. — pomevi katã aller Art. — de mia ñuti gegen euch. — le ñuti ñe, wörtlich: es ist meine Aussenseite, d. h., um meinetwillen — Adverbiale Bestimmung durch le eingeleitet.

12. Miape mo n'aƶe añi, eye ji n'ajo mi, elabena mia fetu esogbo le jipo; elabena nenemãke wose ñuta ñagblola sivo je mia ñgo la ñu ha.
miape mo euer Blick. — n'aƶe añi, optativisches Futur, wörtlich: möge leuchten unten, also: freuet euch. — joji sich freuen, zu jo dabei sein und ji Herz: mejoji ich freue mich. — fetu Lohn; tufe ablöhnen, auszahlen. — sogbo gross, viel. — nenemã, nenemãke so, gerade so. — ñagbola (dafür auch Mawunumola) Prophet, eigentlich: Geschichtenerzähler. — ñgo Vorderseite, vorwärts, je ñgo vorausgehen, je yiome (yome) nachfolgen. — ha gehört zu dem ganzen Satzgefüge: sie bedrängten auch die Propheten.

13. Miawo eñe añigba pe je, ke ne je ƶu vovo la, nuka ćo ge woala, ado vivi ne mahã? emegañõ ne naneke wò, negbe woaćoe apu gbe, ne amewo ado afo eji.
añigba pe je der Erde ihr Salz. — ke aber. — ƶu wird, geschieht (vgl. I. Mos. I. 7). — vovo geschmacklos, zu vo beendigen. — ćo ge intentional. — woala sie, mit Satzartikel. — do vivi Wohlgeschmack (Süssigkeit) ausgehen lassen, würzen. — emegañõ.... wò es ist nicht gut, iteratives ga. — ne naneke zu irgend etwas. — negbe sondern. — apu gbe zu werfen fort, Infinitiv Futuri von pu. — ne amewo und die Menschen.

14. Miawo eñe heheme pe kekeli; du si le tõwo ji la, womateñu aglẽ wò.
heheme pe kekeli der Welt ihr Licht. — tõwo ji auf den Bergen. — aglẽ, aglã verbergen.

15. Eye womesia akadi hã va d'ade afianu te wò; ke woaćoe d'ade akaditi ji boñ, ne wòako na amesiwo katã le apeame.
womesia.... wò sie zünden nicht an. — akadi Licht. — afianu ist eine etwa dreiviertel Meter im Durchmesser haltende runde Holzschale, drei bis vier Centimeter dick und mitten vertieft, genau von der Form eines gewölbten römischen Rund-

schildes; die Weiber brauchen dies Gefäss, um Lasten darin auf dem Kopf zu tragen und auch um Wäsche darauf zu waschen. — *akaditi* Leuchter, wörtlich: Lichtstock. — *boṅ* lieber, vielmehr; das Wort stammt aus dem Ga: *boṅ*, nach Zimmermann, *Vocabulary of the Akra or Gā Language*, ältere Form für *moṅ*. — *wöako*, 3. Singular Futuri, *ko* leuchten — *na ameṡiwo katā* für alle Menschen welche. — *apeame* im Hause.

10. *Nenem mina miape akadi n'abi le amewo ṅkume, be ne woakpo miape nuñuiewowowo, eye woakafū miafofo si le jipo.*

Nenem, gleich *nenema* so, ebenso. — *mina* ihr gebt. — *bi* brennen, sieden, z. B. *gbea bi* das Gras brennt, *jo ebi* das Feuer brennt. — *le amewo ṅkume* vor der Menschen Antlitz. — *nuñuiewowowo* gute Thaten. — *kafū, kafō, kāfō* preisen. — *fofo* Vater.

Matthäus VI, 6—13.

6. *Ke wola, ne 'do gbe da la, yi de wo hogāme, eye si netu poa, nado gbe da na fofowo le glāglāpe: eye fofowo si ele nu kpom le glaglape la, l'ado tepe na wo pā.*

Ke wola aber du. — *do gbe da, do gbe na*, eigentlich Wort aussenden, dann beten. — *hogā me* in das innerste Zimmer, in welches Niemand hineinblicken kann. Das Haus der Epheleute ist viereckig und durch eine Wand im Innern in zwei Teile geteilt, einen, meist kleinen Vorraum, in welchen die äussere Thüröffnung führt, und zur rechten oder linken den Hauptraum, in welchen man nur von dem Vorraum aus gelangen, und in welchen man daher von der Strasse nicht hineinblicken kann. Bisweilen liegt auch rechts und links vom Vorraum ein inneres Zimmer. *hogā* heisst es, weil es meist grösser ist als der Vorraum. — *eye si* und sobald als. — *netu* du hast geschlossen. — *poa* die Thür, An. *hotrū*. — *na fofowo* zu deinem Vater. — *le glāglāpe* in Verborgenheit, zu *glā* verbergen, *pe* Wohnung, Ort. — *do tepe na* Belohnung geben Schlegel schreibt *dápe*. — *pa* ganz und gar, offen.

7. *Eye ne miedo gbe da la, migagblo ña ji ña ji gede sigbe trosubolawo gblo na ene wo; elabena woawo bu habena le wope ñagbogblo gede ñuti la, eye woado to yewo.*

migagblo . . . wo, sprecht nicht häufig, iterativ. — *ña ji ña ji gede* Sache auf Sache, vielerlei. — *sigbe . . . ene* so wie. — *trosubola* Götzendiener. — *bu* denken. - *habena*, gleich *bena*. — *ñagbogblo* Rederei. — *ñuti* umwillen. — *woado to yewo* sie werden erhört, wörtlich: sie leihen Ohr ihnen. Hier ist die Bedeutung eine vollständig passivische geworden, vgl. Gramm. S. 22.

8. *Eyaṅūti migadi woawo wò; elabena mia fofo ña nu siwo v'a mi hafi miebia ne̜.*

di gleichen, ähnlich sein. — *ña* wissen, erkennen, davon *ña* Geschichte, Sache, Wort. — *v'a* aus *véa*, es ist nötig, auch *ré'na;* es bedeutet auch: fehlen, abhanden sein. — *hafi* bis, ehe. — *bia* bitten, fragen.

9. *Eyaṅūti mido gbe da ale: Miato̜ si ele jipo, wo ṅko̜ ñūti n'ako̜. Eyaṅūti* deshalb. — *ale* so. — *miato̜,* die im Mittel- und Ostlande einzig vorhandene Bezeichnung für Vater; *fo* ist in Anecho die übliche achtungsvolle Anrede (mit folgendem Namen) von jüngeren Leuten an ältere. — *ko̜* leuchten, heilig sein, hier optativisches Futur.

10. *Wo fiadupe n'ava! Woawo wo lo̜lo̜nu le añigba ji, sigbe alesi wowo na le jipo ene̜.*

lo̜lo̜nu das Belieben, der Wille, zu *lo̜* lieben. — *sigbe alesi — ene̜* so — wie.

11. *Na mi miape mududu si asu mia nu egbe.*

su genügen. — *egbe* heute.

12. *Co mia nuvo̜wo ké mi, sigbe alesi miawo hā mieco̜ na kéa ame̜si da vo̜ de mia ṅūti ene̜!*

ké vergeben, Grundbedeutung der Wurzel: trennen. — *vo̜* Böses. — *de mia ṅūti* nach unserer Seite hin.

13. *Megaplo̜ mi yi de tetea me wò, ke de mi co vo̜ame! Elabena towò ñe fiadupe kple ṅuse̜ kple ṅūtikokoe̜ azo kpakple dāsi. Amen! kplo̜* führen. — *tete* Versuchung. — *ke* sondern. — *co* herauskommen, *de mi co* nimm uns herauskommen.

towo das deinige, eigentlich dein Eigentum, substantivisches Attributivpronomen, vgl. Gramm. S. 30. — *ṅuse̜* Macht, Kraft, zu *ṅū* Aussenseite und *se̜* stark sein. — *ṅūtikokoe̜* Erhabenheit, Majestät, Glanz, zu *ko̜* leuchten. — *azo̜* jetzt. — *kpakple,* gleich *kple.* — *dāsi,* auch *dāhe,* immer.

Gespräche.

Nach handschriftlich vorhandenen Uebungen der Bremer Mission.

1. Begrüssungen, Besuch.

(Statt des Klopfens, da die Häuser   A. *ago!*
keine Thüren haben.)

Antwort, unserem »herein« entsprechend.	B. amẹ oder wò amẹ!
Guten Morgen!	A. ṅdi na wò lö!
dasselbe, Anrede an mehrere.	ṅdi na mi lo!
Antwort darauf.	B. ṅdigo; ṅdigotō!
Wie geht es zu Hause?	apede; apere?
Antwort:	A. ele!
Befinden sich die Kinder wohl?	B. deviwo dọ?
Sie befinden sich wohl.	A. wodọ.
Befinden sich die Frauen wohl?	B. srọ̃wo do?
Ja (sie sind, d. h. sich wohl befindend).	A. ele!
Befinden sich die Kinder wohl?	deviwo dọ?
Sie befinden sich wohl.	B. wodọ!
u. s. w. dieselben Gegenfragen.	
Mittagsgruss:	A. ṅdọ; ṅdọ na wò lō.
Antwort:	B. ṅdogo!
	apede?
u. s. f.	
Nachmittagsgruss:	A. wole.
Antwort:	B. woletō.
	apede?
u. s. f.	
Abendgruss:	A. fiẹ̃ lo; fiẹ̃ na wò lō!
Antwort:	B. fiẹ̃go.
	apede?
u. s. f.	
Gruss, wenn man zu einem Essenden tritt.	A. asi le kame (die Hand ist eintauchend), oder asi agbame lo (die Hand ist im Teller).
Antwort:	B. y'ō, va miawoe (komm, wir machen es), oder: y'ō, va miagbọ (komm zu uns).
Gruss an einen Arbeitenden:	A. dọ na lo! (dọ Arbeit) oder dọnọ dọno.
Antwort:	B. dọ na go; dọ na gö lō.
u. s. f.	apede?

Abschiedsgruss bei Tage:	A. meva kpo wò da; oder: meva kpo wò gbo (ich komme zu dir); oder: meyi apeme (ich gehe nach Hause).
Antwort:	B. de apeme ñuie; oder: de ape gbo ñuie; oder: yo, va eñõ.
Abschiedsgruss zur Nacht:	A. dogbe (schlaf wohl).
Antwort:	B. dogbe ñuie.
Abschied zur Reise.	A. meyi lo (einer), miayi lo (mehrere).
Antwort:	B. hede ñuie; oder: degbo lo!
Gruss beim Begegnen auf dem Wege:	A. megbetowo do?
Antwort:	B. wodo. deviwo do?
Ich komme dich (euch) zu grüssen.	meva be madogbe na wò (Plural na mi).
Schön.	eñõ.
Wo ist deine Frau?	afika srõwo le?
Wo sind deine Kinder?	afika viwòwo le?
Sie sind ausgegangen.	wodo go.
Ich habe dich schon lange nicht mehr gesehen.	ñe megakpowò kpo wò.
Bist du krank gewesen?	de ele dolém mahã (de leitet die Frage ein; mahã Fragepartikel am Schluss).
Wie geht es dir?	aleke ŋle?
Geht es dir jetzt besser?	ekademe nawò azo?
Ja, es geht mir besser.	ẽ, ekademe nam.
Es geht ihm (ihr) besser.	ekademe ŋe.
Rufe deinen Vater, ich will ihm etwas sagen.	yo fofowò da, magblo ña de ŋe.
Ist er zu Hause?	ele apeme mahã?
Ich komme, um dir mitzuteilen, dass ich in vierzehn Tagen nach Ho gehen werde.	meva be mato nawò, bena mayi Ho kwasida eve megbe.
Warum hast du mich nie besucht?	nuka ñuti meva kpom da kpo wò?
Du musst mich wieder besuchen.	nava no kpo yem da.
Meine Brüder lassen dich grüssen.	noviñewo du do wò pã.

2. Erkundigung nach dem Wege.

Ist es noch weit nach Phute?	Pute mo edidi?
Nein, es ist nicht mehr weit.	wò, medidi wò.
Sind wir auf dem Wege nach Waya?	Waya mo eñe esia mahã? oder Waya mo ji eñe si miele mahã?
Nein, ihr habt euch verirrt.	wò, mietre mo.
Bitte zeige uns den Weg.	mede kuku na wò fia mo mi.
Ich will euch den Weg zeigen.	mafia mo mi.
Geht immer gerade aus.	mito mo la tẽ miayi.
Kommt mit mir.	va miyi.
Der Weg zweigt nicht mehr ab.	mo la meje eve wò.
Vielen Dank.	dono, dono oder ewodo.

3. Tischdecken.

Decke den Tisch.	do kplõ.
Deckt den Tisch.	mido kplõ.
Habt ihr ihn schon gedeckt?	midoe hoa? (hoho schon, a=mahã, Fragepartikel).
Nimm die Decke weg, sie ist schmutzig.	mide kplõjivo la da, epodi.
Lege die andere auf.	miéo bubu do ji.
Es fehlen die Teller.	esuso agbawo.
Du hast die Gläser vergessen.	woñlo glasewo be.
Hole Wasser.	ku ĉi ve.
Holet Wasser.	miku ĉi ve.
Hole heisses Wasser.	ku ĉi jojui ve.
Ist das Essen fertig?	nududu sogbe mahã?
Bringt es herauf.	miĉoe yi jipo.
Rufe den Herrn.	yo apeto da.
	yo apeto ve.
Er kommt.	egbo na.
Kommt er?	egbo na mahã?
Gehe herum und warte den Herren auf.	ĉo nududu la ĉae apetowo ji.
Nimm die Teller hinaus.	ĉo agbawo yi.
	ĉo agbawo do go.
Mache es rein.	kloe; miklo nuawo.
Kaltes Wasser ist nicht gut.	ĉi fafe meñã wò, miku ĉi jojui.

Trockne die Gläser ab, sie sind noch nass.	tutu glaseawo ñuti, činu le woñũ le woñũti).
Stellt sie in den Schrank.	mičowo dade sigawo me.
Macht schnell.	miwo kaba.
Der Krug ist zerbrochen.	ҫela egbá.
Er rinnt.	ele dudum.
Der Krug ist voll; der Krug ist noch nicht voll.	ҫela yọ; ҫela meyọ hade wò.
Er läuft über.	ele dodom le mu.
Der Rest ist euer.	susọe eñe miatọ.
Hebt dieses auf.	jira esia do.
Wirf es fort, es ist verdorben.	čọe pugbe, egblě.
Teilt es unter euch.	mimãe de mia dome.
Wichse die Schuhe.	sia afọkpawo.
Reibe sie mit Oel ein.	si ami nawo.
Bürste die Schuhe zuvor, sie glänzen nicht.	kplọ afọkpawo ñũ hafi, womedi wò (wo mele jodam wò).

4. Im Zimmer. Kehren u. s. f.

Wo sind die Mädchen?	afika ñõnuviwo le?
Sie sind unten.	wole añigba.
Macht die Betten.	mido abawo.
Habt ihr das Schlafzimmer schon gekehrt?	de mikplọ añimlọ họme hohoa?
Nein, noch nicht, wir haben das Studierzimmer gekehrt.	wò, miekplọe hade wò, ke mikplọ agblẹ họme.
Hängt die Kleider hinaus an die Verandapfähle.	mičọ avọwo ku de abranda tiwo ñuti.
Bürste sie aus.	kplọwo ñuti.
Hänge die Decke über die Veranda hinaus.	čọ kuñtru sia de abranda ji.
Hänge die Schlüssel an die Wand.	ku safiwo de gli ñuti.
Hänge sie in den Schrank.	cówo dade sigawo me.
Morgen müsst ihr das Esszimmer aufwaschen.	Ečọ ñdi miasia nududu họme.
Habt ihr es verstanden?	miese mahã?
	miese lõ?
	miesea?
Hast du es verstanden?	wosea?
Hole frisches Wasser.	ku či yeye vẹ.

Dieses hier ist schmutzig.	esia meko wò.
Giesse es aus.	koe d' añi.
Tauche den Lappen in's Wasser und ringe ihn aus.	ɖo avɔ de ɕime eye nafiɕ.
Sieh, du machst es nicht gut, mache es so!	kpɔda, womewɔe nuie wò, wɔe nenema!
Reinige die Waschbecken.	klɔ mofugbawo.
Die Uhr steht.	gapodokui la tɔ.
Ziehe sie auf.	hee.
Wieviel Uhr ist es?	ga nenie po?
Es ist zwölf Uhr.	ga wuieve po.
Nimm den Staub von den Möbeln ab.	tutu komode la ji. tutu komode ñuti.
Alles ist staubig.	nuwo katã podi.
Kehre die Spinngewebe.	de yiyidɔ.
Ueberall sind Spinngewebe.	yiyidɔwo le afisiafi.
Giesst Oel in die Lampe.	ko ami de akadime.
Zünde die Lampe an.	si akadi.
Es wird dunkel.	ʒã do.
Zwei Lampen sind zu viel.	akadi eve sɔgbɔ akpa.
Lösche jene aus.	ɕi keme la.
Hol Wasser ins Badezimmer.	ku ɕi de ɕilehome.
Ich will ein Bad nehmen.	maléɕi.
Hast du schon gebadet?	eléɕi hohoa?
Nein, noch nicht.	wò, ñe meléɕ hade wò.
Wo sind die Mädchen?	afika ñɔnuviawo le?
Sie sind beim Baden.	wole ɕilem.

5. In der Küche.

Hast du die Küche gekehrt?	wokplɔ nudape mahã?
Warum hast du es nicht gethan, habe ich es dir nicht geheissen?	nuka ñuti womewɔe wò, de ñe megblɔe na wò mahã?
Spalte Holz!	ʒe nake.
Hast du Holz gespalten?	eʒe nake mahã?
Ist es dürr?	nake la pu mahã?
Nein, es ist noch grün.	wò, ele mũmũ.
Brennt das Feuer?	jɔ le hohom mahã?
Hast du ein Huhn geschlachtet?	wowu koklo la mahã?
Schlachte zwei Hühner.	wu koklo eve.

Tauche sie in heisses Wasser und rupfe sie.	ęǫwo de ći jojuime ęɣe nanō wo.
Nimm eins für die Suppe, brate das andere.	ęǫ deka po deći, nato bubu.
Schäle Yams, schneide ihn in Stücke.	kpa te ęɣe flii.
Koche ihn, siede ihn.	dae kple ći.
Wenn er weich ist, so stampfe ihn.	nę ebobǫ la, natoe.
Mache Fufu.	nato fufu.
Sie sind beim Yamsstampfen.	wole fufu tom.
Siede diese fünf Eier, aber nur halb.	da kokloji atō siawo afã kple afã.
Das Wasser wallt (siedet).	ći la le fiefiem.
Kocht es?	ele fifiem mahã?
Mach eine Palmölsuppe und einen Fufu dazu.	po de deći ęɣe to fufu de enū.
Mache eine Fetrisuppe mit Kloss.	po fetri deći ęɣe da wǫkplō de enū.
Thue nur wenig Pfeffer hinein, vier Schoten sind genug.	de atadi wiade ko deme, atadi ku enę esogbǫ.
Die Suppe von vorgestern war gut, mache wieder eine solche.	ńićǫ deći la enō, gawǫe ngengmāke.
Hacke Fleisch und backe Küchlein.	fli lã wluwluwui, to tatali.
Koche Reis mit Curry.	da moli kple curry.
Backe Reisküchlein.	to moli tatali.
Nimm fünf Eier und backe Pfannkuchen.	ęǫ kokloji atō natō pancake.
Das Fleisch ist nicht gar.	lã mebobǫ wò.
Das Fleisch ist nicht gekocht.	lã mebi wò.
Der Reis ist verbrannt.	moli la fiã.
Reibe Pfeffer.	tu atadi.
Röste Mais und mahle ihn.	to bli natu wǫ.
Mache Mehl.	nada akplō; tu wǫ.
Röste Kaffee, mahle ihn.	to kafe, tui.
Mache Kaffee, Thee.	wǫ kafe, wǫ tea.
Morgen musst du Brot backen.	ećǫ napo abolo.
Hast du Mehl?	wǫ le asiwòa?
Komm, hole Mehl und siebe es.	va ho wǫ, natili.
Oeffne das Fass.	ʄu tigo.

Nimm drei Eier und etwas Milch dazu.	ćọ kokloji etū kple noći viade kpede eñū.
Oeffne dieses Milchtin.	pu noći ganu.
Kaufe Sauerteig.	yi naple amọwọ wāwā.
Wenn du den Teig anrührst, so rühre ihn tüchtig, sonst geht er nicht auf.	nę ele amọwọ wọm la, nablui ñuie, nę meñe nęnęm wò la abolo mele hoho ge wò.
Rühre es um!	blui!
Ist der Teig aufgegangen?	amọwọ la ho mahā?
Hast du Feuer im Ofen gemacht?	wodo jo de kpome mahā?
Ist der Ofen heiss?	kpo la hojo mahā?

6. Beim Waschen und Nähen.

Hole die Wäsche und lege sie in Wasser.	va họ nuñāñā na de ći.
Lege die Wäsche ins Wasser.	de nuñāñā ći me.
Seife sie ein.	de aʒālee; de aʒālewo.
Habt ihr sie gewaschen?	miñāwo mahā?
Dann fangt an sie zu waschen.	ekemā miʒe wo ñāñā gome.
Taucht sie in Blauwasser.	mićọ nuñāñā de blue ćime.
Spannt das Seil im Garten auf.	do ka de atiawo ñū le abome.
Wenn ihr fertig seid, so hängt die Wäsche aufs Seil.	nę miewu nu vọ la, mićọ nuñāñāwo šia.
Habt ihr sie auf die Leine gehängt?	mišiawo mahā?
Nein, noch nicht.	wò, womepu hade wò.
Geh und nimm die Wäsche ab.	yi nadafọ nuñāñāwo.
Es wird regnen.	ći le jaja ge; ći le wuwu ge.
Sie wird nass.	ći le wopo ge.
Macht schnell.	miwọ kaba.
Legt sie zusammen.	mipọ nuñāñāwo.
Was thut ihr?	do ka wọm miele?
Wir bügeln.	mido nu ji.
Fangt an zu bügeln.	je nujidodo gome.
Das Eisen ist nicht heiss.	nujidoga mehọjo wò.
Lege mehr Kohlen hinein.	ćọ aka gede de me.
Ziehe den Faden in die Nadel.	de ka abi la me.
Stecke den Fingerhut an.	ćọ ašikuku do.
Die Nadel ist rostig.	abi la le gebiā.
Die Nadel ist zerbrochen.	abi eñę.

Die Spitze ist abgebrochen.	abi la nu ŋ̃.
Das Oehr ist gebrochen.	abi la fe vo.
Die Naht ist krumm.	nutoto la glũ.
Nähe gerade.	toe jojoe.
Du machst zu grosse Stiche.	ele etom takataka akpa.
Die Naht ist zerrissen.	toto la tu.
Der Faden ist zerrissen.	ka la lã.
Schneide es mit der Scheere weg.	nasee kple sakse.
Die Scheere ist stumpf.	sakse la ći.
Flicke das Kleid.	ka avo la.
Der Flicken passt nicht.	avonudedi sia meje ne wò.
Trenne die Naht wieder auf.	gatu nutoto la.
Mache einen schmalen Saum.	po to sue.
Nähe einen breiten Saum.	po to keke.
Nähe das Tuch zusammen.	to avo la kpe.
Nähe einen Knopf an.	de awunugbui eñu.
Der Knopf ist weg.	awunugbui la ćo.

7. Im Garten.

Geh und arbeite im Garten.	ji nawo do le abome.
Begiesse die Pflanzen.	deći nudodowo.
Begiesse sie jeden Abend.	nadećiwo ġetro sia ġetro.
Ziehe das Gras aus, aber verdirb die Bohnen nicht.	ho gbeawo da, ke megagblẽ ayiwo wò.
Verpflanze diesen Kohl.	ho cabbage sia na do.
Mach mit der Hand kleine Löcher und setze ihn hinein.	ku do sue kple asi nadowo de me.
Stelle sie aufrecht.	dowo jojoe.
Wachsen die Fetri (eine schotenartige Frucht, welche zu Suppe verkocht wird)?	fetriwo le ćićim mahã? fetriwo le wowom mahã?
Keimen die Bohnen?	ayiwo le ʒeʒem mahã?
Blühen die Fetri?	fetriwo le sepom mahã?
Nein, sie blühen noch nicht.	wò, womele sepom hade wò.
Die Bohnen setzen schon Früchte an.	ayiwo le ćećem hoho; ayiwo le kućem hoho.
Grabe das Land um.	ñlo añigba (flach); gudu añigba (tief).
Lies die Steine auf und wirf sie in diese Kiste.	fo kpeawo eye ćewo de adaka me.

Bringe eine leere Kiste.	co adakago ve.
Wenn sie voll ist, so trage sie fort.	ne eyo la ekemã coe yi.
Mache es gut.	woe ñuie.
Wenn du fertig bist, dann säe Korn, stecke Stockyams.	ne wowunu la napã bli, do agbeli.
Schneide die Köpfe des Yams weg und stecke sie.	se teta eye pã te.
Reinige die Gartenwege.	nlo abome monwo ji.
Dann nimm den Rechen und harke es zusammen.	ekemã co lãklefe po gbeawo pu.
Dieser Kohl ist verwelkt.	cabbage sia eku.
Nimm eine Schüssel und lese Bohnen ab, aber pflücke nur die grossen, welche reif sind.	co agba eye nake ayinwo; (eye nagbe ayinwo[1], ke gbe gãtowo sinwo di dedeko.
Klettere auf den Baum und schlage dreissig Kokosnüsse herunter.	de neti ji nagbe ne blaeto.
Sieh zu, dass du nicht herunter fällst.	kpo ñuie be nagage wò.
Die Kokospalme ist sehr hoch.	neti eko ñuto.
Hole Oelpalmnüsse herunter.	nasi de.
Schneide Kokoszweige ab.	se nepalawo.
Schneide Oelpalmzweige ab.	se adefõwo.
Mache einen Zaun um den Garten.	nato kpo pohlã abo la.
Der Zaun hat Löcher, mach sie zu.	noñopewo le kpo la me, he noñopewo.
Er ging auf die Pflanzung.	eyi agble.
Er arbeitet auf der Pflanzung.	ele bo nu; ele bo po.
Sie roden den Busch aus.	wole awe pom.
Sie bringen die Reiser zusammen und verbrennen sie.	wole hodem.
Es ist heiss.	ndo pu.
Es ist kalt.	vuvo le wowom.
Das Wetter ist klar.	heheme eko.
Der Aguberg ist sichtbar.	Aguto le ʒeʒem.
Ein Gewitter ist im Anzuge.	ji do.
Der Wind bläst stark.	ya le popom pudupudu.
Es blitzt.	ji le jo kem.
Es donnert.	ji le gbedem.
Der Harmatan bläst.	pepi ya le popom.
Es ist neblig.	afu he.

8. Im Hofe.

Jage die Hühner aus dem Garten.	ñā koklowo da ćo abǫ la me.
Wo schlüpfen die Hühner durch?	afika koklowo tona?
Durch dieses Loch.	wotoa ñoñope sia.
Bringe den Hühnern Korn.	ku bli na koklowo.
Schneide den Ziegen Gras, sie schreien immer.	si gbe na gbǫ̃wo, wole hõhlõm dahe.
Ist Wasser im Gefäss?	ći le ati tǫkpo la mea?
Giesse es aus und hole frisches Wasser.	ćǫe pugbe eye ku ći yeye deme.
Schneide den Hühnern die Federn ab, dass sie nicht mehr fliegen können.	se apalawo na kokloawo, bena womegateñū ajo wò.
Geh und sieh, ob die Hühner Eier gelegt haben, sie gackern.	yi nadakpo be koklowo d'aji mahã? wole kǫkǫm.
Nein, ich habe keins gefunden.	wò, ñe mekpo aji adeke wò.
Sie legen nicht.	womele aji dam wò.
Melkt die Ziegen.	mifia gbṍ noći.
Habt ihr sie gemolken?	mifia gbṍ noći mahã?
Kehrt den Ziegenstall.	kplǫ gbṍ hǫme.
Die Ziege hat in der Nacht zwei Junge geworfen (gehäkelt).	gbǫ̃nǫ ji vi eve le z̧ãme.

9. Beim Kaufmann.

Geh und kaufe in der Stadt ein europäisches Brot.	yi gbǫ dome naple yofu abolo deka.
Kaufe für fünf Schnüre (Kauri) Maisbrot.	ple abolo hoka atõ nu.
Geh auf den Markt und kaufe Brennholz.	yi asime naple nake.
Ist heute Markttag?	egbe eñe asigbe mahã?
Wenn es gut ist, so kaufe für zehn Schilling.	ne nake eñõ la, naple siliñ ewo nu.
Wenn es nicht gut ist, so kaufe keins.	ne meñõ wò, megaple adeke wò.
Kaufe für 6 Pence Eier.	ple ajiwo katõge nu.
Für 3 Pence Fetri.	fetriwo ho kawege nu.
Für 3 Pence Palmkerne.	dewo kawege nu.
Für 9 Pence Bananen.	ablajo kawegetṍ nu.

Henrici, Ephesprache.

Hier hast du drei Schilling, das Uebrige bringe mir wieder zurück.	siliṅ etō eñe si mec̣ọ nawo, susọẹ la nac̣ọe ve nam.
Du musst mir Rechenschaft ablegen.	abu akonta nam le eñuti emegbela.
Kaufe so viel du kannst.	ple alesi nu nateñu.
Kaufe so billig als möglich.	ple asi bobọẹ alesi nateñu.
Kaufe für 3 Pence Palmwein.	ƒe deha kavege nu.
Ist der Hühnerverkäufer da?	kokloto eva mahã?
Wie viele Hühner hast du?	koklo nẹnie le wosi?
Wie teuer sind alle zusammen?	wokatã honẹnie?
5 Schilling.	siliṅ atō
Nein, das ist zu viel.	wò, esọgbo akpa.
Sie sind noch nicht gewachsen.	koklowo meci hade wò.
Sie sind mager.	wodi ku.
Sie sind nicht fett.	wo medami wò.
Es sind nur Hühner zu 6 Pence, nicht zu 9 Pence.	desiade eñe katōgẹtọ ko, womeñe ho kavegetō koklo wò.
Alle zusammen für 4 Schilling, seid ihr einverstanden?	wokatã siliṅ eng, mielō eji mahã?
Lege einen Dreipence dazu.	c̣ọ kavege da de ji.
Nein, das thue ich nicht.	wò, ñe mele kavege da ge de ji wò.
Kannst du mir wechseln?	nateñu adudọ ga sue nam mahã?
Es fehlt noch ein Dreipence.	esusọ kavege.
Geh in die Stadt und bringe klein Geld.	ʝi gbo dome na du do ga sue ve nam.
Ich kaufe nichts.	ñe mele ple ge wò.
Wie viele Eier giebst du mir für 3 Pence?	kokloji nẹnie nele c̣oc̣om nam ho kavege?
8 Eier sind zu wenig, du musst mir 10 geben.	ame eñi mesogbo wò, nac̣o kokloji ewo nam.
Sieh, dieses ist nicht gut.	kpoda, esia meñō wò.
Es ist schwarz, es ist verdorben.	ele ʝibo, egblē keñ.
Es ist zu alt.	edo hoho.
Enteneier sind nicht gut, ich wünsche Hühnereier zu kaufen.	kpakpahejiwo meñō wò, koklojiwo dim mele.

10. Verkauf.

Was willst du kaufen?	nuka ple ge neva mahā?
Wähle dir selber aus.	woňūto tiae.
Hast du Geld?	ga le si wo mahā?
Kannst du gleich bezahlen?	nahe fe fifila mahā?
Du musst gleich bezahlen.	nahe fe fifi.
Schuldenmachen ist nicht gut.	feñiñi meñō kura wò.
Hast du gefunden, was du wünschst?	ekpo nusi dim nele mahā?
Es ist schon alles verkauft.	miejra wo katā hoho.
Nur noch dieses ist übrig.	esia ko esuso.
Aber ich will es für dich bestellen, nach 10 Wochen kannst du es haben.	ke madoe na wo, le kwasida ewo emegbela ateñū akpoe.
Wieviel Ellen (Pfund) wünschst du?	abo (pounde) nenie dim nele?

11. Lasten und Hängematttragen.

Welche Last willst du nehmen?	agba ka ćo ge nala?
Wähle dir selber eine aus.	woñūto tia deka.
Es ist nur noch eine Last übrig.	agba deka ko gasuso.
Es ist keine mehr übrig.	agba adeke megale wò.
Wenn du schnell läufst, so bekommst du eine Last.	ne dabla la, aho agba deka.
Du musst in fünf Tagen in Ho sein. Wenn du unterwegs liegen bleibst, so sehen es meine Brüder in Ho.	nade Ho le ñkeke atō me. ne ći mo ji la, noviñewo le Ho akpoe.
Dann ziehen sie dir Lohn ab.	eye woade ga le wò fetu me.
Ich werde es im Brief schreiben.	mañloe de agbale me.
Willst du sie nehmen?	aćoe mahā?
Du sollst fünf Schilling bekommen.	aho siliñ atō.
Das ist nicht genug.	emesogbo wò.
Doch, das ist genug.	esogbo ćo.
Sie ist nicht schwer.	emele kpekpem wò.
Sie ist schwer.	ele kpekpem.
Der Weg ist gut.	mo la eñō.
Wie ist der Weg?	aleke mo la le?
Ist Wasser auf dem Wege?	ći le mo jia.
Der Weg ist nicht gut.	mo la meñō wò.

Es hat viel geregnet.	či ja gedě.
Du kommst zu spät.	wòmeva kaba wò.
Deshalb muss ich dir 1 Schilling abziehen.	eyata made šiliṅ deka le wo fetu me.
Du bist auf dem Wege zu lange liegen geblieben.	eči mọ ji akpa.
Ich suche Hängematträger, ich will eine Reise machen.	mele hamakaćọlawo ¡hamakatọlawo¹ dim, mele mọzọ ge.
Wollt ihr mich tragen?	miaćọm mahã?
Jeder soll 1 Schilling und 3 Pence Unterhalt täglich erhalten.	desiade ahọ šiliṅ dek eye modọ (sise hokavege le eñũ gbešiagbe.
Euer Lohn von hier bis Ho ist vier Pfund.	miape fetu có afiša yi Ho eñe pounde eṇe.
Seid ihr damit einverstanden?	mielõ lõ alõ mielõ wò?
Uebermorgen früh wollen wir aufbrechen.	ñićọ ṅdikañã miaze mọ.
Rüstet euch.	mijira miadokui do.
Seid ihr bereit?	miele klalo mahã?
Geht ihr heute?	miele yi ge egbea?
Wir wollen gehen.	miayi.

12. Fischen.

Fischen die Leute?	amewo le do kplọm mahã?
Gestern haben sie gefischt.	ećo wokplọ do.
Sie sind im Boot hinausgefahren und werfen das grosse Netz aus; sie haben viel gefangen.	wode pu, eye wole do dim; wode lã gede.
Er fischt mit dem kleinen Netz.	ele asabu dam.
Er hat nichts gefangen.	emede naneke wò.
Geh an den Strand und kaufe Fische.	yi puta naple lã.
Kaufe von den besten.	ple nuie ṅto šiwo nekpọ.
Wenn du Sohlen siehst, so kaufe Sohlen.	ple afọpome ne wokpọe.
Ist die Brandung gut?	pu la eñõ mahã?
Nein, sie ist nicht gut.	wò, pu la egblẹ.
Wir wollen an Bord gehen.	miayi pume.
Der Dampfer hat geschossen.	mél (An. azizohũ) da tu.
Er will abgehen.	ele hoho ge.

Rudert gut, damit wir nicht nass werden.	mikui ñuĩe la, bena miagapući wò.
Kannst du schwimmen?	eña ćipupu mahã ațeñũ apući mahã?
Wir wollen nach Anyako gehen.	miaɣi Añako.
Setzt die Segel bei.	mido abala.
Der Wind weht nicht gut.	ɣa mele popom ñuĩe wò.
Nehmt die Stangen Bambu zur Hand und stosst das Kanoe.	mićo putiwo miaku pu la.
Rüstet das grosse Boot.	mijira batala do.

13. Jagd.

Sie sind auf die Jagd gegangen.	woɣi ade gbe.
Giebt es viel Wild hier?	gbeme lã gedēwo le afiśia mahã?
Giebt es hier Leoparden?	lãklewo le fiśia mahã?
Nein, aber viele Antilopen.	wò, ke ji gedēwo le.
Kannst du schiessen?	eña tudada mahã?
Verstehst du zu jagen?	eña ade dada mahã?
Ja.	ẽ, meña ade dada.
Hörst du sie nicht schiessen?	womele tu dada se mã?
Ziele gut.	jijee ñuĩe!
Du hast es nicht getroffen.	wò, mepoe wò.
Wo hast du den Büffel gesehen?	afika nekpo to la le?
Es war eine Antilope.	jie.
Sie brennen Busch, jetzt fangen sie viel Wild.	wole jogbe wom, azo wowu lã gede.
Heute Nacht wollen wir auf den Anstand gehen.	egbe zã miaɣi adegbe.
Willst du mit mir kommen?	aɣi kplim mahã (aɣi kpli mi mahã?)
Komm mit mir.	va miɣi, va miaɣi.
Hast du das Gewehr geladen?	wosika tu la mahã?
Putze die Flinte.	sia tu la.

14. Beim Bauen.

Ich will ein Haus bauen.	mele ho tu ge.
Sie bauen ein Haus.	wole ho tum.
Rufe den Zimmermann.	ɣo potrukpala ve ɣo adañũwola ve).

Morgen kommt und holt Lehm für mich.	eċǫ miava ċǫ añi nam.
Sie sind beim Lehmtragen.	wole añi ċǫm.
Nun stampft den Lehm.	miñā añi aʒǫ.
Sie sind beim Lehmstampfen.	wole añi ñām.
Jetzt führt die Mauer auf.	mido gli aʒǫ.
Wenn der erste Satz fertig ist, so setzt den zweiten darauf.	nę gli evǫ la, mido gli evelea de ji.
Bauet gerade.	mido gli jojǫe.
Nimm das Maass und messe.	ċǫ jijenu najijee.
Beschneidet die Mauer.	mikpa gli jojǫe.
Führt eine Ziegelmauer auf.	mido kpegli.
Sie sind beim Ziegelbrennen.	wole bricks mem.
Sie sind nicht gut gebrannt.	womebi ñuťe wò.
Sie sind nicht rot.	womele ʒiǧ wò.
Heute wollen wir das Dach aufsetzen.	egbe miele hǫ sū ge (misū hǫ aʒǫ).
Heute wollen wir das Dach mit Gras decken.	egbe miele hǫ gbā ge (migbā hǫ).
Lange mir Gras hinauf.	da gbe nam.
Das Dach leckt.	hǫta la le dudum.
Das Gras ist verfault.	gbe la eñuñō.
Schindeln sind besser.	sindel eñō wu.
Mache Schindeln.	ʒe sindel.
Sage dem Tischler, dass er mir Thür und Fenster machen soll.	gblǫ na adañūwǫla bena wòakpa ṗoatru kple fesre nam.
Nimm das Maass der Thür und des Fensters.	yidaʒiʒe ṗotru kple fesre nu.
Mache mir drei Stühle.	kpa ablęgǫ etō nam.
Mache mir einen solchen Tisch.	kpa kplō sia tǫgbe nam.
Mache mir einen runden Tisch mit einem Fuss.	kpa kplō nogǫ afǫ deka to nam.
Streiche sie mit Farbe an.	si añǫ nawo.
Ist die Farbe trocken?	añǫ la ṗu mahā?
Nein, sie ist noch nicht trocken.	wò, emeṗu hade wò.
Dieser Stuhl ist nicht fest.	ablęgǫ sia mesese wò.
Er wackelt.	ele ṗuṗum.
Schlage einen Nagel ein.	ṗo gatagbaʒe dee.
Ziehe ihn wieder heraus.	gahoe.

87

Bohre mit diesem Bohrer ein Loch.	ɖo nuñɔnui sia ñɔ do.
Wo sind die Brettschneider?	afika atiƺelawo le?
Sie sägen Bretter.	wole puƥowo ƺem.
Sie sind im Busch und fällen eine Odum-Eiche.	wole gbeme le odumti mum.
Was holt Ihr?	nuka fɔ ge miala?
Wir holen Fächerpalmbalken.	miele agotiwo fɔm.
Was seid ihr gekommen zu holen?	nuka fɔ ge mieva?
Was wollt ihr damit machen?	nuka wɔ ge miala kplii.

15. Krankheit.

Wie geht es dir?	aleke ŋele mahã?
Ich bin nicht wohl.	ñe mele sesie wò.
Was fehlt dir?	nuka le wowòm mahã?
Hast du Kopfweh?	ta le duwòm mahã?
Ja, ich habe Kopfweh.	ẽ, ta le du jem.
Es schwindelt mir.	je mo le tɔtrɔm.
Geht es dir noch nicht besser?	wò lãme mekademe hade wò mahã?
Es geht mir etwas besser.	ekademe vẽ.
Ich glaube du hast Fieber.	mesusu bena atidudui le wowòm.
Ja, ich habe schon die ganze Woche Fieber gehabt.	ẽ, atidudui le woyem kwasida blibo la.
Hast du Wechselfieber?	nũja le lewom mahã?
Ja!	ẽ, mele nũja lem.
Hast du perniziöses Fieber?	asra ɖo wo mahã?
Ja!	ẽ, asra ɖom.
Du bist heiss.	eho jo.
Dein Kopf ist heiss.	wo ta ho jo.
Schmeckt es dir?	nududu le vivim na woa?
Nein, das Essen schmeckt mir nicht.	wò, nududu mele vivim na wò.
Kannst du schwitzen?	fifia tea wò mahã?
Nein, ich habe keinen Schweiss.	wò, fifia meteam wò.
Friert dich?	vuvɔ le wowòm mahã?
Mich friert.	vuvɔ le woyem.
Mich friert sehr (ich sterbe vor Kälte).	mele vuvɔ kum.

Hast du Brechreiz?	he le čowòm mahã?
	jigbo le to wòm mahã?
Ja, ich habe mich erbrochen.	ẽ. medeḥe.
Seit wann hast du Fieber?	gekaġrime atidudui la ẓe gome mahã?
Welche Medizin hast du bisher angewendet?	atike ka ṅutido newoa.
Chinin.	kinin.
Es ist gut, fahre damit fort.	eñõ, yiji nẹnẹmã.
Es ist nicht gut, höre ganz auf.	emeñõ wò jujo keṅ.
Ich will dir Medizin schicken.	mado atike de wò.
Löse sie in einem Glas Wasser auf und trinke sie.	nakọe de čime le glaseme, nablini anõ.
Trinke sie dreimal täglich.	nõe ji etõ gbe deka.
Sieh zu, dass du dich nicht erkältest.	kpo ñuie bena vuvọ megado wo wò.
Es ist kalt.	vuvo le wowọm.
Ich bin ganz nass geworden und habe mich erkältet.	mepočí keṅ, vuvọ dom.
Bringe eine Decke und decke mich zu.	čo kuṅtru ve, načyo nam.
Ich bin krank.	mele dolém.
Ich war krank.	melé do.
Er ist krank.	ele dolém.
Er war krank.	elé do.
Viele Leute in der Stadt sind erkrankt.	ame gedewo le dolém le du la me.
Viele sind gestorben.	gedewo ku.
Ich habe Dysenterie.	mele asisi ñem.
Ich hatte Dysenterie.	meñe asisi.
Er hat auch Dysenterie.	eya hã ele asisi ñem.
Er hatte sie auch.	eya hã eñe asisi.
Koche Kpomirinde und trinke dreimal täglich. (Kpomi ist ein gutes Ruhrmittel, eine Landesmedizin).	da kpomi čro nanõe ji etõ gbe deka.
Dies ist die beste Medizin gegen Dysenterie.	esia eñe atike ñuie ṅto de asisiñeñe ṅuti.
Ich habe Rheumatismus.	titi ham.
Er hat Rheumatismus.	titi hae.

Hast du Zahnweh?	adu le duwòm mahã?
Ja, ich habe Zahnweh.	ẽ, adu le du yem.
Ich konnte die ganze Nacht nicht schlafen.	ñe mateñũ dọlõ ʒã blibo la me wò.
Geh zum Festungs-Arzt, dass er dir den Zahn ausziehe.	yi mõme atikewọla gbo, ne wòaho adu la na wo.
Sei mutig und fürchte dich nicht.	wo ji eye megavã wò.
Die Augen schmerzen mich.	ye ñkuwo le veyem.
Ich habe Ohrenweh.	tome le du yem.
Er hat Ohrenweh.	tome le edum.
Ich habe den Guineawurm.	mele atọ lém.
Ich hatte den Guineawurm.	melé atọ.
Hast du den Guineawurm?	ele atọ lém mahã?
Die Kinder haben Husten.	deviwo le kpekpem.
	kpe po deviwo.
Sie husten die ganze Nacht.	wole kpekpem ʒã blibo la me.
Ich hustete die ganze Nacht.	mekpekpe ʒã blibo la me.
Dieses Kind hat Würmer.	domekple vi le dome na devi sia.
Sie wollen Wurmmedizin haben.	wole domekplevi 'tike dim.
Er fiel vom Baum herunter.	ege ćo ati ji.
Er hat das Bein gebrochen.	eñe atapu.
Er hat den Arm gebrochen.	ene abọpu.
Ich habe mich in die Hand geschnitten.	mesi asi.
Es blutet.	ele pu dudum.
Er hat sich die Hand verbrannt.	efiã asi.
Eine Kugel hat ihn verwundet.	eho tukpe abi.
Er wurde von einer Kugel getroffen und starb daran.	tukpe poe, wočí atua nu.
Fünfzig Mann wurden verwundet.	ame blaatõ ho abi.
Dreissig Mann blieben auf dem Platze.	ame blaetõ ći apa.
Das Boot schlug um.	pu la eyọ.
Drei Mann ertranken.	ame ene ñurõ.
	ame ene ći tome.

15. Schule und Kirche.

Hat es geläutet?	ga epo mahã?
Nein, noch nicht.	wò, ga mepo hade wò.
Es hat schon lange geläutet.	ga epo hoho.

Du musst zur Schule gehen.	naýi suku.
Du musst lesen und schreiben lernen.	nasrṏ agbalẹ hẹ̆hlẹ̆ kple muṅoṅlọ.
Sieh zu, dass du nicht zu spät kommst.	kpọ ñuĭe be nagaći megbe wò.
Lauf schnell, oder du kommst zu spät.	dabla, alọ aći megbe.
Hast du deine Aufgabe gelernt?	wosrṏ wo agbalẹ dọwọwọ mahã?
Hast du dieses Lied auswendig gelernt?	wosrṏ ha sia le tame mahã?
Hast du deine Rechenaufgaben gelöst?	wobu wo akonta vọ mahã?
Nein, noch nicht.	wò, ñe mebui hade wò.
Schreibe besser.	naṅlọ ñuĭe wu.
Deine Handschrift ist nicht schön.	wo asinuṅọṅlọ meñṏ wò.
Gehorche deinem Lehrer.	do to wo nufiala.
Seid stille.	mido to. miji dodoe.
Schwatzt nicht mehr.	migapọnu wò.
Warum zankt ihr?	nuka ñuti miele jrewọm mahã?
Er hat mich gescholten.	ejum.
Schelte ihn nicht wieder.	megajui wò.
Kommt zur Kirche.	va miỳi soleme.
Kommt auf den freien Platz; wir wollen euch predigen.	miva ablọ me, miele Mawu ña gblọ ge.
Sind viele Leute in der Kirche gewesen?	de amẹ gedewo de soleme maha?
Du hast in der Kirche geschlafen.	edọ lõ le soleme.
Schlafe nicht wieder.	megadọ lõ wò.
Welches Lied habt ihr gesungen?	ha ka mieji mahã?
Wir sangen Nr. 5.	mieji hajiji atṏlea.
Worüber hat der Prediger gepredigt?	ña ka ñuti ñagblọla pọnu le mahã?
Hast du es verstanden?	de ese gọme mahã?
Ja, ich habe alles verstanden.	ẽ, mese egọme keṅ.
Hat er gut übersetzt?	ede gọme nuĭe mahã?
Uebersetze meine Rede.	de nu ñe.
Vergiss es nicht wieder.	megaṅloe be wò.
Behalte diese Worte im Herzen.	do ṅku ña siawo ji.
Sei nicht nur ein Hörer des Wortes, sondern ein Thäter.	megañe ñasela dedeko wò, ke ñe ñajiwọla hã.

II.
Mundart von Anecho.

Im folgenden Uebungsstoff finden sich zuerst die kleinen Lesestücke, welche zuvor in Anlo gegeben waren. Für die Stellung dieser beiden Dialekte zu einander wird ein Vergleich lehrreich sein, namentlich was die Ausdrucksweise betrifft. Die Anecholeute (vgl. S. 4 f.) haben ihre Sprache nicht nur mit Wörtern aus Nachbarsprachen, wie auch aus europäischen, gemischt, sondern die Art sich auszudrücken weicht auch vom Anlodialekt ab. Vor allem ist die überaus häufige Anwendung der Hülfsverben *ćo* und *na* auffällig.

Was die Aussprache betrifft, so herrscht eine grosse Zerfahrenheit in Anecho und Umgegend, als Folge der Stammes- und Sprachenmischung, welche dort stattgefunden hat und fortdauert, vgl. S. 4. Augenblicklich übt namentlich der reine mittelländische Binnendialekt als nächster Nachbar und auch Anlo, wegen der zahlreichen Anlo-Händler, welche nach Anecho kommen, Einfluss aus. Die Schreibung des Anechodialektes stösst deshalb auf Schwierigkeiten. Eine vergleichende Lautlehre von Anlo und Anecho könnte nicht sagen, dass irgend einem bestimmten Anlo-Laut ein bestimmter in Anecho entspräche, sondern es herrscht, wenn nicht Willkür, doch Zufälligkeit.

Das *ć*, das im Anlodialekt tsch, im Mittellande tfs gesprochen wird, lautet im Anecho fast durchweg fs, doch hört man es gelegentlich als tfs. Aber es findet sich in einigen Wörtern auch der Laut tsch, für welchen dann die Bezeichnung *ts* eintritt. Inwieweit es sich dabei um Fremdworte handelt, wäre noch festzustellen.

gb und *kp* lauten fast wie *b* und *p*, *p̓* teils als wirklich geflüsterte Tenuis-aspirata, teils als blosses *p;* bisweilen tritt ein Uebergang in *b* auf, z. B. miabe = miape. *s̓* ist durchweg zu fs geworden, also gleich Anlo *s*. *h̓* ist gleich einfachem *h* und wird nur von einigen etwas rauher hervorgebracht, während *h* fast unhörbar geworden ist. Zu alledem kommt als Folge der Abschleifung der Laute noch das Falschsetzen von solchen, so dass namentlich oft ein *kp* gehört wird, wo blosses *p* stehen sollte. Dieser Verwilderung, welche noch dazu individuell grosse Verschiedenheiten zeigt, mit der Schrift zu folgen, ist unmöglich, und deshalb lehnt sich die Schreibung im folgenden möglichst eng an die Schriftsprache an.

Anecho wird viel schneller gesprochen als Anlo, und demnach sind auch die Verschluckungen zahlreicher. Dieselben werden im folgenden auch in der Schrift angedeutet. Beim Sprechen der Anechomundart haben die Sprachorgane eine mehr nasale Stellung als im Anlo, so dass die ganze Sprache etwas stärker nasaliert klingt. Als bemerkenswert sei noch hervorgehoben, dass die Anechomundart nach m den Vokal u liebt: *mule* statt *mele*, *muñõ* statt *meñõ* u. s. f.

Zur Grammatik sei bemerkt, dass für das *wò* der 3. Person Singularis *be* und *ba* eintritt, wie auch im ostländischen Dialekt. Für das iterative *ga* wird *gba* gesetzt. Als Fragepartikel dient häufig blosses *a* statt *mahã*. Auch der Satzartikel erscheint fast immer als einfaches *a*, selten *la*. Der Kontinuativ wird ohne *m* gebildet, dafür aber *wo, ko* oder *nu* hinzugesetzt: *mule egblo wo (ko)* ich spreche gerade; *mule nu du wo, mule du nu* ich esse gerade.

Lesestücke.

(vgl. S. 43 ff.)

1. *Kplõ*.

Wočo na gbogblowo kpa akplõ čo do na home. Mičo na miabe n'du gbawo doa eji, čo du na nu le ñ'ti. Ne mieñlo woma, mičo do na kplõ ji. Kplõ ekoji wu azikpe, voa afo 'ne le gome ne.

gbogblo, aus Ga: *gblo* hobeln, mit Reduplication. — *woma*, im An. ist *agbale* nur Fell; *woma*, aus Ga *woma* Blatt der Fächerpalme, Tschi *ñ woma*, Fanti *ñhõma*, Leder, Buch. — *voa*, aus *evo*, fertig; *voa* dient im allgemeinen als beiordnende Conjunktion: aber, und.

2. *Ablego*.

Ablego ñi azikpe ke ne afo ene le egome. Ne wono ejia, wodoa m'gbé. Adañuto čo n'ati kpa na ablegoa. Gli ñti alõ kplõ ñti woda ne do. Azikpe ke jiñdope mule ne wò a, woyo ne mago alõ azikpe. Ne ñutikonoa alo no le nudu koa, alo ne wolé kasém a, wòno na eji.

mule ne wò a, der Satzartikel erscheint im An. gewöhnlich, gleich dem Substantivartikel, als blosses *a*. — *ñutikono*, Müdigkeit. — *le nu de koa*, adverbiale Bestimmung, *ko* drückt die Nähe aus, bei, vor. — *wole kasém*, sie reden; *kasém* aus Tschi *kasa* reden, sprechen, dieses aus *kã* äussern und *asem* Wort; in Ga nicht unmittelbar vorhanden, *asemsro*, eine seltsame Geschichte; ob auch *kase*, das im Ga lernen bedeutet, hinzugehört?

3. Adaka.

Adañto ęǫ ati kpa adaka. Nutuvi le enu ku kladuba lǫke), tśã wǫćǫ do na enu. Woćǫ n'avǫ ku tśi gbaku nuwo fũ doa eme. Adaka noa hǫme, benę fiafito m'gbateñ fi nuwo wò.

nutuvi, von nu Mund, Oeffnung (oder nu Sache?) tu, An. schliessen vi, klein, welches als Diminutivsuffix im An. sehr viel gebraucht wird. Die starke Anwendung der Diminutive, auch bei Personennamen, gehört zu den bezeichnenden Eigentümlichkeiten des An. — ku, die gewöhnliche Ausdrucksweise für und, zur Verbindung von Substantiven; bei Aufzählungen ist die Verbindung polysendetisch, das heisst, zwischen allen Substantiven steht ku, im letzten Gliede gbaku (gba ist gleich dem iterativen ga im A.). Als Verb bedeutet ku einschliessen, enthalten. tśi, Kauri, hat nie die erste Silbe ho, wie im A. hotśui. — m'gbateñ', kann nicht; gba iterativ, doch ist die Form hier nicht eigentlich in iterativem Sinne angewendet.

4. Tǫmedeʒe.

Woćǫ na kǫ ćǫ mę na ʒe. Woćǫ yi na tǫme ćǫ ku na ći va na hǫme eye wonũ na. Gbedewogbea wǫćǫ na aha alō ami do na eme. Nę mim'kpǫ ñuĕ de wò a, nę gę j'añi a, egbã na, evǫa, m'gbañõ nę deti wǫwǫ wò.

kǫ, Lehm, Erdreich, Haufe, zu kǫ hoch sein. — mim'kpǫ, 1 Plural mit Negation. — gę j'añi, zu Boden fallen; gę ist Verb, fallen, ja gleichfalls Verb, fallen, namentlich vom Regen, añi zu Boden. Im A. gewöhnlich nur gę añigba. — m'gbañõ ist nicht wieder gut; iteratives gba, ñõ gut sein, mit erster Negation m'. —

5. Ab'lo.

Woćǫ na mawę (alō ma) mę na 'b'lo. Bli alō lu ke wogbã, eye wǫpǫ ʒogbũ do emea, woyǫ nę be: ema alo ab'loma'. Yovowǫ ke woblua woyǫ nę tśã be: ema. Agbleme eye bli miǫ na le. Agbletǫ edo bli, Mawu na be ji nę ja do eji, eye gbǫwe be ći na.

gbǫwe bis.

6. Ete.

Ete do na le gume. Agbletǫ pǫ n'ave tǫ na ʒo, eye be le na kitèkpo ćǫ na etea do na eme. Ebe miǫmiǫa, mućǫ agbletǫa gbǫ ña de wò, ekpǫ na ećĩ nu, vasĕdo ekeme Mawu tući do eji eye gbǫ pe bedona. Nę ebe kuwe doa, woho nę alō woku nę yi na ahǫĕ (alo ahǫme), gbaku jijǫ, ye woda nę du na.

kitèkpo Yamshaufen.

7. So.

Soa koji, eye be eñō ame ṅkume; ṅūse tsā le esi. Ebe asike 'didi, eye fu playa alo wuijra le eñūti. Eda na afokpo, eyiañūtia jaye le eñūti ñuē de, ne wom' gbalete gogoe wò. So sia du sēsīe; ebe numega wocō fio ne, be ne to dusime alo miōmemo, sigbe aleke mijro ene. Eso co na ame ejinoto alo agba, eye be do na keke tsā. So gie, ribo, ge, jē, ku ṅōṅōe.

sia laufen. — ejinoto, wörtlich: Daraufsitzmann.

8. Alēgbo.

Alēgbo eñi lā ke fa. Ebe fu le jējē, eye woyo ne be: kuntu. Abloći alēwo be fu ṅlo na ka lōa avokewo ho na asi sugbo (alō tsi sugbo. Alē du na gbe eye begbadu ne ʒevegoa. Wodu na alē be lā ye wocō na ebe agbaʒe wo na nu sugbo. Alēvi be lāme musē na ṅū wò, eye be fa tsā. Mudu na amewo, mutu na afo amewo, mupo na ame tsā wò. Ne mukpo noa wò a, edo na apa. Ameke kpoa alēwo ku wobe vinwo ji a, woyo ne be: alēñitu alo alējikpoto. Alējkpoto de le jiṅkući alo Manrume ke kpo na añigbaji ke yo na ebe alēwo ku ebe alēvinwo, ye befioa emo ñuē wo. Aleke woyo na alējikpoto hūa? Ameke woñi ebe alēwo ku ebe alēviawo ma?

tsi statt hotsi Kauris. — hūa dieser.

9. Asē.

Asē mulolo wò. Elā koṅkume ebeñi. Ebe ṅkuvi do na ṅoji na 'me ṅto; egō ku asike didi le esi. Ebe fēsunwo nu da na eye wole ne do na ga tsā. Ne wola gble le asē ṅ'tia, nakpo ñuē de le ebe fēsunwo ṅ'ti. Asē dua lā, eye be fi na tsā ṅ'to. Ne wogbana elē gbe a, elia na ati ji, ye be kpo na ame gbaku ṅku voē. Afinwo ku ʒātoewo be kēto beñi. Edo na eha do na home. Asē ñi lā ñuē, do enu ke ṅ'ti eñia, enu na afinwo le home.

do enu ke ṅ'ti eñia, wörtlich: abzumachen Sache, welche daran ist.

Heidenpredigten.

1. Sonntagsheiligung und Stellung zu Gott.

Noviñe ñuē, ṅućū ku ñōnu, ke wole fikea.	Lieben Brüder, Männer und Weiber, die ihr hier seid.
Muleji agblō ña de ne mi le Manru be ña ṅūti. Egbe ñi kwasida; mia yovowo mijyo ne be:	Ich wünsche zu sprechen ein Wort zu euch über Gottessache. Heute ist Sonntag; wir Weissen

Miapeto Mawu be ṅkeke. Miakpo bena miwo na do le ṅkeke ademe; le ṅkeke adekeamea eye mico wo na miabe ahomedo gbaku agbledo keṅṅ, eye le ṅkeke adadreame mico gbo na je miadokoe, eye miyo ṅkeke adadrea be ṅkeke ṅuẽ ne Mawu; ame de m'gbawo do deti le me wò. Sigbe aleke Mawu gblō le ebe womame, bena:

Ṅkeke ade nawo do, eye nawo wo nuwowo wo katã. Ṅkeke adrelea eṅe jujogbe na Jehowa wo Mawu la; megawo doadeke le 'me wò; wò ṅuto alo wò ṅuéuvi alo wò ṅōmuvi alo wò dolaṅúen, alo wò dolañōmu, alo wò lã, alo wò amejro si le wò agbo me la wò.

Mido to ne miase! Mado elo deka ne miase. Eloa ñi be: amegbeto do eta, eto, ṅkuvi, ṅoti, enu, abo, ata, eo bodo ṅuti la ṅuti eye evoa miña be enu kewo kpata ado wu nawo, eye mina nawo enu eye wodu na. Ne mim' nawo du wò a', ṅutila kpata jo tu na (alō: gbo jo na) eye ne wo nenga, ṅutila m'gbañō ne nu deti wowo wò.

Mawu na mi gbogboa? Mina nududu miabe ṅutilawo bene wom'gbaku wò: gbogbo ke le

nennen es: Unseres Herrgottes sein Tag. Ihr seht, dass wir Arbeit verrichten an sechs Tagen; in sechs Tagen arbeiten wir unsere häusliche Arbeit und Feldarbeit, und am siebenten Tage ruhen wir uns aus (miadokoe A. miadokui) und wir nennen den siebenten Tag den guten Tag für Gott; Niemand soll irgend etwas arbeiten an ihm. So wie Gott spricht in seinem Buche:

Sechs Tage sollst du arbeiten und alle deine Dinge beschicken. Aber am siebenten Tage ist der Sabbath des Herrn deines Gottes. Da sollst du kein Werk thun, noch dein Sohn, noch deine Tochter, noch dein Knecht, noch deine Magd, noch dein Vieh, noch dein Fremdling, der in deinen Thoren ist.

Leihet ein Ohr, damit ihr hört! Ich werde geben ein Gleichniss für euch. Das Gleichniss ist: Jedermann hat einen Kopf, Ohr, Auge, Nase, Mund, Arm, Bein, nimm zusammen den ganzen Körper, und dann wissen wir alle diese Sachen welche hungrig sind, und wir geben ihnen etwas und sie essen. Wenn wir ihnen nicht Speise geben, wird der ganze Körper schwach, und wenn es so geschieht, ist der Körper nicht gut, um irgend etwas damit zu machen.

Hat Gott uns nicht auch den Geist gegeben? Ihr gebt Speise euren Körpern, dass sie nicht mia mea de, nuka minang bena eya m'gbaku woa? Le ku megbea, nuke va na gbogboa ji? Ela va Manu gbo. Nuke Manu l'awo ku miabe gbogbo?

Mado elo deka ne miase. Eloa ñi be: Edumega de le ke siñku bekpo na nuwo keñkeñ ke amewo wo na. Eye evoa, ebe amewo dome to deka yi jiji, eye amega ña. Mibu na be, nu ñuẽ bewo? eye amega madoe ga alo aco ke, eye mibu na? Wö, wòla le sẽsẽ de. Evoa, mikpo ne miaña be Manu eñi ga wu'jiowo ku amewo l'añigba jiawo kpata, eye esẽ ñu wu gbogbo ke wole añigbawo keñũ?

Ebe ñku yiko be eo kpo na nuwo keñũ le didipe gbaku enu ke wole gume ku nu kewo kpata le ame be jime. Manu kpo na eye beña na vivitime nu kewo miwo na eye aleke mibu na mã? Ne miwo nuke n'deke ne ñi enu voča, mibu na ḥabena amega ke ñi edumega ga mateñũ ado to ne mi le miabe nu voẽ mowoa ñũti wó?

Ame dewo le, eye woawo bu na be: Wö, Manu mudo to ye wo, negbe yowo ko, mia ame

sterben: der Geist, welcher in euch ist, was gebt ihr ihm, dass er nicht sterbe? Nach dem Tode, was wird aus dem Geiste werden? Der geht zu Gott. Was wird Gott mit eurem Geiste machen?

Ich werde euch ein Gleichniss aufstellen. Das Gleichniss ist: ein Häuptling ist, dessen scharfes Auge sieht alle Sachen, welche die Menschen machen. Und nun, unter seinen Leuten Einer geht stehlen, und der Häuptling weiss es. Glaubt ihr, dass die Sache gut ist, welche er gethan hat? und dass der Häuptling ihn nicht in Eisen legt, sondern vergeben wird, so glaubt ihr? Nein, er wird ihn hart behandeln. Nun, ihr seht und ihr wisst, dass Gott grösser ist als die Könige und Menschen auf Erden alle, und stärker als die Geister, welche auf Erden sind alle.

Sein Auge ist klar, so dass er alle Sache sieht in der Ferne, und die Sachen, welche in der Erde sind, und alle Sachen, welche in des Menschen Herzen sind. Gott sieht und weiss im Dunklen die Sachen, welche ihr thut, und wie denkt ihr wohl? Wenn ihr etwas thut, dass es eine schlechte Sache ist, denkt ihr, dass der Häuptling, welcher ein grosser Häuptling ist, euch nicht beim Ohr fassen kann, wegen eurer schlechten Thaten?

Es giebt Menschen und sie denken: O, Gott leiht mir nicht ein Ohr, vielleicht den Weissen

yibowo la, mim'ñi nudewo nu na Manu wò.

Mabio mi ña deka se: Ameke wo ameyibowo? Manu! Ameke wo yovowo? Manu dekakoe! Miña be Manu dekakoe wo yovowo ku ameyibowo, votso migblo na be Manu muñõ na ameyibowo, negbe yovowo koa?

Mido to ñuẽ de! Ne Manu wo ame, yovowo ku ameyibowo la, mimuña be Manu ñi to na mia amewo kpata eye mia tsã miñi ebe viwo neneake?

Eto ñuẽ doa ñku ebe viwo ji tégbetégbe. Vito ke mule ñku do ebe viwo ñúti wòa, miayoe be: vito voẽ. Mibu na be, Manu ñi evito voẽ na mia amewoa? Ne miñi vi voẽ alõ vi trito na miato la, etsã l'añi to voẽ na mi neneake.

Mido to ne miase Manu be sè kewo bedo na miawo. Enu ke ñúti m'to ne mi nenea doa, amede wole miame l'agblo be: aleke mia subo Manu do, mim'ña esè de le eñuti wò. Mikpo da, ekea ñuti mule egblo wo na mi.

nur, wir Schwarzen, wir sind zu nichts nütze für Gott.

Ich werde euch fragen eine Sache zu hören: Wer hat die Schwarzen geschaffen? Gott! Wer hat die Weissen geschaffen? Derselbe Gott! Ihr wisst, dass derselbe Gott die weissen und schwarzen Menschen schuf, und doch sagt ihr, dass Gott nicht gut ist zu den Schwarzen, sondern nur zu den Weissen?

Hört wohl zu! Wenn Gott die Menschen schuf, die Weissen und Schwarzen, wisst ihr denn nicht, dass Gott ein Vater ist für uns Menschen alle, und wir auch sind seine Kinder ebenso?

Ein guter Vater richtet das Auge auf seine Kinder immerfort. Ein Kindervater, welcher sein Auge nicht auf seine Kinder richtet, den nennen wir: einen schlechten Vater. Glaubt ihr, Gott ist ein böser Vater zu uns Menschen? Wenn ihr seid böse Kinder oder ungehorsame Kinder zu eurem Vater, er auch wird sein ein böser Vater zu euch ebenso.

Leihet das Ohr damit ihr hört Gottes seine Gesetze, welche er giebt euch. Der Grund, dass ich so zu euch spreche, es giebt welche unter euch zu sprechen: wie dienen wir Gott, wir wissen nicht das Gesetz über ihn. Seht ihr, deshalb spreche ich jetzt zu euch.

Henrici, Ephesprache.

Mawu do nunato sugbo do da mi, ame kewo fio mi ebe ñawo, eye Mawu na mi gbe beng:

Miheyi d'awo dukowo katã n'ane ye nusrõlawo abaptiʒe wo ade ʃoʃo la kple vi la kpakple gbogbo kokoe la ʃe ñikoa me.
Ne mateñn ato ñawo kpata na mi egbe wò, evoa, miase vide le Mawu be sèwome.
Veve ke ne le Mawu be seamea, eye eñi ne: Mialõ Mawu ku amegbetowo kewo keñũ le ñũtila deka me, sigbe miawo dokoe nene. Ne mielõ Mawu ke ñi miatoa, ehũa mihoe se eye miwo ebe sewo ji. Mado elo deka ne mi. Eloa ñi be: Amede ʒũ ʒã le avesu gã dome. Eke be le yiyi ko le aveame, ekpo amede le añi mlo ʃe le moa ji, eye ajotowo ho ebe agba le eʃi eye edo abi eñũti. Eye abitoa de kuku na ñueu ke va le yria, gbe: Ne va kplo ye yi yebe koʃe, ñkeke ʃã e͕o e͕o ʃihe e͕o yi koʃeame. Eye amea bu be: edidi wu nu, eye gbegbe, egble abitoa da do moa ji.

Kpoda, Mawu do se ne mi be: miakpo ñũsisi na mia novinvo; ame ke jo yria, eñi ame voẽ, eye Mawu la adoa kpene.

Gott hat viele weise Männer zu uns gesandt, Männer, welche uns zeigen seine Sache, und Gott hat uns befohlen folgendermassen:
Gehet hin und lehret alle Völker und taufet sie im Namen des Vaters und des Sohnes und des Heiligen Geistes.
Ich kann nicht sagen alle Sachen euch heute, fertig, höret ein wenig über Gottes Gesetz.
Das schärfste (bitterste) in Gottes Gesetz, das ist: Ihr sollt Gott lieben und die Leute, welche ganz euch gleichen, ebenso wie euch selbst. Wenn wir Gott lieben, welcher unser Vater ist, dann gehorchen wir ihm und thun nach seinen Gesetzen. Ich werde euch ein Gleichniss geben. Das Gleichniss ist dies: Jemand geht nachts im dicksten Busch. Während er noch im Busch ging, sah er jemanden am Boden liegen auf dem Wege, und Räuber nahmen seine Last, und hatten ihn verwundet. Und der Verwundete bittet den Mann, welcher vorbeigeht, so: Komm mich zu führen zu meinem Dorf, einen halben Tag ist es von hier zu dem Dorfe zu gehen. Und der Mann denkt: das ist zu weit, und lehnt ab, und lässt den Verwundeten auf dem Wege.

Seht, Gott gab uns folgendes Gesetz: seht zu zu helfen euren Brüdern; der Mann, welcher fortgegangen, ist ein böser Mensch, und Gott wird ihn strafen.

Ekea eñi ña ke m'gbe m'agbo ne mi egbe. Le kwasida kéñumea mano gblo ña ne mi, eye miava ne miase, ne miakpla Mawu be seawo ne miawo do sewo ji, eye ne miatrọ̃ ʒu Mawu be viwo alo viseto gbe.

Fifiha migba ulo be m'o, ne miava kwasidawo keñume, miava ku miabe viwo ku mia họlọ keñu.

Eye Mawu ayira miape vava kple miape dodo la aʒo kple daśi. Amen.

Dies ist die Sache, welche ich euch heute sagen wollte. An jedem Sonntag will ich zu euch sprechen, damit ihr lernt Gott seine Gesetze, damit ihr ihnen gehorcht, damit ihr werdet Gottes Kinder oder gehorsame Kinder des Vaters.

Nun vergesst nicht, dass ihr jeden Sonntag wiederkommt; kommt mit euren Kindern und mit allen Freunden.

Und Gott segne euren Eingang und euren Ausgang jetzt und in Ewigkeit. Amen.

2. Allmacht Gottes und Ohnmacht der Götzen.

Noviñe ñué nucu ku ñonu ke wole fikea.

Migba va fikea de, ne miase Mawu ña. Egbe magblọ̃ Mawu be ñuse gã ñuti ña ne mi le miabe trọsubosubo ñuti.

Kpo da, Mawu wo añigba gbaku jiñuci ku ekpewo, etowo, atiwo, lãwo, amegbeto miña nenea?

Mikpo atiwo da. Ewo ñoji alo mukuña¹ sigbe aleke atiwo le miọmiọ ko ene?

Atiku vde eyo do gmne: eñuti le sigbe kpe ene; eye ati gã miọ co eme, eye be sẹ̃ kuwo fu.

Lieben Brüder, Männer und Weiber, die ihr hier seid!

Ihr seid heute wieder gekommen, um das Wort Gottes zu hören. Heute will ich sprechen über die grosse Macht Gottes zu euch und über eure Götzendienerei.

Seht, Gott hat geschaffen die Erde und den Himmel und die Steine, Flüsse, Bäume, Tiere, Menschengeschlecht, das wisst ihr doch?

Seht die Bäume an. Ist es nicht seltsam, wie die Bäume wachsen?

Ein kleiner Kern lag in der Erde; von aussen war er wie ein Stein; und dann wächst ein grosser Baum daraus und bringt viele Früchte.

Amakẹ na atiwo miũ na? Mawu ewo nẹnga! Mọ ka nu be na wo miũ le? Ena ebe eji ja na eye dọṅkuću-huna do wo ji. Ċo ekpe do gume, kpọ be ela miũ mã? Mawu muna ekpe be nẹ ba miũ ati wò: kpọ da, edo ebe se na ebe alomudowowowo le añigba ji. Mibu na be mudo se na mi amegbetowoa? Ẽ, edo se na mi, ewọa mimuñẹ nẹnga wò, eyea ñũti mićọ miabe munanawo wo wòsasa na abosã (alõ legba. Kpọ da! Mawu eñi tatọ na muwo keñũ le ḥeḥeme; eye ñusẹ le esi (seine Hand) wu abosã gbaku ahovi kpata kewo kplọ ame do. Mawu la te ñũ alé abosã gbaku gbesivọ (alõ ahovi) keñũ ado game eye wom'gbate ñũ awọ nuwọẽ de wò.

Nuka ñũti mićọ miabe nunana (alõ wòsasa na gbesivọ wo mã? Mado elo deka nẹ miase. Nẹ mido asigba ćo yi na Gbome sime, eye ne mito Tsevie mọ, efiḥe ne ajotowo le fu. Eye wono na vuwo pọ ko, wowu na dewo einige tśã, woḥọ na agba le wosi aus ihrer Hand). Nuke mila te ñũ wo, bene ajotọ m'gba wu mi ne be aḥo agbawo le miasiwo in euren Händen? Kpọ da, mipọ nu pọ na ajotọa, be: ye la ne ajo, be ne m'gbawum wò.

Wer lässt die Bäume wachsen? Gott thut so! Auf welche Weise lässt er sie wachsen? Er sendet seinen Regen, und seinen Sonnenschein giebt er darauf. Legt aber einen Stein in die Erde und seht, ob er wachsen wird. Gott hat nicht dem Stein befohlen, er lasse einen Baum wachsen: seht, er hat seine Gesetze gegeben für seine Schöpfung auf Erden. So glaubt ihr also, er hat den Menschen keine Gesetze gegeben? Ja, er hat euch Gesetze gegeben, aber ihr wisst sie nicht, deshalb gebt ihr euer Opfer dem Teufel (oder Göttern). Nun seht! Gott ist das Haupt für alle Dinge in der Welt; und er ist stärker als der Teufel und alle bösen Geister, welche dem Menschen folgen. Gott kann den Teufel und alle bösen Geister in Eisen legen, und sie können nichts böses wiederthun.

Warum bringt ihr also euer Opfer den bösen Geistern? Ich werde euch ein Gleichniss geben. Wenn ihr nehmt Marktlast, um sie nach Gbome Markt zu bringen, da kommt ihr durch Tsevie, wo viele Räuber sind. Und sie haben oft eure Leute geschlagen und auch einige getödtet, und haben ihre Last fortgenommen. Was könnt ihr thun, damit der Räuber euch nicht tödtet und eure Lasten fortnimmt? Seht, ihr könnt zu dem Räuber sprechen: ich will dir ein Geschenk geben, tödte mich nicht.

Ajotoa la ho mukewo le ašiwoa keṅ, eye emēgbea el'a bu be: eñō, ne amewo gbava dea, ye la wo voč do de, ne gbanae emu de. Kpo, aleke ajotola bu doa eke, eye be la wo emu voč wu ñkogbeto.

Ne woyi dumegãwo gbō eye mide kuku no, be woado alomi la, el'a le ajotowo eye mim'-gbakpo aya (Qual, alo fūkpekpe) de le mo ji wò. Amegã la do alo wò, ne miñi hōlō ñuč nea. Nenebe ña kea eye ke eñi le mumana (vōsasa na abosā le miabe gbesivoğwo ñūti. Wole de fū ne mi, eye mile ajo na ko wo. Eye wol'a bu be: ne yewo jijo fūdede na amewoa wom'gbana yewo ajo deti wò; eye wogbade fū ne mi de. Nuka ñūti mim'dekuku na mi amegã Mawu, ke si (Hand) ñuse wo kpata le bene ba do alo yewo mā? Nene mia yorowo miwo na ehū (so). Kpo, mim'wo na ebo (Fetisch) deti wò, gakea mile fūkpewo wu mia yorowo. Nenebe la ñi eyehū, be mila kpo fūkpekpea koe.

Mim'de na kuku na Mawu miatoa ameke l'ado alo mia wò, evoa, miyi na miato be keñtowo gbo. Kpo da, magba do lo bu ne mi. Evinwoto Kindervater de le, ke eviwo kpo na fūkpekpe fū čo keñtowo si Hand). Eye devia-

Der Räuber wird eure ganze Last nehmen, und dann denkt er: O das ist gut, wenn jetzt die Leute wiederkommen, will ich ihnen böse thun, damit sie mir wieder Geschenk geben. Seht, so denkt der Räuber und thut böse über das erste hinaus. Wenn ihr aber zu einem mächtigen Häuptling geht und ihn bittet, dass er euch hilft, dann wird er die Räuber fangen, dass sie euch nicht mehr quälen können. Aber der Häuptling reicht euch seine Hand nur, wenn ihr seine guten Freunde seid. Dieselbe Sache ist das Opfern für den Teufel um unserer bösen Geister willen. Sie senden euch Qual, und ihr gebt ihnen Geschenke. Und sie werden denken: wenn wir jetzt die Menschen nicht mehr quälen, werden sie uns keine Geschenke mehr geben; und sie quälen euch wieder. Warum bittet ihr nicht den grossen Häuptling Gott, welcher alle Macht in Händen hat, dass er euch helfe? So thun wir weissen Männer. Seht, wir machen keinen Fetisch wie ihr, und doch seid ihr mehr gequält als wir Weissen. So ist es, dass ihr immer gequält werdet. Ihr bittet nicht Gott euern Vater, der euch die Hand reichen (helfen) kann, sondern ihr geht zu des Vaters Feinden. Seht, ich werde euch ein anderes Gleichniss setzen. Ein Vater ist, dessen Kinder viel Beschwerde von ihren Feinden

wo woyina kentowo gbo, nana nawo. Evinrotoa mabiji be: mido eha Gesellschaft ku kentoñewo, eye mim'gbado to miatoa wo ma? Eye evinrotoa ele añami to le chome, eye be la gblo be: mijoé, ñe m'gba lũ mi wò. Ngneke Mawu wo na ku amewo eyehũ. Ne mim' de kuku ne miato Mawu deka koa, eye el' a gblo ne mi bena: Mijoé mim' gbañi viñewo. Le miabe kumẽgbea ne miabe kra nayi Mawu gbo, eye Mawu la gblo be: joé, ñe muña mi wò, wo muñi viñe wò. Eye abosã la ço kra ade fũne sigbe sã (erst) ene.

Eyañũtia mido to ña ke muto ne mia. Nufiolawo gbaku ebe vi Yesu Kristo ço ebe sea va na mi, eye Mawu to na mi be: »Ñe eñe Yehowa wo Mawu; megakpo Mawu bubuwo le ye ñkume wò.

Ekeañũtia mim' gba do gbe da ne gbesivoeñro de hũ wò, eye mim' gbanawo nu detiwo, bohũa vielmehr va gboñe kwasida tegbe, ne miado gbeda na Mawu ñe ku wo ich und ihr gbaku noviñe, bene miato Mawu na do alo mi ço abosã be ñũse keñ sime.
Miato Mawu ayira miape vava kple miape dodo la azo kple dasi. Amen.

haben. Da gehen sie zu den Feinden, um ihnen Sachen zu schenken. Wird der Vater da nicht zürnen und sagen: ihr haltet mit meinen Feinden zusammen und fragt nicht nach eurem Vater? Und der Vater stösst sie aus dem Hause, und er sagt: Geht, ich habe euch nicht lieb. So thut auch Gott mit den Menschen. Wenn ihr nicht zu Gott eurem Vater allein betet, dann wird er auch zu euch sagen: Geht, ihr seid nicht meine Kinder. Und nach eurem Tode, wenn eure Seele zu Gott gehen will, dann wird Gott sagen: Geh, ich kenne dich nicht, du bist nicht mein Kind. Und der Teufel wird die Seele nehmen und quälen, wie zuvor.

Darum leihet ein Ohr dem, was ich euch sage. Die weisen Männer und sein Sohn Jesus Christus haben uns Gottes Gesetz gebracht, und Gott hat uns befohlen: »Ich bin der Herr dein Gott, du sollst nicht andere Götter haben neben mir«.

Darum bittet nicht mehr die bösen Geister und gebt ihnen kein Geschenk, sondern vielmehr kommt alle Sonntag zu mir, damit ihr betet zu Gott, ich und ihr und meine Brüder, damit Gott euer Vater euch helfe aus des Teufels ganzer Macht.

Gespräche.

1. Verkehr mit Bediensteten.

Komm her!	va fihe!
Wo warst du?	fihe wole? — fih' wo ẹo?
Wo wart ihr?	fihe mile? — fihe mí ẹo?
Ich war auf dem Hofe.	mule kpame.
Ich war auf der Strasse.	mule dumọ gã ji.
Wo ist Kuevi?	fike Kuẹvi le?
Da ist er!	ele fihe (funo)!
Was ist da auf der Strasse?	nuke le du mọ gã ji?
Viele Leute.	amẹwo sugbọ.
Ein Wagen.	Keké (keke deká).
Bring mir meinen Rock.	ẹ̀o jiwuña va nam.
Bring mir meine Hose.	ẹ̀o ape atawuwo.
Bring mir meine Weste.	ẹ̀o ape weskot.
Bring mir meine Stiefel.	ẹ̀o afokpaña.
Bring mir meine Pantoffel.	ẹ̀o homafokpáña (Haussasandalen sind tokotá).
Bring mir meine Strümpfe.	ẹ̀o afowúña.
Bring mir mein Hemd.	ẹ̀o kamiẓáña.
Bring mir meinen Hut.	ẹ̀o kukúña.
Bring mir meinen Helm.	ẹ̀o kukugáña.
Bring mir meinen Mantel.	ẹ̀o ape jiwugã.
Wo ist er?	fih' ele? — fika ele?
In der anderen Stube.	ele hodeame.
Bring mir Waschwasser, Handtuch und Seife.	ẹ̀o esilelé ku papahũ gbakudo ajãli va nam. (papahũ, aus Ga und Fanti: papa reinigen. hũ Körper. — Seife auch afoku, adí, tañãnu, letzteres gleich Kopfwaschsache).
Es ist noch kein Wasser da.	eci deti mule wò.
Dann geh schnell und hole was.	de blá kába na ji de nam.
Der Topf ist zerbrochen.	ẓea egbã.
Dann nimm den Waschnapf und hole Wasser darin, oder in einer Kalabass.	ehũa ẹ̀o mefugba nam, ẹ̀o ku ci va nam, alo etréme.
Das Wasser ist ja so schmutzig!	ecia podi ùtọ (= ñũtọ sehr).
Ich konnte kein besseres finden!	ñe megbakpo ñuẽ deti wò.

Gut, aber sage dem Koch, dass er es zum Thee filtern soll.

Trockne das Handtuch und lege es mit der Seife in den Koffer.

Gieb mir den Kamm und Spiegel.

Bring mir die Dinte und Feder.

Ich kann sie nicht finden.

Das Schreibzeug steht auf dem Schrank.

So, du kannst gehen. Aber ruf den Koch, er soll mal herkommen.

Was machst du zum Frühstück?

Reis und Thee.

Ist Huhn da?

Ich konnte keins bekommen, sie waren alle zu klein und zu teuer.

Dann röste noch etwas Yams.

Ist das Frühstück fertig?

Ja, nur der Yams noch nicht.

Bring mir Messer, Gabel und Löffel.

eñǒ, ehña to ne kukua 'nudato) bena ne çyò eçia çǫ wǫ tia.

çǫ papahũa sia na çǫe ku ajália do adakame.

çǫ ahiya (A. yidá) gbakù (A. kple) apipie (A. ahũhuę) va nam.

çǫ womaçia ku womañlǫtia va nam.

ñe mateñũ kpǫe wò.

womañlǫnuawo le kǫba ji.

eñǒ, yi kú. Yǫ kukua va nam.

nuka miadu ñdé (A. ñdi) kāñēkea bald, früh. A. kānā Dämmerung; ke ist Demonstrativ).

emǫlu (A. mǫli) ku ti.

koklǒ de m'lea (a interrogativ, gleich mā, mahā).

wò! ñe mateñũ kpǫ de wò. ke wolea viviwue, evǫa evé (auch vévé teuer) wu nu.

do eté ekpome (lege Yams in den Ofen). — çǫ te na me le ʒome (ʒo Feuer, me rösten A. jo). — ehũa me (röste) te nam (te meme gerösteter Y.; te tǫtǫ oder nur koliko in Oel oder Fett gebratener Y.; te dada gekochter Y.; te fǫtǫfǫtǫ geriebener, gestampfter Y.).

ñdé kañē nududua ésogbe vǫa?

ĕ, etea mubi hade wò (bibi fertig gekocht; etea bi der Yams ist fertig gekocht; etea bi vǫa? ist der Yams fertig gekocht?).

çǫ kakláa, faka ku gati va nam.

Du hast das Salz und den Zucker vergessen, und Messer und Gabel sind schlecht geputzt. Ich bestrafe dich mit 3 Pence von deinem Lohn.

Der Koch soll mir noch Kakao machen.
Du kannst den Tisch abräumen.

Was haben wir zum Mittag?

Weisse Bohnen; es ist ein Mann da, der ein Schaf verkaufen will.

Wieviel soll es kosten?
Er sagt, er will 8 Schilling haben, aber das ist zuviel, es ist nicht fett.
Sage dem Mann, er soll herkommen.
Was willst du für das Schaf haben?
Acht Schilling.
Ich werde dir 4 Schilling geben.
Nein, mehr gebe ich nicht.
Wenn sie mir 7 Schilling geben, will ich zufrieden sein.
Nein, nimm die fünf Schilling, fertig. Willst du es nehmen oder nicht?
Wollen sie mir nicht noch Sixpence draufgeben?
Hier nimm noch Sixpence, fertig.
Koch, ist das Schaf gut für 5 Schilling 6 Pence?
Ja, es ist gut.

moñlo bé eji gbaku sukléa dea; kakla ku fakawo mututiwo (sie) ñuẽ dé wò.
made katōgavi to le fẽtuwoá me (to-me von; fẽtu Lohn; wo dein; a Artikel).
kukua ŋewo koko nam.
fo (aufheben, auflesen) nuwo le kplōa ji. — de (éo) nuwo le kplōa ji.
nuke le miadu ṅdoṅkućume? (Abend figsi.)
kpakpakui (ayı ist die kleine rotbraune afrikanische Bohne); ame dé mu le fiha l'asa (sa verkaufen) alẽgbōa (Ziege gbogboa).
ŋene (mã?
ebe la, ho (nehmen silin ñi; évé (teuer wu nu (übertrifft Sache, »zu«). m' d'ami wò.
to ne amga ne va.

ŋene wola sa gbōa?

Siliñ ñi.
Manawo siliñ eng, wò! ñe megbana de kpe hũ wò.
ne wonam siliñ adre, maho.

wò, ho siliñ atō, evo. wola ho ŋenga lo, alo wògbe?

éo kadẽga (A. katōge) kpe nam?
ho kadẽga kpe, evo.

kuku, egboa eñō l'aho siliñ atō ku kadẽga?
ẽ, eñō ŋene.

Soll ich es gleich schlachten?
Ja, und mach zum Mittag noch die Leber und für mich den Brägen.
Zu den weissen Bohnen nimmst du ein gutes Stück Fleisch und zum Abend koche eine Keule.
Haben wir noch Brot?
Ein kleines Stück, für heute ist es noch genug.
Dann backe heute Abend wieder. Nimm aber Eier dazu.
Jawohl!
So, nun kannst du gehen.
Halt, bleibe noch. Sind keine Bananen, Ananas, Kokos oder Apfelsinen zu haben?

Ich will in die Stadt gehen und sehen.
Gieb mir ein reines Hemde aus dem Kasten.
Sage dem Waschmann, er soll heute noch waschen.
Gieb mir meine weissen Hosen und weissen Rock.
Hier sind sie.
Gut und nun meine langen Stiefel.

Ich habe sie noch nicht geputzt.
Mach schnell und putze sie, ich will auf die Jagd gehen.
Aber wichse sie nicht, sondern schmiere sie.
Sehen Sie, die Stiefel sind hier zerrissen.
Thut nichts, heute wird es schon noch gehen.

mảwui ꝣe deka?
ẽ, ćo agóa da ṅdoṅkućù nududu; ćo ahōhōa da nam.
ćo lā ñuē de da ayi dećia nam; fićšia na da atá nam.
akpono de lea?
vide le ke lea, el'a su mia nu egbe.
wo akpono bu de ne fićši, na dome kokloꝣi.
ẽ, msi!
eñō, yi ko.
To te! wol'a kpo akodua, blafuṅme (aus Ga blofoṅme, blofo Europäer. ṅme Nuss), yovone (yovo A. yofu) alō yovoṅti ple nam mā?
mádi sa le gbame.

ćo kamise ñaña le adakame nam.
to ne nuñato ne ñanu egbe.

ćo ape atawu ġea ku kōtu ġeña va nam (ġe = A. ġi).
wawe eke.
Eñō, evo: ćo damaduaḣovinya va nam. (Seltsamer Ausdruck für lange Stiefel; wörtlich: Schlange wird nicht beissen einen Prinzen).
ñe mututui hade wò.
wo kaba na tutuwo, mayi adégbe.
m' gbasi ꝣeyi (blekiṅ) ne wò, ćo ami na ši nawo.
kpo, afokpa eꝣẽ (A. je).

mu wo nu de wò, eñō ne egbea.

Sage Atiogbe, er soll mit mir kommen und die Patrontasche und Büchse tragen.	lo ne Atiogbe ne va miyi, ne va do tukpedaka ku tua.
Hier, stecke diese Patronen in die Patrontasche.	kpo, do tukpe keawo tukpedakame.
Alles fertig? Dann wollen wir gehen. Koch, um 12 Uhr Mittagessen.	evoa? ehūa miayi. kukua, da mudadua ga weve.

2. Begrüssungen.

Die Häuser haben gewöhnlich keine verschliessbare Thür, sondern es wird, wenn Niemand darin ist, eine Matte vorgestellt; ist Jemand anwesend, so steht das Haus ganz offen. Der Besucher bleibt zunächst draussen und ruft:	agō!
Antwort:	ame!
Am Morgen grüsst man:	A. wodō (wenn es mehrere sind: midō) ñuē déa.
	B. dō ñuē ele tō! ahome towo de?
	A. ele (wole)! devinvo dōa.
	B. wodō!
	A. srōwo dō?
Antwort:	B. wole.
Ich komme dich (euch) zu grüssen.	m' va be madogbe nami nawo).
Gut!	eñō.
Wo ist deine Frau?	fiha srōwò le?
Wo sind deine Kinder.	fihe vinvowò le?
Sie sind ausgegangen.	woeyi gbame oder: wojo).
Ich habe dich lange nicht mehr gesehen?	ñe m' gbakpowò kpowo.
Bist du krank gewesen?	dole kowò lea? kowo deine Seite).
Wie geht es dir?	aleke wole do?
Geht es Dir jetzt besser?	ekademe noa?
Ja, es geht mir besser.	e, ekademe nam.

Ruf deinen Vater, ich habe ihm etwas zu sagen.
yo towo nam, magblǫ ña ne.

Ist er zu Hause?
ele apea mea?

Ich komme dir mitzuteilen, dass ich in 14 Tagen in das Innere gehen werde.
m'va be mato nawo bena kwasida eve m'gbea maỹi gbeme.

Warum hast du mich nie besucht?
nuka ñuti womʾva na va kpǫm?

Du musst mich wieder besuchen.
newoa (nachher) va na va kpǫm.

Meine Brüder lassen Dich grüssen.
noviñewo biǫwo pã. Oder: noviñewo be madogbe nawo.

Mittagsgruss:
A. nę lò.
B. nę go tō. ahǫme tǫ de?
u. s. w.

Nachmittags:
A. wale lo.
B. wale go tō. ahǫme tǫ de?
u. s. w.

Abends:
A. fiẽ nawo lò.
B. fiẽ go tō. ahǫme tǫ de?
u. s. w.

Beim Eintreten, wenn die Leute essen:
A. aši le kame na wo (na mi) lo.
B. yo, va kpǫ mi lo.

Gruss an Arbeitende.
A. dǫnǫ, dǫnǫ
B. yo, dǫ na go tō. Oder: weñi (= wo eñi, du bist) dǫ tō! (wörtlich: du bist der Arbeit Herr).

Abschied bei Tage.
A. m'va kpǫ mi da. Oder: m'yi ahǫme.
B. ćǫ de ahǫme ñuẽ de.

Abschied bei Nacht.
A. dagbe lo!
B. yo, eỹi kekesi.

Gruss, wenn man über Land geht.
A. Einer: muỹilo! Mehrere: miỹilo!
B. ćǫ de lò. An mehrere: mićǫ de lò.

Bei weiten Reisen.
A. muỹi magbo lò.
miỹi miagbo lò.
B. ćǫ de ñuẽ de lò.

Auf dem Wege.   A. *wezã* (du gehst daher).
 B. *jò, towo gbe de.*
Ist es noch weit nach Sebbe? *Zebe gba didia?*
Nein, nicht weit. *wò, mudidi wò.*
Sind wir hier auf dem Wege *Zebe mo ekea?*
nach Sebbe?
Nein, du gehst falsch. *wò, wobu mo.*
Bitte, zeige uns den Weg. *m'da kpeno, fio mo mi.*
Ich will euch den Weg zeigen. *mafio mo mi.*
Geht immer gerade aus. *mitó ṅkogbe moa tututu ne miayi (ṅkogbe* vorwärts).

Kommt mit mir. *va mi, mafio mo.*
Es zweigt sich kein Weg ab. *moa muzẽ ve (= eve* zwei*) wò.* Oder: *mo deka koé.*

Vielen Dank! *dono, dono.* Oder: *wodo kakaka.*

3. Vom Tischdecken.

Decke den Tisch. Deckt den Tisch. *do kplõ. mido kplõ.*
Habt ihr schon gedeckt? *mido kplõjivo voa?*
Nimm die Tischdecke fort, sie *de avoa jo le ji, epodi.*
ist schmutzig.
Lege eine andere auf. *ćo bu do ji.*
Es fehlen die Teller. *ekpo to agbawo.*
Du hast die Gläser vergessen. *woṅlo glasewo be.*
Hole Wasser. *ji ku ći va.*
Hole heisses Wasser. *ji ku ći zozo va.*
Ist das Essen fertig? *mududu sogbe voa?*
Bringt es herauf. *mićo va ji.*
Rufe den Hausherrn. *jo apeto va.*
Kommt er? *egbona mã?*
Er kommt. *egbona.*
Geh herum und warte den *ćo mududua to amewo ji to*
Herrn auf. = umhergehen).
Nimm die Teller fort. *ćo agbawoa jo.*
Macht die Sachen rein. *miklo nuawo.*
Kalt Wasser ist nicht gut, nimm *ći fafa muṅõ, ćo zozo kloe*
heisses. (es zu reinigen).
Trockne die Gläser, sie sind *tutu glasewo ṅuti, ći nu le*
noch nass. *woṅuti.*

Stellt sie in den Schrank.	miɖo do kobame (oder drome). Beides Fremdwörter: koba = Koffer; dro, engl. drawer).
Macht schnell.	miwo kaba.
Der Krug ist zerbrochen.	eʒea egbã (ʒe ist Topf; Krug eigentlich ɖinukphu).
Er tröpfelt.	eʒea le dudu.
Der Krug ist voll.	ʒea do (dodo = voll) oder ʒea eyo.
Der Krug ist noch nicht voll.	ʒea muyo hade wò.
Er läuft über.	edo le ko do añi (edo ist voll, ko ausgiessen).
Er kocht über.	ɖia fio le yi ʒome (ins Feuer).
Der Rest ist euer.	eke kpotoa miatoe.
Hebt dies auf.	jira ekea do.
Wirf es fort, es ist verdorben.	ɖo da gbe, egble.
Teilt es unter einander.	Mia ńto (unter euch) mime.

4. Im Haushalt und in der Küche.

Wo sind die Burschen?	fihe deviwo le?
Sie sind unten.	wole añigba.
Macht die Betten.	midò abawo.
Habt ihr das Schlafzimmer schon gekehrt?	mikplo hodomeame woa.
Nein, wir haben es noch nicht gekehrt, wir haben das Studierzimmer gekehrt.	wò, mim'kploe hade wò, mikplo womańlo home wo.
Hänge die Kleider hinaus (an die Veranda-Posten).	ɖo awuwo ku ji le hihenu (abranda tiwo ńńti).
Bürste sie.	kplowo ńńti.
Hänge die Decke zum trocknen über die Veranda hinaus.	ɖo kuntua sia do abranda ji.
Wichse die Stiefel.	tutu afokpawo.
Trockne die Stiefel.	sia afokpawo.
Fette sie ein.	si ami nawo.
Bürste die Schuhe zuvor.	Kplo afokpawo ńńti gbohoe.
Sie glänzen nicht.	womudi wò.
Hänge die Schlüssel an die Wand.	ɖo sáfewo ku gli ńńti.
Hänge sie in den Schrank.	ɖo do drome (kobame).

Morgen müsst ihr das Esszimmer aufwischen.	eçoa na kplo nududuhome.
Hast du verstanden (habt ihr verstanden)?	ṁole sea (misea)?
Hole frisch Wasser.	ji ku ći fafa va.
Dieses hier ist schmutzig.	esia blu.
Giesse es fort.	ćo kõ gbe.
Tauche den Lappen in Wasser und ringe ihn aus.	ćo avga do ćime ne nafić.
Sieh, du machst es nicht gut, mach' es so!	kpo, ṁom'ṁoe ñuẽ de ṁò, ṁoe do aleke.
Reinige die Waschbecken.	klo mefũgbaṁo.
Die Uhr steht.	homega (Stutzuhr) to te.
Schlaguhr.	gapoṕo.
Ziehe sie auf.	na ke!
Wieviel Uhr ist es?	ga nenemã? ga nenemekea?
Es ist zwölf Uhr.	ga ṁeve me.
Wischt den Staub ab.	kplo huhũa (A. pupui?) le nuaṁo ṅuti.
Es ist alles staubig.	nuṁo kpata podi.
Kehre die Spinngewebe fort.	kplo yedoṁo jo.
Ueberall sind Spinngewebe.	afiaṁo kpata ku yedo.
Giesst Oel auf die Lampe.	do ami kanegbeame (der Behälter).
Zünde die Lampe an, es ist dunkel geworden.	su kanga (kadea) viviti do.
Zwei Lampen sind zu viel, lösche jene aus.	kane ameveaṁo eṁu nu, ji (lösche aus, auch tśi) deka kea.
Bringt Wasser in das Badezimmer, ich will ein Bad nehmen.	ku ći do ćilehome, malé ći.
Hast du schon ein Bad genommen?	ṁolé ći voa?
Nein, noch nicht.	ṁò, ñe mulé hade ṁò.
Die Kommode ist zerbrochen.	koba egbã.
Sage dem Zimmermann, dass er sie machen soll.	to ne atikpatoa, ne ba jela do.
Er macht gerade den Tisch und zwei Stühle.	ele kplõ ta ko, ku ʒikpe ve (ablegro ve) gbope (gerade).
Gut, dann soll er sie morgen machen.	eñõ, eçoa (morgen) ba ṁoe.

Stelle das Bett auf die Veranda, es ist zu heiss hier.
Sieh mal, der Spiegel ist ganz schmutzig.
Nimm die Bilder von der Wand, ich will das Zimmer streichen.
Hast du schon die Küche gekehrt?
Warum hast du es nicht gethan, habe ich es nicht gesagt?
Spalte Holz.
Hast du schon Holz gespalten?
Ist das Holz dürr?
Nein, es ist noch grün.
Brennt das Feuer?
Hast du schon ein Huhn geschlachtet?
Schlachte zwei Hühner.
Tauche sie in heisses Wasser und rupfe sie.
Nimm eins, die Suppe anzurichten, brate das andere.
Schäle Yams und schneide ihn in Stücke.
Koche ihn.
Wenn der Yams weich ist, stampfe ihn.
Mache Fufu.
Sie sind beim Yamsstampfen.
Koche diese fünf Eier, aber nur halb hart.
Das Wasser siedet.
Kocht das Wasser?
Mache eine Palmölsuppe oder einen Fufu dazu.
Mache Fetri (Oklu-) Suppe.
Thue Maismehl hinein.
Thue etwas Pfeffer hinein.
Vier Schoten sind genug.

ćọ aba da do abranda ji, fike jeʒo akpa (ńtọ).
kpọda, aṗiṗie eṗodi ńtọ.

de amẹdewo jo le gli ńuti, mași ańọ Farbeˋ do họame.
wokplọ nudaṗea vọa?

nuka ńuti womuwọẹ wò, ńe mutoe na wò sã (zuvor).
ʒō nãkea.
woso nakea vọa?
nakea ṗua?
wò, ele mũmũ.
ʒoa le biã?
wowu kokloa vọa?

wu koklo eve.
ćo do ći ʒoʒome, nẹ n'dbọ fua le ńuti.
ćọ deka ṗo dećí, n'átọ deka kpọtća (übrige).
kpa te na soe wliwliwi.

daɛ!
nẹ tea bọbọa, na toe.

to fufu.
wole to fufua.
da kokloʒi atọ̃ kea fã ku fã.

ćia ele fiọfiọkọ.
ćia fiọa?
ṗo de dećí alo na to fufu kui.

ṗo fetri dećí.
da wokume do ńuti.
do yebése vide eme.
yebeseku eŋ eñɔ̃ vọ.

Die Suppe von vorgestern war gut, mach dieselbe wieder.	deći ńićotoa eñō ńto, gbada eyeake.
Hacke das Fleisch.	so lã wlunlunlui.
Mache Kakes.	to (brate) tatali.
Koche Reis mit Kurry.	da molu ku curry.
Mache Reisküchlein.	to molu tatali.
Nimm fünf Eier und mache Pfannkuchen.	ćo kokloʒi amatō na to pankéke.
Das Fleisch ist nicht weich.	lã m'bobo wò.
Das Fleisch ist nicht gar gekocht.	lã m'bi wò.
Der Reis ist verbrannt.	molua éfiñ.
Zerreibe Pfeffer.	tu yebesea.
Röste Mais und mache Mehl.	to bli na tu wo,
Röste Kaffee und mahle ihn.	to kafe na tui.
Mach Kaffee — Thee.	wo kafe — ti.
Morgen backe Brot.	ćoa nawo akpono.
Hast du (europäisches) Mehl?	yowo wo le aśiwoa?
Komm, hole Mehl und worfle es.	va, ho wo, na fu.
Oeffne das Fass.	hũ (A. pu) kplikpã.
Nimm drei Eier und etwas Milch dazu.	ćo kokloʒi etō ku anōći vide bo de ńti.
Oeffne diese Milchdose.	hũ anōći ganua.
Geh und kaufe Sauerteig.	yi ple ma pãpã (Mehl saures A. mo va nam.
Wenn du den Teig anrührst, rühre tüchtig, damit das Brot aufgeht.	ne wole blu ma, blui ñuẽ de, ne ab'lo nehua.
Ist der Teig aufgegangen?	enua muhũa?
Hast du Feuer im Ofen gemacht?	wodo ʒo do kpoame voa?
Ist der Ofen heiss?	kpoa jeʒoa?
Dann schiebe das Brot hinein.	do ab'lo kpome.
Lass es gut ausbacken.	ne bi ñuẽ de.
Warum habt ihr die Kochtöpfe noch nicht gewaschen? Es ist schon spät.	nuka ńuti mimuklo mudaʒea wome wòa? game di vo.
Die Pfanne ist auch schmutzig.	enutogba tśa (A. hã) podi.
Wo sind die Teller?	fihe agbawo le?

Messer, Gabel, Löffel, Tasse, Schüssel, Salznapf.
Wo ist die Kakaobüchse?
Ich habe sie in den Kasten gestellt.
Ist der Backofen schon geheizt?
Er ist eingefallen (zerbrochen).
Dann baue ihn noch heute.
Ich denke, ich mache erst die Dreifüsse, sie sind alle zerbrochen.
Brot ist heute noch genug da.
Haben wir noch Fisch?
Nein, aber ich kann welchen von einem Fischer kaufen.
Was machst du zum Mittag?
Was du willst: Huhn, Schaf, Ziege oder Ferkel, es ist noch Zeit genug zum Schlachten.

Antonio hat auch ein Rind geschlachtet, ich kann davon kaufen.
Gut, schlachte ein Schaf und brate die Keule, aber nicht zu scharf. Zum Abend mache Hammelsuppe mit Reis und brate die andere Keule.
Morgen früh die Rippchen; alles übrige behaltet selbst.
Ich danke. Aber es ist nur noch wenig Salz da.
Ich habe schon bestellt; morgen kommt neues bringen sie).
Zucker und Pfeffer auch?
Sie brachten dieselben soeben.
Hast du noch Eier?
Nur noch fünf.
Das ist genug, mache für Herrn N. einen Eierkuchen. Und morgen vergiss nicht Palmwein zu kaufen, wir müssen Brot backen.

kakla, faka, gati, kplu, klisivi, jegbavi.
fihe kakoganua le?
m'ćǫ do adakame.

kpoa jezoa?
ab'lokpoa egbã.
ehũa wǫ bu egbe.
m'bu na be, mawǫ adokpowoa gbopẽ (zuvor) wokpata wogbã.
akponǫ sugbǫ le egbe.
elã gbale miasia?
wò, maple de le dǫtǫ asi.

nuke da wǫ le ńdǫnkućume?
nu dekpekpe ke wojuro (A. jiro, von ji Herz): koklo, alẽgbǫ, gbogbǫe alö havi; vovo fü ele na ćǫ wuwo.
Antonio wu ñia, maple (bei Flüssigkeiten je) de le me.
eñõ, wu alẽgboa, na me (röste) ata (Keule, eta Kopf), m'gafiõ wò (verbrenne nicht, A. fiã). fiẽsia napo gbodeći ku mǫlu, na do ata kpotea kpome.
ćǫ ńdékañe da hadaputiwo nam; miañ'tǫ mićǫ kpotea.
dono, dono. kpotǫ (gbotǫ) vide je la vǫ.
mudǫ dé vǫ (do senden nach); ećǫa wola hẽ bu va.
sikle ku yebese tsã?
wohẽ woawo va vǫ.
koklozi de lea (de gbalea)?
woam atõ ele.
eya 'ñõ; to pankeke na apetǫ N. ećǫ m'gbanlo be deha jeje wò, miawo akponǫ.

Ich habe ihn schon bei einer Frau in Duive bestellt.
Mach mir eine Tasse Thee. Doch es ist heiss, mach mir ein Glas Limonenwasser und gieb mir eine Apfelsine.
Es ist keine mehr da.
Auch keine Bananen (Pisang)?
Nein, aber Ananas.
Gut, bring mir Ananas.
Du kannst uns heute zum Mittag eine Ananassuppe machen.

Mit Mehl oder Reis?
Oeffne ein Tin Gemüse.

Ist denn noch Rotwein da?
Ja, eine Flasche, aber noch zehn Flaschen Weisswein.

Oeffne eine Flasche, hier ist der Korkzieher.

mudo Duive ñonua vo.

wo tikopo deka nam. wò ejeʒu wu nu, ku ći nà fiǒ (pressen) ñuti dome nam, ćo yovoñuti va nam.
evo de m'gbale wò.
akodu mulea? (amadã).
wò, blafuñme (blafugbe) ele.
eñõ, ćo blafuñme va nam.
ṕo blafuñme ʒugbo (Brei) nam ṅdoñkućume (getrome Nachmittags).
maćo wopoea alõ emolu?
hũ ganua deka na de agblenukua de nam.
vẽ jič de lea?
č, abodiabo deka, Hok abodiabo ewo ekpoto (abodiabo aus dem Ga und Tschi, abodiamo Fremdwort, entstellt aus bottle. So heisst nur die runde Flasche; die eckige, z. B. Ginflasche, ist atuñkpã, gleichfalls aus Ga; Tschi atumpañ).
hũ abodiabo deka, ho (nimm) ahahũnua (aha Schnaps, hũ öffnen, nu Sache).

5. Von der Zeit und Alter.

Wieviel Uhr ist es?
Acht Uhr.
Achteinhalb Uhr.
Es ist gerade Mittag — Mitternacht.
Es ist zehn Minuten vor drei Uhr.
Es ist zehn Minuten nach drei Uhr.
Die Uhr geht eine Stunde vor.

ga nenemekea?
ga ñime.
ga ñiku fã.
we do ta (A. ǵe do ta) — ʒã dome.
ekpoto miniti amewo ne ga tǒ napo.
epo ga tõ toñti miniti amewo.
ga debla to ñti gapopo deka.

Die Uhr geht eine Stunde nach.	ga tsiṅgbe gapopo deka.
Wie lange wirst du in N. bleiben.	ṅkeke (Tage; pe Jahre) nɛnɛ wola no N me ho?
Drei Wochen, vielleicht komme ich auch schon in 16 Tagen zurück.	kwasida tũ, alõ matro ṅkeke wuiade gbe.
Komm schnell wieder, in einem Monat will ich selbst in den Busch gehen.	gbo (tro gbo kaba, wetri dekamea ñe ṅto m'gbayi gbeme.
Wie alt ist dein Bursche?	aleke vivoa be (A. pe) nonome l'anũ (anũ ungefähr).
Er weiss es selbst nicht.	yeṅto muñe wò.
Das ist ja ein richtiger Buschmann.	eñe peme ṅto.
Ist heute Vollmond?	wetria ekpeka egbea?
Nein, ich glaube übermorgen.	wò, m'bu habe (bena) ñiço.
Der halbe Mond war vor fünf Tagen.	wetria mãme ṅkeke atũ vo.
Wann geht der Mond heute auf?	walebɛ kɛ wetria to egbea?
Drei Stunden nach Sonnenuntergang.	eto gapopo tũ tete weyiho.
Der Mond steht schon hoch am Himmel, wenn die Sonne untergeht.	wetria le ji gbope we yi ho.
Welcher Stern ist das?	wetrivi kɛ hũa?
Der Abendstern.	fioku manofiotepe (wörtlich: der König stirbt, ich werde sitzen auf seinem Platz, d. h. der Stellvertreter des als König der Nacht gedachten Mondes).

6. Vom Wetter.

Sieh einmal hinaus, wie das Wetter ist.	kpo hiḥeame da be aleke ele.
Es ist kalt.	avivo le.
Es ist heiss, aber die Wolken ziehen sich zusammen.	fifio le, lili wo le bobo wo.
Glaubst du, dass es regnen wird?	wobu na be je la ja?
Nun vielleicht, ich weiss nicht.	ẽ, ele añi nɛnɛama, ñe muña wò.
Das Wetter ist klar.	Hiḥeame ku.

Wenn es bis vier Uhr Nachmittags nicht regnet, dann wird es schön Wetter bleiben.
Aber sieh, das wird ein Gewitter: hörst du den Wind?
Ja, er kommt von Süd.

Giebt es hier Gewitter, die von Nord kommen?
O ja, das sind die schlimmsten. Häufig kommen sie von Süd und kommen dann von Norden wieder zurück. Von Ost und West haben wir selten Regen.
Es ist sehr heiss hier im Zimmer.
Oeffne die Thür und dies Fenster, das andre mach zu, damit der Staub nicht hineinkommt.
Wann fängt der Harmatan an zu wehen?
Im nächsten Monat, vielleicht schon am Ende dieses Monats.

Ein Gewitter zieht auf.
Der Wind bläst stark.
Herr, die Flaggenstange ist gebrochen.
Es blitzt.
Der Blitz hat eingeschlagen.
Hier in der Nähe?
Ja, dort in den grossen Baum, er ist ganz zersplittert.

ne je muja kaka ćo na ga neme woa, ele añõ.

kpo da, egbo na gbedegbe: wose aya be (A. pe) popoa?
e, egbo na ćo apume (eigentlich Seeseite, nach der Lage von Epheme, Epheland. Norden ist epego, Süden apugo, Osten (Sonnenaufgang) weʒepe, Westen wedoho.. Die Zwischenrichtungen sind im An. noch ohne Namen).
Ejidegbe ćo pego egbo na.

e, eye (das) se na nū.
sugbo ćo na apume (alo apugo), gbagbigbo na ćo na pego. eji ćo weʒepe alo wehopea muja na mi sugbo.
hoame jeʒo.
hū hotrua ku fesre kea, tu fesre deka kpotea, ne huhū m'gbava hoame wo.
walebe ke bahhue la to?

wetri deame, alo wetri ke le jia kukume (des Mondes, welcher oben ist beim Tode. Nach afrikanischer Vorstellung stirbt der alte Mond, und der Neumond ist ein wirklich neuer Mond).
jidegbe egbo na.
aya le po sese de.
apeto, aflaga tia ne.

ele de ʒo.
hebieso je nu.
mudidi le fihea?
e, le ati gã hūa ji, eja atia keṅkeṅ.

Es donnert.
Warum fürchtet ihr euch vor dem Donner? Der Donner kann nichts mehr anrichten.
Es ist nebelig.
Es wird wieder klar.
Wir werden schönen Mondschein haben, heute ist Vollmond.

edegbe gr......
nuka ńti mi le võ jidegbea do? Mateńũ wo ńdeti wò.

ahũ tutu.
hiheme ko.
wetria di ñuĕ de, egbe wetria kpeka.

7. Stadt. Haus und Hof.

Agbaladome ist eine grosse Stadt.
Ja, und die Strassen und Plätze sind weit. Sich den grossen Baum mitten auf dem Platze.
Dort halten sie ihre Palaver ab.

Wer ist denn hier Häuptling?
Der alte Priester.
Er ist ein guter Alter, aber sein Stabträger ist ein Bösewicht; hüte dich vor ihm.
Ist dort des Häuptlings Haus?
Nein, das ist die Stadthalle, aber dicht dahinter das Haus mit den bemalten Thüren ist sein Haus.
Dort wo die alte Frau steht?
Jawohl, sie ist eine von des Priesters Frauen.

Der Alte ist im Hofe.
Sich, da sitzt er und schürt das Feuer; er hat drei grosse Kloben mit den Enden zusammengelegt und mitten dünnes Holz gehäuft.
Das Haus hat rund herum ein Gehege.
Dort ist ein Haus mit oberem Stockwerk.
Eine Treppe führt hinauf.

Agbaladome ñi du gã.
ẽ, dumowo ku agbogãwo nu (alõ ablowome) lolo. kpo ati gāa le abloadome.
efuno po na dunupo le (dunupo, Stadtangelegenheit).
make ñi dumegã le fihe?
trõno gã ye.
eñe ame ñuĕ de voa, ep' atikloto ñe ame kpotoé; kpo ñuĕ de ne.
amegã home e'a (ekea)?
wò, edubeahũa eye hũ; le godo ćo yi videa, eho kewo ći año ne hotrua, eye ñi ehome.

efike ñõgã le telea?
ẽ, ñõnua amegãśi (alõ trõnoa) srõwo dometo (darunter befindlich) deke (dekaé).
amegã le kpame.
kpo da, eno añi le fumo le jera zo do; ekpe zotikpo etõ, be ćo nakeyoewo ćo do zotiawo dome.

wotũ (sie binden) kpa kploha (rund) apea kpedo (verbinden).
ape de le, wotu (sie bauen) sañũ oben do eme.
atrakpoé (alõ ajroć) le ne.

Die Strassen sind nicht schmutzig, sie sind reiner als in Anecho.
Ja, die Leute fegen jeden Tag und haben viele Aborte vor der Stadt im Busch gebaut.
Was macht diese junge Frau da?
Sie mahlt Korn auf der Mühle.
Wie ist die Mühle gemacht?
Sieh, da ist ein Haufen Lehm, so hoch wie ein kleiner Tisch, und oben ist ein Stein; da schüttet die Frau das Korn auf.
Dann nimmt sie einen kleinen Stein mit beiden Händen und zerreibt das Korn.
Sie pflegen das Korn vorher zu rösten und dann Mehl zu machen, aber wenn man Brot machen will, rösten sie das Korn nicht.
Was für ein Klotz ist das, wo das Mädchen steht?
Das ist zum Yams- und Maisstampfen.
Und dort das tiefe runde Loch, in welchem Steine sind?
Darin stampfen sie Palmkerne und machen Palmkernöl.
Es sind viele Häuser um diesen Hof herum; wer wohnt darin?
Die Frauen und Kinder; der Hausherr wohnt in dem grossen.
Jage die Hühner (Schweine, Schafe, Ziegen) aus dem Garten.
Wo schlüpfen die Hühner durch?
Durch dieses Loch.
Gieb den Hühnern Korn.
Schneide den Ziegen Gras, sie schreien immer.
Ist Wasser im Gefäss?

 emǫa ji m'pǫdi wǒ; edi wu Anęhǫ.
amęwo kplo negbewotsogbe (täglich) wǫnʼo afǫji depęwo do aweawǫme le dua gǫdǫ.
mike wo kǫ ñǫnuvia le funoa?
ele tu wǫ le tea ji.
aleke wǫwǫ tea dǫ?
kpo da, wǫcǫ kodo kpo (Haufen), sigbe kplǒ vi de ene, ejia ete le: eji ñǒnna eǫ blia kǫ do.

eye be eǫ tevia ku alǫ ve, eǫ le blia tu kǫ.

wotǫ na blia gbope wǫcǫ tu na wǫa; evoa ne wǫl'ame ab'loa, wǫm'to ne wǒ.

atikpoke le funoa le fike ñǒnuvia le telea?
wotǫ na ete ku bli le eme.

Le fihe edo gã de le kotoklo ke ne kpewo le eme?
ye eme wotǫ na ede le eǫ da n'ami.
ho sugbo kploha apea kpedo (verbinden); amake le funoa?
eñǫnua ku vinʼo; apetoa ele gǎtǫa me.
ñã kokloawʼo hawʼo, alěnʼo, gbowʼo¹ to le aboame.
fike koklowʼo to na yi na hoame?
wotǫ na mǫ keame.
na koklowʼo bli.
so gbe na gboanʼo, wole apa (schreien) do kǫ.
eci le zeamea?

Giesse es aus und hole frisches Wasser.

Schneide den Hühnern die Federn ab, dass sie nicht mehr fliegen können.

Geh und sieh ob die Hühner Eier gelegt haben, sie gackern.

Nein, ich habe keins gefunden.

Sie legen nicht.

Melkt die Ziegen.

Habt ihr sie gemolken?

Kehrt den Ziegenstall.

Die Ziege hat in der Nacht zwei Junge geworfen.

Hole Wasser aus dem Brunnen.

Herr, es ist sehr wenig darin und schmutzig.

Dann geht zum Fluss, zwei Leute, jeder mit zwei Demijohns in einer Trage; in einer halben Stunde seid ihr wieder hier.

ćo ko ṅgbe, na ku ći ñuẽ va nam.

so awa na koklonwo, ne wom'gba ʒro wò.

yi kpo, be kokloawo do aʒi mã, wole apa do ko.

wò, ñe m'kpo de wò.

wom'do aʒiwo.

fiõ noći ne gboawo.

wofiõ noći nawoa?

kplo gbo kpame.

egboa ji vi fẽ (frisch) ʒãme.

ku ći le vudoame.

apeto, ći vide le eme, ñi ći bublu.

ehũa yi ku ći le tome, ame ameve ku ajafui eve amedeka ne miadoe tšukpome; le gapopo fãmea ne miagbo va.

8. Hausbau.

Ich will ein Haus bauen.

Reinigt den Platz; schneidet alle Bäume und das Gras ab und ebnet den Grund.

Vier Mann nehmen diese zwei Sägen, zwei Mann die Aexte und vier die Buschmesser; nun schlagt ihr die Bäume und das Gras.

Morgen kommt und holt Lehm für mich.

Die Leute sind beim Lehmtragen.

Nun stampfen sie den Lehm.

Rufe den Zimmermann.

Zimmermann, schneide diese Bäume fünfzehn Fuss lang und schäle die Rinde ab.

maso ape.

jra añigba do; so atiwo ku gbeawo keñũ, na jo añigba.

ame amene ne ćo saka ameve, 'me ameve tšã (auch) ne ćo fiõ ameve, ne ame amene ne ćo yikpo (kpatša) ne miaso atiawo ku gbewo.

ećoa va lo (aufnehmen) ko nam.

amewo le ko lo wo (machen).

amewo le ko ña wo.

yo adaṅwotoa (atikpotoa).

adaṅwoto, so ati keawo do didime (Länge) afo wiatõ, ku kpa tšroa (atikpatšafo) le atia ñũti.

Gut, Herr; wieviele brauchst du?	eñō, apeto, nene ji nach etwas sehen⟩ ko wole?
Zwanzig.	amewi.
Glätte diese kurzen Bäume und mache sie vierkantig.	kpa ati kpokpoé (kurz) keawo, kpawo kòñũ ne.
Vier Mann gehen mit mir und schneiden Bretter.	ame amene ne ji gbakum, ne woaʒẽ gbogblowo.
Herr, wie wollen wir das Haus bauen?	apeto, aleke miawo hoa do?
Sieh, wo ich die kleinen Stäbe in den Boden gesteckt habe, macht ihr Löcher, drei Fuss tief. Nehmt Spaten und Hacke dazu.	kpo da, fihe mudi ati viviawo do le añigba jia, na de do (Loch) didime afo etō. éo jovu kojoé gbaku kojoé ito (geeignet, eigen).
Gut so. Nun setzen wir die Pfähle hinein und legen oben Balken auf.	eñō, miaéo atiawo do eme, miaéo ati dado eji.
Gut, es wird Nacht, wir wollen aufhören.	eñō, fiẹsi gbo na dodogbe (dodo Zeit), evoa, ne miagbo jẽ (ruhen).
Jetzt nehmt die dünnen Bäume und steckt sie zwischen die grossen, dann bindet die Stöcke mit Bast.	eñō, éo ati viawo na éowo do ati gãwo do eme (sprich do'me) ne miabla atiawo ku 'ka (eka = Seil).
Jetzt füllt die Mauern mit Lehm aus.	evoa tre glia gbaku ko.
Wenn der erste Satz fertig ist, so setzt den zweiten auf.	ne mido glia voa, miado evegoa.
Bauet gerade.	miadoe ne jo ñuẽ de.
Nimm das Mass und miss.	éo jijetia na jijee.
Beschneidet die Mauer.	kpa glia.
Führt eine Ziegelmauer auf.	do glia ku kpe.
Wo sind die Maurer?	fiha glidotowo le?
Ihr seid nur vier, wo ist der fünfte?	wo amene ko (nur) ele fiha, fike atōgoa ji?
Er verrichtet seine Notdurft.	eji kpa godo (wörtlich: er ging ausserhalb des Geheges).
Die Ziegel sind nicht gut gebrannt, sie sind nicht rot.	ekpeawo m'bi ñuẽ de wò (bibi brennen) womubié ñuẽ de wò.
Sie sind beim Ziegelbrennen.	wole ekpe wo.
Morgen führen wir das obere Stockwerk auf.	eéo miawo jihoa.

Zimmermann, mache die Thüren und Fenster.
Heute wollen wir das Dach aufsetzen.
Bindet das Dach mit starken Stöcken.
Heute wollen wir das Dach mit Gras decken.
Blotscho und Tosu, ihr geht auf das Dach und deckt.
Zwei Mann sollen das Gras hinaufschiessen und zwei Mann binden es zu Bündeln.
Ist das Gras trocken?
Ja!
Sieh, dies Gras ist verfault.
Das Dach leckt noch, legt mehr Gras auf.
Herr, es leckt immer zuerst nach dem Regen; wenn es wieder regnet, wird es sich schliessen.
Schön, wir wollen sehen.
Sage dem Tischler, dass er mir Thür und Fenster machen soll.
Nimm das Mass der Thür und des Fensters.
Mache mir drei Stühle.
Mache mir einen runden Tisch mit einem Fuss.
Streiche sie mit Farbe an.
Ist die Farbe trocken?
Nein, sie ist noch nicht trocken.
Dieser Stuhl ist nicht fest.
Er wackelt.
Schlage einen Nagel ein.
Ziehe ihn wieder heraus.
Wo sind die Brettschneider?
Sie sägen Bretter.
Sie sind im Busch und fällen eine Odum-Eiche.

adańtǫa, kpa (wǫ) hǫtruawo gbaku fęsreawo.
egbe miakǫ akpale na hǫa.
bla kpalea ku ka sę̄ńū.
egbe miagba hǫa ku gbe.
Blotsū̃ ku Tǫsu miyi jia nę miagba hǫa.
amę ameve nę da gbe do hǫa ji, nę amę ameve tśā nę nǫ egbe bla kǫ.
gbea púa?
ę̄, èpu.
kpo da, gbe kea ñīñō.
hǫata le dudu, gba be do ji.
apetǫ, nęnę edudu na nę jińkǫgbèa ja eyehū; eyome nę ći vegǫa va ja, el' atu.
eñō, miato te akpo ešinu.
to nę adańtǫa nę wǫ hǫtru ku fęsre nam.
jiję hǫtrua ku fęsrea.
wǫ ablegǫ etō.
wǫ ekplō kotoklo deka, afǫ deka nę nǫ gome ne.
si ańǫa nawǫ.
ańǫa pua?
wò, m'pu hade wò.
ablegǫ kea musę̄ñū wò.
ele hūhū.
ka ga do 'me.
gbagbigbǫ ćǫe to.
jihe gbǫgblosotǫwo le?
wole gbǫgblo so kǫ.
wole aveame logotia so kǫ.

Bohre mit diesem Bohrer ein Loch.	éọ añudọe na ñọ mọ do 'ñie.
Was holt ihr?	nukẹ mihẹ̃?
Wir holen Fächerpalmbalken.	mihẽ agoti.
Was wollt ihr damit machen?	nukẹ miacọwo ma?
Zehn Mann gehen um vier Uhr in den Busch und holen die Bretter.	amẹ amewo nẹ yi aveame le ga enẹme nẹ woafọ gbogbloawo va.
Zimmermann, hier sich das Papier, ich habe die Küche darauf gezeichnet; du sollst sie allein bauen, wirst du es können?	adañtọ, kpọ woma kea da, muwọ ʒodòkpata (alö adohọ alö mudahọ) do eji; nẹ woñuto nà tui, woateñū atuia?
Ich sehe, Herr, ich werde es können.	mukpọe, apetọ, mateñū awọe.
Hier ist die Zeichnung zum Heerd; Maurer, so machst du ihn.	ʒodọ́pea (Feuerheerd) yeke le fihe; gli dotọ, nẹnẹ wol'awọe.
Ja, ich höre, Herr.	musè, apeto.
Kwasi baut das Hühnerhaus, den Schaf- und Ziegenstall.	Kwasi newọ koklohọ, alẽkpa ku gbohọ.
Für die Pferde bauen wir einen Stall hinter der Küche.	miado nọ́pe (Platz) na sowo le mudahọa godo.
Jetzt mach noch den Brunnen; an dieser Stelle werden wir Wasser finden, hier grabe das Loch.	fifiha de ćivudoa gbọ́pe (zuvor); le fiha miakpọ ći le, fihe wol'ade doa le yeke.
Herr, das Wasser ist da.	apetọ, eći le fumo.
Schön, nun grabt weiter.	eñö, ku doa do ji kpe (fortfahren).
Wir stehen im Wasser.	mile te le ćime.
Das schadet nichts, grabt weiter.	muwọ n'deti (= nu deti, irgend etwas) wò, kui jiro.
So, jetzt setzen wir diese Tonnen in den Brunnen.	eñö evọ, éọ kplikpa do doame.

9. Ankunft des Dampfers. Landen, verschiffen.

Herr, der Dampfer kommt.	apetọ, mẹle egbo na. (Kriegsschiff: aʒiʒohū).
Ein deutscher Dampfer?	jama hūea?
Ja, der Wörmann-Dampfer, ich glaube »Erna« oder »Anna«.	ẽ, Wörmann mẹle ye (er), m'bu na be »Erna« alö »Anna«.

Dann zieht die Flagge auf und schiebt die Boote an den Strand.
Oeffnet das Hofthor nach der See.
Der Dampfer schiesst und wirft Anker.
Er setzt ein Boot aus.
Sind alle Krujungens hier? Wo sind die Hauptleute?
Hier sind sie.
Bringt die Boote zu Wasser und rudert an Bord.
Ich steige in dieses Boot.
Die Brandung ist zu stark, wir können nicht abkommen.
Dann will ich signalisieren.

Da ist das Dampferboot glücklich gelandet.
Der Kru-Hauptmann bringt einen Brief vom Kapitän.
Passt auf, dass die Ladung nicht nass wird.
Wenn ihr den Tabak ins Wasser werft, bestrafe ich euch.

Bringt die Güter schnell aufs Trockene.
Wenn ihr mich trocken durch die Brandung bringt, bekommt ihr einen Schilling; wenn ihr mich aber nass macht, bestrafe ich euch.
Rollt die Fässer in den Hof.
Da ist ein Hogshead Tabak ins Wasser gefallen, bringt ihn schnell auf den Hof.
Nimm diesen Brief und gieb ihn dem Kapitän.
Ihr habt gut gearbeitet, ich will euch etwas Tabak geben.

sia (ausbreiten aflaga, midõ akluaʍo do apućinu.
hũ aputagboa.

mɛlea da akpleñũ (A. akpleñũ, Gã okplem).
edidi aklo do apume.
Krumaʍo keñũ le fiha? fihe amɛgãhoaʍo le mã?
ʍole fihe.
midõ akloaʍo do apume nɛ miakui yi hũame.
mado aklo keame.
apua je adã (beginnt aufgeregt), mimatemñũ aso apua ʍò.
miasia siñglɛ nɛ hũa (für das Schiff).
funo mɛlemekloa va ago le yeñũ (dort).
Krumaʍo be gá hẽ ʍoma ćo ehũtoa gbo va.
kpõ ñug̃, nɛ agbaʍo m'gbapo ći ʍò.
nɛ mina ataba po ćia, made le miabe fẽtume (alo: maho fẽtu le miasi).
ćo nuṇʍo va pupuipe kaba.

nɛ mićom pupui de so apua, ehũa manami silin deka; evɔa, nɛ minam poćia, ehũa made le miabe fẽtume.
mimli kplikpaʍo yi ahome.
ataba kplikpa de je ćime, mimli kaba yi ahome.

ćo ʍoma na ehũtoa.

minʍo do ñug̃ de, manami ataba de.

Danke!	donolo!
Herr, der Dampfer pfeift und hat den Blauen Peter gesteckt.	apeto, chūa le ku ʒe (alo kpê), ye be si blu Petra.
Hole mir das Fernglas und das Signalbuch.	éo tśitśi (Kieker) ku aflaga bukua va nam.
Wieviel Sack Kerne sind da?	ene kotoku nene ele fumoa?
200.	katō (alo alafava've).
Und wieviel Oel?	ami nene ele?
40 Fass.	kplikpa eka.
Tragt alles hinunter zum Strand.	mifo kpata va apúta.
Da kommt noch ein Dampfer.	mele bu gbagbo na.
Nein, es ist ein Segelschiff, ich glaube ein französisches.	wò, abalahūe, m'bu na be frāsē 'hūe.
Es legt hier nicht an, es geht nach Grand Popo.	mule je le fihe wò, ele yi Epla.

10. In der Faktorei.

Es ist sechs Uhr, läute die Glocke und öffne die Faktorei.	ga 'deme do, po ga, ne na hū fiosea.
Sage dem Clerk, dass ich um 7 Uhr hinunterkomme.	to ne homenotoa (alo klakea), be mava ga adreme.
Was willst du kaufen?	nuka wol'aple?
Zwanzig Stücke Kattun.	avo kpo (Stück) wui.
Wähle dir selber aus.	wońto tśawo me.
Hast du Geld?	ga le asiwoa?
Kannst du gleich bezahlen?	wol'ateńū tu fèa ʒe deka?
Du musst gleich bezahlen.	tu fèa ʒe deka.
Schuldenmachen ist nicht gut.	nawo ne ba ñi fèa, muñō.
Hast du gefunden, was du wünschest?	wokpo nu ke ji wolea?
Es ist schon alles verkauft, nur noch dieses ist übrig.	wosa nuwo kpata kewo kpo (nur) kpo to yeke.
Aber ich will es für dich bestellen, nach zehn Wochen kannst du es haben.	madō bu nawo, le kwaśida ewo mea aśi wol'aśu ji.
Wieviel Taschentücher (Pfund) wünschest du?	doku nene ji ko wole dada nene etc.)?
Grey Bast (ungebleichte Leinwand).	gāgā.
Prints (bedruckte Kattune).	klaku.

Fünf Kopf Tabak.
Ein Tin Petroleum.
Drei Kisten Gin (Genever).
Zehn Demijohn (in Körbe gebundene Flaschen) Rum.
Ein Puncheon (grosses Fass) Rum.
Vier Pfund Zucker.
Ein Sack Salz.
Sechs Leibgürtel.
Seife.
Pommade.
Haaröl.
Eine Lampe.
Eine Kette Korallen.
Ein Dutzend Messer.
Ein Dutzend Teller.
Drei baumwollene Hemden.
Zwanzig Pfund Weizenmehl.

Zehn kleine Spiegel.
Fünf Pack Rotgarn.
Weissgarn.
Gelbgarn.

Grüngarn.
Drei Gewehre.
Ein Pistol.

Zwanzig Fass Pulver zu 20 Pfund.

Hundert Flintensteine.
Fünfzig Patronen.
Herr, die Kanus kommen von Vo Markt.
Versucht, dass ihr sie alle zu unserer Faktorei bringt.
Wieviel Kerne hast du?
Ich glaube dreissig Mass.
Wir wollen messen.

taba kpo atõ.
kerazin ganu deka.
jini adaka etõ.
aha ajafui (Korbgeflecht) ewo.

aha kplikpa deka.

sukle dada ene.
eje kotoku deka.
gojiblanu adĕ.
ajāli.
primiti.
dame 'mi.
kanegbe deka.
sue (Koralle) kanu deka.
kakla wueve.
agba wueve.
frana (Flanell!) etõ.
yovo wo (alo asikesien) dada wui.

apipievi ewo.
kajič woma atõ.
kaġe.
nti didi (wörtlich: reife Apfelsine).

amagbamŭ (Grünes Blatt).
tuti etõ.
awumetukpoe (ins Gewand zu steckendes Pistol.
du (Pulver) titrin wui (titrin = 20 fl. Fass, kotoa 10 fl. Fass).
atsrokpe kaveta kpo.
tukpe eigentlich Kugel katsiwo.
apeto, chŭwo do Vosime.

do veve ne na yewo kpata va ahome.
ene nene wokpo?
m'bu na be jijenu egbā.
miajije.

Ich gebe dir sieben Mark für das Mass, es sind zu viele Schalen darin.	manawo siliṅ adre jijenu deka, eneka sugbo l'eme.
In baar oder in Waaren?	ga alō ajonu?
In Waaren.	ajonu.
Nein, das ist nicht gut, ich will baar.	wò, muñō, maho ga.
Ich will dir halb baar und halb Waaren geben.	manawo ga fã, ajonu fã.
Gut.	eñō.
Das ist für fünf Pfund und zehn Mark.	ekea ele pauṅ atō ku siliṅ ewo.
Zeige mir das Oel.	fia 'miam.
Es ist nicht gut, es ist schmutzig.	muñō, di le gome ne (alo: di l'eme).
Du must es noch einmal kochen.	gbigbo daé.
Jungens, kommt und schlagt die Schalen auf.	deviwo, miva tšã neka le ngame (am Kern).
Bringt die Kerne in den Schuppen.	c'o nea do fioseme.
Kautschuk.	año (alö: voño).
Indigo.	ama.
Kokosnuss.	yorong.
Elfenbein.	ñidu.
Gold.	sika.
Farbholz (Camwood).	toti.
Affenfell (vom Scheitelaffen).	toklãgbaze.
Affe.	kabli.
Leopardenfell.	kpõgbaze (A. lãklegbalea).
Leopard.	kpō (A. lãkle).
Es ist Mittag, läute die Glocke.	ge do ta, po ga.
Zünde die grosse Hoflaterne an und schliesse das Thor.	si kanegbe do hiheanu, na tu agboa (alö hõa).
Herr, gieb uns etwas Rum.	apeto, nami aha.
Nein, ich habe euch schon gesagt, ich gebe euch Tabak.	wò, m'gblo nami, be manami ataba.
Hier, jeder Mann bekommt einen Kopf.	kpo, ame deka kpò deka.
Danke!	donolō!

11. Einkäufe.

Geh und kaufe in der Stadt ein europäisches Brod.	yi ple yovo kpono le duame nam.
Kaufe für fünf Schnüre Maisbrod.	yi ple ab'lo katōnu va nam.
Geh auf den Markt und kaufe Brennholz.	yi ple nake le asime nam.
Ist heute Markttag?	egbe ñi asigbea?
Wenn es gut ist, so kaufe für zehn Schilling.	ne eñōa, ple siliñ ewo nu.
Wenn es nicht gut ist, so kaufe keins.	ne muñō wòa, m'gbaple wò.
Kaufe für 6 Pence Eier.	ple koklozi kadega nu.
Für 3 Pence Fetri.	fetri katōgavi nu.
Für 9 Pence Pisang (Bananen).	amadā (akodu) katōgavitō nu.
Für 6 Pence Kokosnüsse.	yovone kadega nu.
Für 1 Mark Yams.	ete siliñ deka nu.
Apfelsinen.	yovoñti.
Ananas.	blafogbe.
Pfeffer (kleiner roter).	yebese.
Pfeffer (grosse Schoten).	adibodo, alō atōgo.
Salz.	eje.
Hier hast du 3 Schilling, das Uebrige bringe mir wieder zurück.	kpo da, ho siliñ etō, kpo tea na ćo va.
Du musst mir Rechnung legen.	na va bui nam, makpo.
Kaufe soviel du kannst.	ple de ke nu wol'ateñūti aplea.
Kaufe so billig als möglich.	ple asi ne bobo ne.
Kaufe für 3 Pence Palmwein.	je von Flüssigkeiten deha katōgavi nu.
Ist der Hühnerverkäufer da?	koklotoa le funo?
Wie viele Hühner hast du?	koklo nene wokpo?
Wie theuer sind alle zusammen?	nene ñi kpata?
5 Schilling.	siliñ atō.
Nein, das ist zuviel.	wò, esugboa akpa (ñto); alo: eve wu nu.
Sie sind noch nicht gewachsen.	womusi hade wò.
Sie sind mager.	wodi ku.
Sie sind nicht fett.	ami mule woñūti wò.
Es sind nur Hühner zu 3 Pence, nicht zu 6 Pence.	katōgavi koklowo ekea, womaho kadega wò.

Alle zusammen für 4 Schilling, bist du einverstanden?	wokpata siliñ ene, woloa?
Lege einen Dreipence dazu.	ćo katōgavi kpe nam.
Nein, das thue ich nicht.	wò, ñe mule ji wò.
Kannst du mir wechseln.	wol'ateñū akpo gavi namā?
Es fehlt noch ein Dreipence.	musu wò (nicht richtig) ekpoto katōgavi l'akpe (voll zu machen).
Geh in die Stadt und bringe Kleingeld.	yi ji (suchen) gavi doli (wechseln) le gbame va.
Ich kaufe nichts.	ñe m'ple de wò.
Wieviel Eier giebst du mir für Dreipence.	koklozia nene wole sać katōgavi?
Acht ist zu teuer, du musst mir 10 geben.	eñia ve akpa, ćo nam ewo.
Sich, dieses ist nicht gut.	kpo da, deka kea muñō.
Es ist schwarz, es ist verdorben.	eñerū (es ist dunkel) yibo, egble.
Es ist zu alt.	etepe didi (alō: edo ho).
Enteneier sind nicht gut, ich wünsche Hühnereier zu kaufen.	kpakpahezia muñō, mule ji l'aple koklozi.

12. Land-, Garten- und Viehwirtschaft.

Nehmt die Sägen, Aexte, Buschmesser (Hauer) und Hacken.	ćo saka, fio wi (alō yikpo alō kpatsa ku kojoé.
Schneide alle Bäume ab.	so ativo keñū.
Schlagt das Gras.	si gbeawo.
Grabt den Boden.	gu du añigba.
Verbrennt die Bäume.	to zo atiawo.
Mache ein Yamsfeld hier.	wo tegble le fihe.
Mache die Haufen gut.	po tekpowo ñuẽ de.
Hier ist der Yams.	kpo tea eke.
Morgen müssen Stöcke an den Yams gesteckt werden.	ećoa tu ati ne teawo.
Die Sägen und Buschmesser sind stumpf.	saka ku ewiawo kpo.
Geht und schärft sie.	yi ñerowo.
Zieht Kämme, hier ist das Mass.	lé kpoawo, kpo jijenua yeke.
Wo ist der Baumwollsamen?	fiha detikua le?
Er ist im Hause unten.	ele añigba le apeame.
Geh hole ihn.	yi ćoe va.
Uebermorgen säen wir Tabak.	ñicoa miawu tabakua.

Ziehe die Tabakspflanzen aus, wir wollen sie auf das Feld setzen.
Reinigt das Feld von Unkraut Gras.
Pflückt die Baumwolle in diese Säcke.
Zwei Mann werden die Baumwolle in der Maschine reinigen.
Heute ernten wir Tabak.
Nehmet die Blätter und zieht sie auf Schnüre.
Hängt sie in die Scheune, damit sie trocknen.
Bindet Köpfe.
Setzt den Tabak auf Haufen.

Packt ihn zu Ballen.
Reinigt die Kaffeepflanzung.
Schneidet die Bananenstämme ab und stecht die Wurzelschösslinge ab.
In der Trockenzeit wollen wir die Felder abbrennen.
Geh und arbeite im Garten.
Begiesse die Pflanzen.
Begiesse sie jeden Abend.

Ziehe das Gras aus, aber verdirb die Bohnen nicht.
Verpflanze diesen Kohl.

Mach mit der Hand kleine Löcher und setze ihn hinein.
Stelle sie aufrecht.
Pisangbaum.
Bananenbaum.
Erdnüsse.
Yams.
Kassade.
Pfeffer.

hõ atabaviawo, ne miayi do agbleme.
ga gbe l'agbleame.
de detia na do kotoku keame.
ame ameve ne de ku ne detia le moame.
egbe miade ataba l'atiwo ñûti.
miẹ́o amakpawo, miato do eka ji.
miaẹ́o sã do yi le home, ne woapú.
bla ta na tabawo.
lõwo (nehmt sie) bo (setzen) dodu (zusammen).
potewo keñû.
jra kàfẽgbleame do.
so akọdutiawo, na hõ viviawo.

le ʒojeame miato ʒo gbe.
yi wodọ le aboame.
ku ći wu nukuawo (Pflanzen).
wu ćiwo tegbe wetro (Spätnachmittag).
hõ gbeawo m'gbahõ ayiawo.

hõ gbomakea, ne miayi do agbleme.
ẹ́o alo de do vivivi na ẹ́o do dome.
ẹ́o wo do te tututu.
amadãti.
akoduti.
aʒi.
ete.
kute (agbeli).
yebese.

Süsse Bataten.	jete.
Zwiebeln.	sabule.
Wachsen die Fetri?	fetria miǫ ñuẽ dea?
Keimen die Bohnen?	ayiwo to (anfangen) miǫmiõ vǫa?
Blühen die Fetri?	fetriawo pó sea?
Nein, sie blühen noch nicht.	wò, m'to se popo hade wò.
Die Bohnen setzen schon Früchte an.	ayi eto sẹsẹ vǫa.
Grabe das Land um.	ṅlǫ añigba.
Lies die Steine auf und wirf sie in diese Kiste.	tsã ekpeawo ćo ko do adaka keame.
Bringe eine leere Kiste.	ćǫ adaka gbalo va.
Wenn sie voll ist, so trage sie fort.	nę dǫa, nã ćǫ jo.
Mache es gut.	vǫé ñuẽ de.
Wenn du fertig bist, dann säe Korn.	nę woevǫa, na do bli.
Stecke Yams.	do tea.
Schneide die Köpfe des Yams weg und stecke sie.	so tetawo nę na do.
Reinige die Gartenwege.	jra abǫme mǫa do.
Dann nimm den Rechen und harke es zusammen.	na ćǫ gaḣa adeho (fortnehmen) gbea le mǫa ji.
Dieser Kohl ist verwelkt.	gbomakea eku.
Nimm eine Schüssel und lies Bohnen ab, aber pflücke nur die grossen, reifen.	ćǫ tré na yi de ayi ke wosiã.
Klettere auf den Baum und schlage dreissig Kokosnüsse herunter.	yi atia ji n'agbẽ yovonę amegbã.
Sieh zu, dass du nicht herunter fällst.	kpǫ ñuẽ de nę wom'gba je añi wò.
Die Kokospalme ist sehr hoch.	enętia ejiji ṅto.
Hole Oelpalmnüsse herunter.	si (schneide) dea le ati ji.
Schneide Kokoszweige ab.	so nękpawo.
Schneide Oelpalmzweige ab.	so dekpawo.
Mach einen Zaun um den Garten.	naćǫ tõ kpa kploḣa aboa kpedo.
Der Zaun hat Löcher, mach sie zu.	emǫ le kpa ṅuti, tui.
Er ging auf die Pflanzung.	eyi agbleme.

Er arbeitet auf der Pflanzung.	ele do wo ko agbleme.
Sie bringen die Reiser zusammen und verbrennen sie.	wole lo ativiawo bo du ne woato ʒo.
Es ist heiss.	eje ʒo.
Es ist kalt.	efa.
Das Wetter ist klar.	hiheame ko.
Der Aguberg ist sichtbar.	woatenũ kpo Agutoa jro (frei).
Ein Gewitter ist im Anzuge.	eji le do.
Der Wind bläst stark.	aya le popo ko sẽsẽ de.
Es blitzt.	ele ʒo de ko.
Es donnert.	ele te gbe.
Der Harmattan bläst.	balihue 'ya le po.
Es ist neblig.	ahũ tu.
Stelle den Wagen unter das Dach.	co kekea do ho gome.
Der Hühnerstall muss ausgebessert werden.	jra koklohoa do.
Wieviel Hühner haben wir?	koklo nene miasi?
Ich denke 200.	m'bu na bu l'ano katõ.
Gieb den Schafen und Ziegen Wasser zu trinken.	na egbo ku alẽ eci ne woanũ.
Treibe die Schweine und Rinder in den Stall.	kplo ehawo ku ñiawo do kpame.
Wieviel Ferkel sind da?	havi nene ele funoa?
Vierundachtzig.	kavetsine.
Es wird Nacht: sind die Ziegen schon im Stall?	ʒã gbo na dodo gbe; egbowo yi kpame voa?
Schliesse den Stall gut, damit der Leopard kein Schaf holt.	tu kpa ñuẽ de, ne ekpõ m'gba lé alẽgboa wò.
Gieb den Tauben etwas Korn.	na ahõneawo bli.
Nimm den Mist aus dem Stall und bringe ihn auf Haufen.	kplo kpame co bo dudu.
Gieb den Schweinen die Yamsschalen.	co tetsroa ne ehawo.

13. Gewerbe.

Der Schmied schmiedet ein Messer.	gbedea le kakla tu (schmieden) wo.
Der Hammer.	ʒũvi kleiner), ʒũgã (grosser).
Zange.	gbe.

Der Bursche bläst das Feuer mit dem Blasebalg.	devia le kpo ʒo ku wohūa.
Das Eisen ist glühend.	ega biĕ.
Der Zimmermann glättet den Baum.	adaṅto kpa atia.
Mache ein rundes Loch in diesen Baum.	na de mo do atiame kotoklo.
Hobele die Bretter.	plo gbogbloawo.
Hobel.	atimefi (an der Küste plen = engl. plain).
Der Meissel.	ekpe.
Die Axt.	efio.
Maurer, baue die Mauer hier.	glidòto, do glia le funo.
Dort ist Kalk (aus Austerschalen gebrannt).	akalo le.
Stein - Kalk (europäischer).	alilo, tsoke engl. chalk).
Cement.	sĕmiti.
Hier sind Ziegelsteine.	ekpeawo eke.
Rühre den Kalk gut und nimm nicht zu viel Sand.	blu akaloa ñuĕ de, m'gbado eko sugbō eme.
Weisse diese Wand.	si' akalo ne hoa.
Baue die Mauer gerade.	do glia ne jo.
Die Frau spinnt die Baumwolle.	eñōnua le tre deti (tetre spinnen).
Die Spindel ist gross.	kekea lolo.
Der Wocken ist voll.	detitretia edo.
Mache den Faden nicht zu dick.	tre detia m'gbalolo.
Der Weber arbeitet gut.	avolōtoa wo na do ñuĕ de.
Er macht ein Betttuch aus Weiss-, Blau- und Rotgarn.	ele tetriku lō ko ku eka ge, ka ji ka jiĕ.
Das Gewebe ist nicht breit.	aba mukeke ne avoa wò.
Sie nähen (Streifen) zusammen für ein grosses Tuch.	wotō ne avo gā.
Sieh, wie er das Webeschiffchen durchsteckt und mit den Füssen tritt.	kpo, aleke bele ehūa da ko do, eye bele afo da ko eṅuti.
Dort machen die Frauen Töpfe.	funo ñōnuwo do na ʒe le jehū.
Sie mischen Wasser und Lehm um Töpfe zu formen.	woćo na eći ña (mischen) na ko ćo do na ʒe.
Sie bilden die Töpfe mit der Hand, dann brennen sie sie in Feuer und bemalen sie.	woćo na alo ćo do na ʒe, eye wome ne le ʒome, 'je wona adañū do eṅuti.

Die Gum-Kopheleute machen die grossen Hüte, welche sie in den Städten verkaufen.	Gum-kopetɔwo lũ na agɔvi kukugã (Fächerpalmhüte), ke wosa na le duwo me.
Ein grosser Hut ist, wenn die Sonne heiss scheint, auch für den schwarzen Mann angenehm.	kukugã eñõ ne doṅkuɖu le ameyibowo de.
Die Salagaleute machen gute Ledersohlen, welche sie tokota nennen.	Anusa (alo Malewo) wo na agbaʒe 'fokpa ke woyo ne be tokotá.
Für wunde Füsse sind Sohlen gut.	tokotá eñõ ne afo le abihohome.
In den Bergen werden oft die Füsse krank.	abihoho do afo ñuti sugbo le to ji.
Nimm dieses Tuch und färbe es blau mit Indigo.	ho avokea na do ama fefe.
Es wächst viel Indigo im Busch.	avo sugbo le gbeame.
Die Leute nehmen die Blätter und machen die Farbe daraus.	woɖó na ahomagba (Indigoblatt) ɖo do na ama (Indigofarbe).
Der Schuhmacher macht ein Paar Stiefel.	afokpatɔ̃toa le afokpa tɔ̃ wo.
Wo ist der Leisten?	fihe afokpamedotia le?
Mache die Stiefel mit langen Schäften.	tõe damadoahovi (tõe afokpadidi).
Mach starke Ohren und dicke Sohlen.	do ka señũ to me ne, ne gome netri (dick) ne (alō afohome netri).
Ahle.	añudoẽ.
Pechdraht.	fokpatõka.
Zwecken.	kplegoviwo.
Hacken /Absatz.	afokpoji.
Kappe.	afoṅgbe.
Oberleder.	afota.
Pantoffel.	homafokpa.

14. Waschen und Nähen.

Hole die Wäsche und lege sie in Wasser.	ɖo avowo va do ɖime.
Seife sie ein.	do ajãli.
Habt ihr sie gewaschen?	woña avowoa?
Nein, noch nicht.	wò, mim' ñac hade wò.
Dann fangt an, sie zu waschen.	evoa, tõe ñaña.

Taucht sie in Blauwasser.	éo do blociame.
Spannt das Seil im Garten auf.	do ka do aboame.
Wenn ihr fertig seid, so hängt die Wäsche auf's Seil.	ne minʼo voa, misia avonʼo do 'ka eji.
Habt ihr sie auf die Leine gehängt?	misie do ka jia?
Nein, noch nicht.	wò, mim' sie hade wò.
Geh und nimm die Wäsche ab.	yi de avonʼo dade (herunterholen).
Es wird regnen.	ji gbo na.
Sie wird nass werden.	el' ava poéi.
Macht schnell.	debla kaba.
Legt sie zusammen.	éowo dodu.
Was thut ihr?	nuke wo ko mile?
Wir bügeln.	mile tewi.
Fangt an zu bügeln.	toe tewi tewiji.
Das Eisen ist nicht heiss.	ega mujeχo wò (heiss = χojeje).
Lege mehr Kohlen hinein.	do aka sugbo eme.
Lege den Bolzen in Feuer, bis er rot ist.	éo ga do χome, éo sẽdo bis ekeme bel' abie.
Ziehe den Faden in die Nadel.	do ka abuiame.
Die Nadel ist rostig.	abuia jakada.
Die Nadel ist zerbrochen.	abuia ne.
Die Spitze ist abgebrochen.	abuia fẽ (brechen) le gome.
Das Oehr ist gebrochen.	emoa fẽ.
Die Naht ist krumm.	nutõtõa glõ.
Nähe gerade.	evoa, tõe ne bajo.
Du machst zu grosse Stiche.	wotõe edidi akpa.
Die Naht ist zerrissen.	nutõtõa ejoka.
Schneide es mit der Scheere weg.	soé ku sitsrem.
Die Scheere ist stumpf.	sitsrema ekpo.
Flicke das Kleid.	ta avoa.
Der Flicken passt nicht.	avonudedea muje wò.
Trenne die Naht wieder auf.	tu ka nutõtõa.
Mache einen schmalen Saum.	po toa ne vide.
Mache einen breiten Saum.	po to gã de ne.
Nähe das Tuch zusammen.	tsa avoa do du.
Nähe einen Knopf an.	do abutoñ emu.
Der Knopf ist weg.	abutoñ ebu.
Wo ist die Nähmaschine?	fike nutõmoa le?

Sie steht auf der Veranda. — ele abranda ji.
Hast Du sie gut geölt? — woši ami nę ñuǧ dea?
Ja! — ę̃!
Du hast Speiseöl genommen, das ist nicht gut, nimm Maschinenöl. — wocǫ amidudua, muñõ, cǫ emǫmia si nę.
Ich habe es nicht gefunden. — ñe mukpǫę wò.
Hier ist es, fülle die Spritzkanne. — yeke le fihe, kui do amigoviame.
Setze eine Nadel ein. — do abui mǫame.
Der Treibriemen ist zerrissen. — agbàʒeka so.
Lege Garn auf. — do ka mǫame.
Nimm das Schiffchen heraus und reinige die Spule. — de nutõhũvia le moame, na jira kaḥlanua do.
Das Untergarn ist zu dick, nimm es als Obergarn und dieses hier als Untergarn. — egomeka etri wu nu, cǫę do ji, na cǫ ekea do gǫme.
Obergarn. — ejika.

15. Auf der Reise.

Ich brauche 20 Träger und 4 Hängemattleute; kannst du sie verschaffen? — mule ji amę amewui ku hamakatǫ amene: woatenũ akpǫwoa?
Ich will nach Aguä gehen, dort sind viele. — mayi Agwę amęwo le funo fu.
Der Lohn ist eine Mark für den Tag, und für die Hängemattträger 1,50. — fętua ñi šilin deka gbe deka, hamakatǫwoa šilin deka ku kadęga.
Giebt es Unterhalt? — wonawo nududu tšia (Kauris)?
Nein, alles zusammen 1 Mark. — wò, wokpata šilin deka.
Das ist wenig. — musugbǫ wò.
Nein, das ist gut. — wò, enõ.
Morgen früh um sechs Uhr seid ihr Alle im Hofe. — cǫ ńdé kañǧ ga ademea miawo kwñũ miva apeame.
Packt die Lasten. — pǫtę agbawo.
Jede Last 50 Pfund. — agbata deka dadá katšiwo.
Welche Last willst du nehmen? — agba kè wol'acǫ?
Wähle Dir selber eine aus. — wonũtǫ kpǫ de cǫ.
Es ist nur noch eine Last übrig. — agbata deka ekpǫtǫ.
Es ist keine mehr übrig. — deti m'gbale wò.

Wenn du schnell läufst, so bekommst du eine Last.	nẹ wosidu kaba, wol' akpọ agba.
Du musst in fünf Tagen in Ho sein; wenn du unterwegs liegen bleibst, so sehen es meine Brüder in Ho.	nado Ho le ṅkeke atõme; nẹ wotsi mọ ji didia, noviñe ke wole Hoa wol'aña (wol'akpọe).
Dann ziehen sie dir Lohn ab.	ye wol'ade le fẹtume. nawo.
Ich werde es im Brief schreiben.	mañlọ woma.
Willst du sie nehmen?	wol'ado̧ea?
Du sollst fünf Schilling bekommen.	wol'aho̧ siliñ atọ.
Das ist nicht genug.	musugbọ wò.
Sie ist nicht schwer.	agba mukpeñ wò.
Sie ist schwer.	ekpeñ.
Der Weg ist gut.	emọa eñõ.
Der Weg ist nicht gut.	emọa muñõ wò.
Es hat viel geregnet.	eji ja sugbọ.
Du kommst zu spät.	wotsi mọ ji akpa.
Ich suche Hängemattträger, ich will eine Reise machen.	mule ji hamakatọ, mayi mọ ji.
Wollt ihr mich tragen?	mil'ado̧ mã?
Jeder soll 1 Schilling und 3 Pence Unterhalt täglich erhalten.	ame deka ho̧ siliñ deka, katọgavi nududu tsi gbe deka.
Euer Lohn von hier bis Ho ist vier Pfund. Seid ihr damit einverstanden?	miabe fẹtu eo fike yi Hoa paun 'nẹ milõa?
Uebermorgen früh wollen wir aufbrechen.	ñido̧ ñdẻ kañea miayi.
Rüstet euch.	miajira dodẹ.
Stellt die Lasten in die Tragen.	mido̧ agbawo do tsukpome.
Gebt Acht, dass ihr die Flaschen nicht zerbrecht, ihr seid verantwortlich dafür.	kpo ñuẽ de nẹ mim'gbagbã atukpãwo, ele miasime (Hand).
Stehlt nicht von dem Rum, sonst müsst ihr ihn bezahlen, und ich gebe euch keinen Lohn.	mim'gbafi aha wò; mil'atu ebe fẹ. eye ñe m'gbatu fẹ nẹ mi hū wò.
Herr, wir stehlen nie Rum.	apeto̧, mim'fi na aha wò.
Nun, es ist gut; aber ich sage euch, wenn ihr davon trinkt und Wasser auffüllt, sehe ich es.	eñõ, mato nẹ mi. nẹ minui, vo tsọ ku ẻi toea (mischen), makpọe (alọ maña).

Sind alle Leute hier?	miakpata mile fikea?
Ja!	ẹ!
Lasten auf! Lasst uns gehen.	midro agba (alo miço agba) miayi.
Haltet gut zusammen, und der Führer soll die Seitenwege schliessen.	miẓō du, nẹ ṅkotoa (der Vorderste; Führer ist eigentlich mofioto) nẹ tu moklawo.
Ihr geht zu langsam.	mile ẓō blewu ŭto.
Herr, ich muss meine Notdurft verrichten.	apeto, mayi kpa godo (alō mado afogbeme).
Herr, ich auch.	apeto, ñe tšā mayi.
Lasten ab! Ich habe euch aber gesagt, dass ihr es thun sollt, bevor wir gehen.	midro agba dẹ, m'to nẹ mi be miayi nu godo gbopẹ nẹ miaćo.
Kommt ihr?	migbo na?
Wir kommen — sie kommen.	migbo na — wogbo na.
N., du bist immer weit zurück, mach schnell.	N., wotši m'gbe ŭto, debla kaba.
Da kräht der Hahn, das Dorf ist nicht weit.	koklo ku ato, kopea mudidi wò.
Dort sind die Dächer.	tame yehŭ.
Lasten ab! Geht und trinkt Wasser; in einer halben Stunde gehen wir weiter.	midro agba dẹ, nẹ miayi nu ći; gapopo fā miajo.
Kauft Speise für den Mittag.	miple nududu nẹ doṅkućume.
Was könnt ihr kaufen?	nuka ṅkume miaple?
Yams und Maismehl.	ete gbaku wo.
Koch, kaufe für mich zwei Hühner.	nudato, ple koklo ameve nam.
Wir wollen gehen.	miayi.
Herr, hier ist ein Bach, wir wollen trinken.	apeto, tohui eke, mianu ći.
Gut, aber macht schnell.	eñō, miwo kaba (midebla).
Hole mir ein Glas Wasser.	ku ći tombla deka va nam.
Wo ist die Küchenkiste?	fihe nududu 'daka le?
Geht schnell, die Nacht kommt und die Stadt ist weit.	debla kaba, ẓā do, duame 'didi.
Hier ist ein guter Platz, wir wollen ein wenig rasten.	fikea ñō, miagbojẹ vide.
Wir sind müde.	nutiko nami.

Ihr müsst gehen, sonst müsst ihr im Busch schlafen.
Nein, besser wir gehen.
In einer halben Stunde sind wir in der grossen Stadt.
Dolmetscher, geh und bringe dem Häuptling meinen Gruss.
Hast du den Häuptling gesehen?
Ja, er wird gleich kommen dich zu begrüssen.
Hier ist sein Stabträger.
Der alte Mann schickt ein Schaf und Yams, dass ich es dir schenken soll.
Und hier ist ein Topf Palmwein.
Danke.
Sage mir, wie weit ist es von hier nach N.
Fünf Tage, aber wenn du schnell gehst, kannst du in drei Tagen dort sein.
Ist der Weg gut?
Ja, aber du musst zweimal im Busch schlafen.
Ist Wasser dort?
Ja, zwei Flüsse, da wo ihr schlaft.
Finden wir Dörfer?
Nur ein kleines Dorf, ihr werdet morgen dort sein.
Sind die Flüsse sehr geschwollen?
Ein wenig, es hat heuer nicht viel geregnet.
Können meine Leute Speise kaufen?
Ja, ich habe den Leuten in der Stadt davon gesagt.
Dolmetscher, sage dem Alten, dass ich mit ihm zufrieden bin.
Jetzt will ich schlafen.

yi, muñi nene wòa, mil' atsi gbe dõ.
miyia eñõ wu.
gapopo fãmea miayi dugãme.

gbeseto (atikploto, Stabträger) yi dogbe ne dumegã nam.
wòkpo amegã?
ẽ, egbo na l'ava do dape nawo.

eb 'atikploto eke.
amegã do dawo egbõ ku te bene maco va nawo.

ku deha ze deka.
dono, dono.
fiom, aleke l'ano ćo fihe ćo yi N.

ñkeke atõ, ne wozõ kaba, wol 'ado ñkeke 'tõ m'gbe.

emo eñõa?
ẽ, evoa wol 'adõ gbe ñkeke eve.

eći le funoa?
ẽ, eto 've le dropea (Ruheplatz).

miakpo kope dea?
kope vi deka kpo ele moa ji; wol 'ado funo ćo.
toa doa?
edo vide, ći sugbo muja le pe keame wò.

deviñewo l'akpo mududu aplea?

ẽ, m'to na amewo le duame nene.

gbeseto, to na amegã be mujo ji do eñũti.

evo mule ji l'amlo añi.

Hat der Hahn schon gekräht?
Ja, zum zweiten Male.
Dann will ich aufstehen.
Nimm die Matte von der Thür und hole mir Wasser zum Waschen.
Nimm dies Stück Kattun, eine Flasche Gin und zwei Kopf Tabak und bringe sie dem Häuptling als Geschenk.
Danke, danke, Herr.
Wo ist der Führer?
Er isst noch.
Sage ihm, dass er schnell macht.
Sind alle Leute hier.
Ja.
Lasten auf! Dolmetscher, gieb dem Häuptling meinen Abschiedsgruss. Lasst uns gehen!
Gehab dich wohl und komm bald wieder.
Dort ist dicker Busch, dort muss der Fluss sein.
Lasten ab, wir bleiben hier.
Sechs Mann schlagen Zelt.
Stellt die Stange gerade und schlagt die Pflöcke gut ein.
Gut so, nun stellt alle Lasten in das Zelt und macht das Bett.
Koch, mache mir eine Suppe und koche Yams; dann gieb mir die gekochte Hammelkeule.
Kalt oder warm?
Kalt. Und nach dem Essen mache Thee.
Herr, aller Zucker ist zu Ende.
Schadet nichts, ich trinke bitteren Thee.
Die Leute sollen die Feuer dort machen, damit der Rauch nicht in das Zelt kommt.

koklo ku ato 'voa?
ẽ, eku vegoa.
chũa mafũ.
de aba le hoanu, na ku ci va nam, male.
ho avokpo kea, jini atukpa deka, ku ataba kpo 've, naco na amega nam.

dono, dono, apeto.
fihe mofioto le?
ele nu du ko.
to ne, ne wo kaba.
amewo kpata (kenũ) le fihea?
ẽ.
midro agba! gbeseto, sia du mega nam be muyi lo. miayi!

co de gbo ñuẽ de, ne na gbo kaba.
ave gã de le funoa, el'añi to ele me.
dro agba de, miatsi fike dõ.
ame amadẽ ne tu bua (alo azava).
di atia ne jo, na ka sotiawo ñuẽ de.
eñõ, mifa agbawo kenũ do, buame, ne miado aba.
nudato, po deci na da te; co egbõ 'ta dada va nam.

fafa alo zozo?
fafa, n'dudua yomea na wo ci zozo (alo tu).
apeto, suklea kenũ 'vo.
muwo nu de wò, manu tia gbalo.

devinvo ne dó zoa do funo, ne azizo m'gbava buame wò.

Herr, dürfen wir singen?	apeto, miaji ha jiroa?
Ja, ein wenig, aber geht bald schlafen, wir gehen morgen früh fünf Uhr.	ẽ, miji ha vide, ne miayi mlõ añi kaba, mil'ayi ćo ǹdẽ kañẽ ga atõme.
Kocht euer Frühstück schon heute, morgen ist keine Zeit.	mijira miabe nududuwo do egbe, ećoa vovo mano añi wò.
Ist der Fluss tief?	etoa ewo gua?
Ja, ein wenig.	ewo gu vide.
Trage mich auf den Schultern hinüber.	ćom do abo ćo so toa je egodo.
Nicht weit von hier ist eine Lianenbrücke (Baumbrücke).	ana mudidi le fihe wò.
Passt wohl auf, dass ihr nicht fallt.	mikpo ñuẽ de ne mim'gbaja 'ñi wò.
Der Berg ist sehr hoch und der Weg schlecht.	etoa koji ito, eye moa muñõ.
Zieht Schuhe an.	do tokotá afo.
Herr, ich habe keine.	apeto, de mule asime wò.
Das ist nicht meine Sache, du hast gewusst, dass wir in die Berge gehen.	ea muso gboñe wò, woña be migbo na to ji yi gbe.
Ein Baum liegt über den Weg, passt auf.	ati le moa ji, kpo ñuẽ de.
Ameisen auf dem Wege!	adide (alilõ) le moa ji.
Ein Loch im Wege!	edo le moa ji.
Karl, komm schnell, Ameisen haben mich hier an den Beinen gefasst; schnell, nimm sie alle weg.	Karl, debla kaba, alilõ du ata nam; debla, léwo nam.
An den Füssen sitzen auch noch welche, schnell zieh mir die Stiefel und Strümpfe aus. Gut so, nun sind sie alle fort.	de le afo ñuti nam, debla de afokpa ku afowui le afo nam. eñõ, evo keñū keñū.
Sieh, da ist ein Sandfloh an der grossen Zehe. Nimm eine Nadel und zieh ihn heraus. Aber pass auf, dass du den ganzen Sack herausnimmst.	kpo da, jiga (mami dosu, scherzhaft!) do afodeglefećume nam. ćo abui na de nam. evo, kpo ñuẽ de na de ku kotokua nam.
Herr, ich habe alles herausgenommen.	apeto, mudé vo.

Bist du sicher? Dann gieb mir etwas Petroleum. So, giesse einen Tropfen hinein.

Herr, wir haben nichts zu essen und die Leute wollen uns nichts verkaufen.

Dolmetscher, nimm meinen Säbel und geh zum Häuptling. Er soll im ganzen Dorfe sagen, dass seine Leute meinen Trägern Essen verkaufen. Und sage ihm auch, wir bezahlen alles; wenn sie aber nicht verkaufen wollen, so werde ich es nehmen.

Was sagt der Häuptling?

Er sagt, dass die Leute erst zur Farm hinausgehen müssen, und das ist eine Stunde; die Nacht kommt schon und es wird spät.

Geh noch einmal und rufe den Häuptling; und wenn er nicht kommen will, so fange ihn und bringe ihn her.

Nun, du alter Schuft, was hast du mir erzählt? Es ist spät und deine Leute können nicht mehr zur Farm gehen?

Ja.

Ich will dir eine Frage stellen: es ist bald Nacht, werden denn die Dorfleute nichts heute Abend essen?

Ich weiss nicht.

Du weisst nicht, du Lügner? Sieh, da kochen sie ja alle Yams in den Höfen. Siehst du es?

Ich sehe.

So, jetzt werde ich euch strafen: die Dorfleute haben heute am Morgen und am Mittag gegessen,

ña woa? (ist die Sache zehn, d. h. eine runde Zahl, fertig). nam kerozin madoe. eñō, do vide ji. apeto, mim'kpo nu deti miadu wò, amewo gbe nusasa do mi.

gbeseto, co klanteñea na yi dufiọa gbọ, ne to ne kopeto keñu ne wosa nududu do viñewo. to ne be mil'atu fe nawo, ne miple nua; ne wogbe nusasa do woa, maco nu le wosi gbalọ.

aleke dufiọa gblō?

ebe, amewo l'ayi agbleme, gbọpe wol'ava (bevor sie kommen); co fike (von hier) co yia l'ano gapopo deka; ezā gbo na dodogbe.

gbayi de na yo dufiọa; ne gbe be yemava wòa, nalé va nam.

kpo da, dumegā voē, aleke wogblō: wobe zā do, amewo m'gbateñu ayi agbleme wòa?

ē.

mabiọ se: zā do vọ, eye amewo tšā m'gbadu nu le kopeame wòa?

ñe muña wò.

womuña wò, ajedatọ (alǒ alakpatọ)? kpo da, wole ete da ko l'apeame. wokpoa?

m'kpoe.

eñō, mado ayia nawo vide: kopemetowo du nu egbe ñdé kañē gbaku donkucume nududu, evọa,

meine Leute aber nur am Morgen; ich muss morgen früh fort, die Dorfleute bleiben hier und können Speise von der Farm holen, verstehst du? Und dort laufen Schafe, siehst du? So, jetzt werde ich euch strafen: du wirst zwei Schafe geben, und ich bezahle sie nicht; und die Dorfleute werden Korn und Yams und Pfeffer verkaufen. Dolmetscher und zwei Mann, nehmt den Alten und geht überall herum, damit er es den Leuten sagt.
Hast du es überall gesagt?
Ja, die Leute werden Speise bringen. Schlage mich nicht, verzeihe.
Sich, da kochen die Weiber Essen und hier bringen sie so viel Yams und Hühner, dass ich nicht alles kaufen kann. Siehst du wohl? Haben die Leute das Alles jetzt von der Farm geholt?
Nein, es war im Hause.
Ihr seid Schufte und Räuber. So, jetzt geh und sage den Dorfleuten, dass sie sofort Feuerholz und Wasser bringen.
Herr, wir wollen zur Küste zurückgehen.
Was, ihr wollt gehen? Wer ist der Herr, ich oder ihr?
Du bist Herr, aber dies Land ist schlecht, und wir haben gestern gehört, dass hinter den Bergen sehr böse Menschen wohnen. Wir gehen nicht dahin.
Lasten auf!
Was, ihr gehorcht nicht?

toñewo du nu ńdé kañẽ ẓe deka ko; maso ćo ńdé kañẓ, kopemetowo ne no añi le fihe, ne woakpo nududu ćo woba 'gblewome, wosea? kpo, alẽgbowo ehũ le yi ko. evo, madõ to nawo: wol'ána alẽgbo ve (bebewu ve, Hammel), ñe matu fẽ doe ta wò; kopemetowo ne sa bli, ete ku yebese. gbeseto, yo ameve, ne kplo amegã do ćo yi kopeame, ne bato ne ameawo.

wogblõe ne amewo keñua?
ẽ, amewo l'ahẽ nududu va.
m'gbapom wò, mude kuku nawo (ich nehme meinen Hut vor dir ab).
kpo da, ñõnuwo ehũ le nuda ko, yewo hẽ ete fũ ku koklowo va kode ke ñe mateń 'aple kpata wò. wokpoa, ekea wokeńũ ade agbleme yewo hẽ ćoa?

wò, ahome.
alakpato ku ajowoto yewo ñi. eñõ, yi na to ne kopemetowo ne woahẽ nake ku ći va ẓe deka.

apeto, miagbigbo yi aputa.

nuka, mil'ayi? ameke ñi apetoa, miawo elö alö ñe?
eweñi apeto, evoadukeame muñõ, mise ćo be le toa godoa amekpotoe woñi le funoa. mimayi funoa wò.

midro agba!
nuka, mimase gbeñea?

Wer zur Küste will, der geht dort an den Baum. So, ihr seid acht: geht, aber den ersten, welcher geht, schiesse ich todt, dann den zweiten, und so alle. Vorwärts, geht zur Küste. Und wenn ihr nicht gleich geht, schiesse ich mitten unter euch. Dolmetscher, was willst du?
Herr, die Leute bitten um Verzeihung.
Gut, ich will ihnen verzeihen, aber ich nehme ihnen zehn Mark von ihrem Lohn.
Der Weg ist schlecht; wenn ihr weit von einander getrennt geht, und ich schiesse dreimal, so müsst ihr schnell kommen.
Die Leute werden uns angreifen. Oeffnet den Patronenkasten und nehmt zehn Patronen Jeder. So! Stellt euch hinter die Bäume und schiesst gut, aber nicht eher, als bis ich rufe: »Feuer!«

Dolmetscher, glaubst du, dass sie angreifen?
Nun, ich weiss nicht, es kann sein.
Da, der erste Schuss!
Da, noch einer. Es kommen Viele.
Feuer!
Herr, Kwadyovi ist gefallen und Akwete verwundet.
Wartet, pflanzt das Bayonett auf; der Feind hat schon viele Todte, wir greifen mit dem Bayonett an. Vorwärts, vorwärts, schnell, schnell. Hurra!

amedeke le ji l'ayi aputa, ne jo yi atihũa ñ'ti. eñõ, mia ameñi: yi, mia dome to ke l'ayi ṅkogbea, mada tui, eye evegoa, ku kpoteawo la mawuwo. miyi, miyi aputa. ne miyi ze deka wòa, madami tua. gbeseto, nuka ji ko wole?

apeto, wode kuku.

eñõ, maco kewo, ero, made siliñ 'wo le fetu me nawo.

emo muñõ; ne amede yi le novia ñutia, mada tuti 'tõ, ne miadebla va kaba.

amewo le ji l'asomi. hũ tukpedaka, amedeka ne ćo kpe ewo. eñõ, mika (zerstreut euch) atiawo godo, ne miada tu ñue de, amede m'gbadae gbeñe mase wò (schiesse, mein Wort hört er nicht), ne mise be: »mida tua!« ñe miadae (bevor ihr schiesst).

gbeseto, wobu na be wol'ato mi 'tua?

ñe muña wò, ete l'añi nenema.
kpo, etu ṅkogbea di.
kpo, evegoa. wogbona sugbo,

mida tua!

apeto, wowu Kwajovi, eye Akwete ho abi.

no te, ćo tunuhloa do tua nu; ame ku le ketoawo (Feinde) dome sugbo, mizũ do yi, mizũ do yi kaba kaba. hura!

Sucht im Busch, ob ihr noch Feinde findet.

Herr, ich muss sterben, ich bin schwer verwundet.

Du wirst nicht sterben, ich werde euch Medizin auf die Wunden legen.

Wir müssen die Lasten umpacken, die Verwundeten können nicht tragen. Dolmetscher ordne du alles an.

Wir müssen in der Nacht Posten ausstellen. Tevi, du stehst bis Mitternacht, und Mesa bis Morgens.

Herr, Herr, ein Löwe!

Ein Löwe? Ja, da brüllt er. Gieb mir mein Gewehr.

Der Löwe hat dein Pferd zerrissen.

Was hast du mit dieser Last gemacht? Sie ist ganz nass!

Sie ist in den Fluss gefallen.

Sieh, aller Kattun ist verdorben, hängt ihn auf die Bäume, dass er trocknet.

Heute kehren wir zur Küste um, nun geht schnell.

Ich will euch den Lohn zahlen.

Kwasi, drei Monate: den Tag eine Mark, sind zweiundneunzig Mark; zehn Mark hatte ich dir Vorschuss gegeben, zehn Mark Strafe, ist ein Pfund, also bekommst du 72 Mark.

Zehn Mark Strafe? Ich weiss nichts davon.

Du weisst nichts davon? Als ihr zur Küste zurückgehen wolltet? Ja, es ist richtig.

Henrici, Ephesprache.

kpọ gbea ji, be wol'akpọ kḛtọawo ma.

apetọ, maku, muhọ abi sugbọ.

womaku wò, mado atike eji nawo.

mipopu agbawo do mia nu (unter euch), abitọawo mateñū acọ agbawo. egbesetọ, kpọ chñawo nawoe nawo.

miado zādiatọ abu zā. Tevi, abu zā ji; Mesa, abu ñdé kañg.

apetọ, apetọ, játa!

játa? ẹ, ele fāfā kọ. co tuñe nam.

jata le sọwoa du.

muke wowọ ku agbakea? epoci keñū.

eje tome.

kpọ, avọ keñū gble. sia do atiwo ji, ne woapu.

egbe miagbigbọ aji aputa. evọ, yi kaba.

matu miabe fḛ na mi.

Kwasi, wetri 'tō; silin deka gbe deka, ele silin kawetsiwewe; munawo silin 'wo to le fētume nawo, keñū le paun deka, eye wol'ahọ silin ñi to le kaweme.

silin wo to le fētume nam? ñe muña eya wò.

wom 'ña nenè wòa? woale be keme mibe (ihr sagtet) miayi aputa?

ẹ, ña woe (zehn).

Hier sind zweiundsiebenzig Mark, fertig.

ho siliṅ ñi to le kavemea, evo

Herr, du hast noch Kattun und Grey-Bast; ich möchte meinen halben Lohn in Waaren nehmen.

apeto, klaku gbaku gãgã l'asiwoa; ne maho fã do apene fetuame.

Gut, wähle aus.

eñõ, kpo me, ná ċo.

Halt, nun ist es genug, das ist schon für zwei Mark zu viel.

to te, eñõ 'vo, esugbo kaka siliṅ ve tsiji.

Herr, ich denke, du wirst mir die zwei Mark schenken, ich war immer ein guter Träger.

apeto, m'bu na be, wol'aċo siliṅ 'vea keñũ, do edoċovi ñuẽ de muñi nawo.

Nun gut, nimm den Kattun, du warst immer gehorsam.

eñõ, ho avokea, do evi gbeseto ñuẽ de woñi.

Danke, danke.

dono, dono.

16. Auf der Lagune.

Die Lagune ist heute sehr unruhig.

toa je adã egbe.

Schadet nichts, wir fahren nach Seva.

muwo nu de wò, miayi Seva.

Herr, dieses Kanu ist zu klein, das Wasser wird hineinkommen.

apeto, ehũa mulolo wò, eċi l'ava hũame.

Dann nehmt das grosse.

ehũa ċo hũ gã.

Sind die Bambu hier?

madeawo le fihea?

Drei Mann stossen.

ame ametõ ne ku hũ.

Haltet gegen (die Wellen).

kpe ċia.

Bambu hoch (aus dem Wasser, um eine Woge unter durchlaufen zu lassen).

d'ati ne,

Herr, sieh, da ist ein Alligator.

apeto, kpo elo yehũ.

Wendet!

tro hũa.

Haltet, ich werde schiessen.

to te, mada tu.

Du hast getroffen.

wodo abi eñũti.

Wasser schlägt in das Boot, schnell, nehmt Kalabassen und schöpft es aus.

eċi le va akloame, debla ċo tre na ku ċia koṅgbe.

Das Kanu leckt.

ehũa le dudu.

Dann fahrt schnell und schöpft Wasser.

debla kaba, na ku ċia.

Wir wollen hier landen, dort ist ein guter Platz.	miayi ago le fihe, nope ñuǧ de le funoa.
Nehmt die Lasten heraus und tragt mich hinüber aufs Trockene.	fṳ agbawo to, na kplọm éo yi pupuipe.
Ist das Segelboot fertig?	abalahũa sọgbea?
Ja.	ḛ̃.
Bringt die Riemen und den Bootshaken hinein.	éo fṳ atablo ku hūlétia do hūame.
Vergiss nicht den Anker.	migbañlọ be señgea (sekea) wò.
Richtet den Mast auf.	fṳ abalatia do te.
Anker auf!	họ señgea.
Zieht das Segel hoch.	sia abala (alō do abala).
Die Raa ist zerbrochen.	boñtia ñe.
Lass das Segel hinunter.	didi abala dẹ.
Anker aus!	da señgẹ.
Ist der Dampfkutter fertig?	ʒohūvia sọgbea?
Ja, Herr, wir haben fünf Atmosphären.	ḛ̃, apetọ, atmosfere atṓ.
Dann wollen wir fahren.	ehūa 'ñō, miayi.
Oeffne das Hauptventil.	hū veñtile gã.
Macht gut Feuer.	do ʒo ñuǧ de.
Schüttet Palmkernschalen auf.	ku neka kọ dome.
Lege ein wenig Holz auf.	do me nake.
Pumpe in den Kessel.	yọ éi do éiʒeame.
Pumpe über Bord.	ku éia kọñgbe.
Langsam Dampf.	ne ʒo blewo.
Vollkraft.	ʒoa ne sẽñū.
Halbkraft.	ʒo fã.
Pumpe lenz.	kpa éi le ehūame (alō: ku éi ehūame).
Der Dampf ist zu hoch, Thür auf.	eʒoa sugbo wu nu, hū kpoa (Ofen) do nuvō.
Zerkleinere Holz.	so nakea.
Halt! Anker aus, Thür auf! Blase die Maschine ab.	to te, da señgẹ, hū kpoa, na mọ yeʒoa ne to va yi.
Nimm den Werkzeugkasten zum Hause.	éọ adañdaka yi ahome.

17. Fischfang.

Fischen die Leute?	amewo le do da ko wo)?
Gestern haben sie gefischt.	edo woda do va yi.
Sie sind im Boot hinausgefahren und werfen das grosse Netz aus; sie haben viel gefangen.	wode hũ, ye wole do kplo woi wolé lã sugbo.
Er fischt mit dem kleinen Netz.	ele asabu da wo. (do im allgemeinen, asabu kleines, agene oder yovodo grosses Netz).
Er hat nichts gefangen.	mulé lã sugbo wò.
Geh an den Strand und kaufe Fische.	yi aputa na yi ple lã.
Kaufe von dem besten.	ple lã ñuẽ de.
Wenn du Sohlen siehst, so kaufe Sohlen.	ne wokpo afopomea, naple.
Ist die Brandung gut?	apua 'ñõa?
Nein, sie ist nicht gut.	wò, muñõ.
Wir wollen an Bord gehen.	miayi hũme.
Der Dampfer hat geschossen.	melea da aplẽm.
Er will abgehen.	el' ayi.
Rudert gut, damit wir nicht nass werden.	miku hũa ñuẽ de, ne ci m'gbapomi wò.
Kannst du schwimmen?	woña ci pupua?
Wir wollen nach Anyako gehen.	miayi Añako.
Setzt die Segel bei.	mido abala.
Der Wind weht nicht gut.	aya mule po ñuẽ de wò.
Nehmt die Bambu zur Hand und stosst das Kanu.	ẽo made ne miaku hũa.
Rüstet das grosse Boot.	mijira batrea (alo akloa) do.
Habt ihr viel Fische gefangen?	milé lã sugboa?
Ja, Herr, sieh; aber das grosse Netz ist zerrissen, wir müssen es ausbessern.	ẽ, apeto, kpo da; evoa, agenga ẽ, miàjirae do.
Wir haben zwei Riemen verloren.	mibu atablo ve.

18. Jagd.

Sie sind auf die Jagd gegangen.	woyi ade gbe
Giebt es hier Leoparden?	ekpõ le fikea?
Nein, aber viele Antilopen.	wò, ese le sugbo.

Auch Pferdeantilopen?	eluwo tsã lea?
Ja, aber wenige.	ẽ, ele vivi.
Löwe.	jata.
Wildschwein.	gbeha (hajiẽ, das rote Wildschwein).
Elefant.	atigliñi.
Buschhuhn.	tekle.
Büffel.	eto.
Roller (ein grauer fuchsartiger Hühnerräuber).	fiobe.
Kannst du schiessen?	woña tu dada?
Ja.	ẽ.
Verstehst du zu jagen?	woña ade dada?
Hörst du sie nicht schiessen?	wom'se wole tu da wo wòa?
Ziele gut.	jije ñuẽ de.
Du hast es nicht getroffen.	wò, mupoe wò.
Wo hast du den Büffel gesehen?	fih' wokpo toa lea?
Es war eine Antilope.	esea.
Sie brennen Busch, jetzt fangen sie viel Wild.	woto ʒo gbe, wole lã lé wo fũ.
Heute Nacht wollen wir auf den Anstand gehen.	egbe ʒãmea, miayi adegbe.
Willst du mit mir kommen?	wol'ayi kuma?
Komm mit mir.	va miyi.
Hast du das Gewehr geladen?	wosika tua?
Putze die Flinte.	tutu 'tua.
Oele sie gut.	sia ami ñuẽ de.
Nimm erst Petroleum und dann Gewehröl.	si kerozin ne gbope na ɖo tumia si ne.

19. Wege- und Brückenbau.

Folge mir mit dem Buschmesser und tritt das Gras nieder.	kplom do ku kpatsa na ñe gbeawo.
Zwölf Mann schneiden die Bäume ab, sechs schlagen Gras und vier ebenen den Boden.	'me amewère ne so atiawo, ame aɖe ne ñlo gbea, 'me amene ne gudu añigba.
Tragt die Bäume seitwärts des Weges.	fo atiawo ko do mo to.
Werft das Gras auch seitwärts.	lo gbeawo tsã do akpa deka.

Schlagt das Zelt hier auf und kocht euer Essen. Um zwei Uhr fangen wir wieder an.
Tragt diesen Termitenhaufen ab. Es ist zu harte Arbeit.
Ihr faulen Burschen, ihr sagt immer, es ist zu harte Arbeit. Macht schnell.
Wir wollen hier eine Brücke bauen.
Fällt diese Bäume hier.
Gut; vierzehn Mann tragt sie und legt sie über den Fluss.
Grabe hier ein wenig Erde ab.
Gut, nun legt das Ende des Baumes hinein.
Legt diese dünnen Bäume quer darüber.
Jetzt legt viel Gras darauf und dann Erde.
Zimmermann, baue auf beiden Seiten ein Geländer.

wo bu ado fike, ne miada nu. ga 'vemea miato ji.
ku babakokea. ewodo se ṅuto.
wovi kuviato, aleke kpo wogblo na be, do se akpa chu. debla kaba.
miawo ana do fiha.
so atikeawo.
eñō. ame wene ne fowo ko do etoa ṅkume.
ku ekoa vide le fiha.
eñō, na atia nu ne yi doame.
fo ativikeawo señu ji.
lo gbe sugbo ko do ji, evoa, na lo eko do eji.
adañto wo ajelala do akpa 'veawo.

20. Verschiedene Palaver.

Ich will dies Land kaufen.
Was willst du haben?
Hundert Pfund.
Was, hundert Pfund? Bist du närrisch? Ich will dir drei Pfund geben.
Nein, das ist zu wenig, gieb mir 20 Pfund.
Das ist zu viel, ich will dir fünf Pfund geben.
Nein, dann verkaufe ich es nicht.
Nun; dann will ich es nicht haben.
Herr!
Was willst du sagen?
Gieb mir zehn Pfund.

maple añigbakea.
nuka jiko wole do eta?
paun kavetakpo.
nuka be? paun kavetakpo? woje dahoa? mana paun 'tō.
wò, musugbo wò, nam paun wui.
esugbo ákpa, mana paun atō.
wò, chūa ñe m'gbasa wò.
eñō, ñe mule ji wò.
apeto!
nuka ji ko wole?
nam paun 'wo.

Ich habe dir gesagt, fünf.
Herr, höre! Lege zwei Pfund dazu.
Gut, ich gebe dir sechs und wir wollen den Kontrakt machen.
So, ich habe es zweimal geschrieben, ein Papier nimmst du, eines behalte ich für mich.
Gut.
Jetzt wollen wir unterschreiben.
Herr, ich kann nicht schreiben.
Das weiss ich; du machst drei Kreuze, hier ist die Feder. Ich werde deine Hand führen.
Ich will dies Land mieten. Wieviel Miete kostet es?
Fünf Pfund jährlich und ein Puncheon Rum.
Sind die alten Männer alle versammelt?
Ja.
Höret was ich sage. Vorgestern sind Frauen von Klabonu durch eure Stadt gekommen und ihr habt sie angegriffen. Vier sind fortgelaufen, aber eine habt ihr gefangen. Ist das wahr?
Herr, du weisst alles, es ist wahr, und wir bitten um Verzeihung.
Wo ist die Frau?
Sie ist nicht hier.
Nun, wo ist sie?
Ein Delavemann hat sie gekauft
Aha! Nun sage ich euch: in drei Tagen ist die Frau hier und ihr bezahlt ausserdem zehn Fass Pulver an die Familie der Frau. Habt ihr gehört?
Wir haben gehört und wir werden die Frau zurückkaufen.

muto nawo sã, paun atõ.
apeto do tom. ćo paun 've kpe.
eñõ, mana paun adẽ, nẽ miawo woma.
munvo woma tepe 've; woaho deka ne tsã maćo deka jira do.
eñõ.
evoa, miado aśi womame.
apeto, ñe mateñũ añlo woma wò.
muña nene, te flũ so ga dome tepe 'tõ. malé alo nawo.
mada ñigbakea.
nene wol'aho?
paun atõ pe deka ku aha kplikpa deka.
amegãwo va 'voa?
ọ.
ñićoa eñõnu de ćo Klabonu va to miabe duame, eye misowo. wo amene si, 'ye milé deka. ña woea?

apeto, ña woe, milé afo nawo (alo mide kuku nam).
fihe ñõnua le?
mule fihe wò.
eñõ, fike ñõnua le wo?
Dalaveto ple.
ghẽ, eñõ, mato nawo: le ñkeke 'tõ mea eñõnua ne va fike, evoa, mil'ana du titriñ ewo ne ñõnua homewo, misea?

mise, mil'ajo ñõnua.

Und das sage ich euch: wenn ihr noch einmal Menschen raubt, so treibe ich euch alle fort und brenne eure Stadt nieder. Ihr seid Brüder, und Brüder sollen Freunde sein.

Wir bitten um Verzeihung, Herr.

Hört mein Wort! Meine Leute sind mit Waaren durch eure Stadt gegangen und ihr habt sie mit Knütteln geschlagen und habt zwei Kisten Gin und vier Fass Pulver fortgenommen. Wer hat den Gin und das Pulver?

Herr, wir Alle haben den Gin getrunken, und der Häuptling hat das Pulver.

Siehst du, du bist ein Schuft. Hört zu! Heute ist Sonntag. Wenn wieder Sonntag ist, bringt ihr zu meinem Hof: zehn Kisten Gin und zehn Fass Pulver als Strafe. Und du, alter Schuft, bist nicht mehr Häuptling. Hier seht, hier ist Afanu, ein weiser Mann, der ist jetzt euer Häuptling. Und er wird des alten Häuptlings Haus und Farm nehmen. Und du, alter Räuber, bekommst 20 Hiebe. Bindet ihn an diesen Baum, zieht ihm das Gewand herunter.

Au! Ich sterbe, Herr, verzeih.

Gebt ihm 20, es sind erst 12.

Herr, ich sterbe.

Du stirbst nicht, aber ich werde dich strafen, du Spitzbube.

So, jetzt bindet ihn los.

Jemand hat zwei Stücke Zeug gestohlen.

evoa, mato ne mi: ne migblalé amedea. mañā mia kpata jo, eye mato ʒo edua. mia kpata novi deka miñi, eye añutia miwo holo ñue.

mide kuku, apeto.

mido to ne miase. eviñewo va to miadea ku agba, eye miso po ku ati, eye miho jini adaka 've ku du titriñ 'ne le wosi (ihre Hand). amake si jini ku duawo le?

apeto, minu jinia 'wo, dua le amegā 'sime.

kpo, amekpotoé woñi. mido to! egbe ñi kwasida, gbekagbe gbañi kwasida, ne miahe jini adaka 'wo ku du titriñ 'wo co va le afo nam. wo amegā dugbāto, wogbañi dumegā wò, mudewo le fio, ji egbe (ich entsetze dich heute). kpo Afanu eke, enuñato, eye l'añi miabe dumegā; ne baho amegā ba 'pe ku agblea le eši (seine Hand). wo ajoto hoho woapo eba ewui. miblę do atia ñuti, nemiade avo le ñuti.

āo, maku, maku, apeto, mude kuku.

ming ʒe wui, wueve yehū 'wo. apeto, maku, maku.

womaku wò, madō to nawo, fiafi.

eñō, mide aši le ñuti.

amede ʃi avo kpo 've: ameke wo nenga?

Wir wissen nicht.
Ihr wisst nicht? Dann werde ich euch alle solange prügeln, bis ihr den Dieb wisst. Agini, gieb mir den Stock.
Herr, Atiogbe hat das Zeug gestohlen.
Nein, ihr lügt.
Ich werde gehen, deine Sachen zu untersuchen. Haltet ihn fest.
Finde ich das Zeug, so strafe ich dich sehr hart.
Herr, ich habe es gestohlen.
Siehst du? So, nun bindet ihn an den Verandapfahl und gebt ihm zehn Hiebe.
Jetzt geh und bringe das Zeug her.
Was zankt ihr da?
Kwakuvi hat gesagt, dass ich sein Huhn gegessen habe.
Ja, er hat es gegessen.
Das ist nicht wahr, es war mein Huhn.
Schweigt still und hört. Ich habe euch oft gesagt, dass ihr keine Hühner in meinem Hofe halten sollt. Wenn du ein Huhn hier hattest, Kwakuvi, so ist es gut, dass ein anderer es gegessen hat. Du aber bist ein Dieb, ich weiss, dass du es gegessen hast. Nicht wahr?
Ja.
Aha, du wirst mit 1 Mark bestraft. Ihr anderen, hört mich. Ich sage euch wieder, wenn ihr ein Huhn kauft, tödtet es sogleich auf dem Markt und kocht es. Ich erlaube euch nicht, Hühner auf meinem Hof zu halten.

mim 'ña wò.
mim 'ña wòa? ehña mafo mia kpata éo sédo ekeme miaña fiafitoa. Agini, éo ati nam.

afeto, Atiògbe fi avoa.

wò, mida je.
mayri kā nuwome ‚alo adakawome). milé hē do aśi.
ne mukpo avoa l'aśiwoa, mado ayra nawo fu.
afeto, mufi ña 'wo.
wòkpoa? evoa, miblae do abrandati ñūti, ne wiafo ze 'wo.

evo, yi éo avoa va.
nuka be ayire wo ko mile?
Kwakuvi be, mudu yebe koklo.

ę, edu kokloa.
aje, kokloñe.

milé nu, na do to. mu to nami sā, be mim' gbañi koklo de l'afeme me wò. ne ñi ña 'wo be koklowo le fiha, Kwakuvi, ehña enō be edui evoa, ewoa fiafito woñi, muña be wodui, muña 'woea?

ę.
ghē, made śiliñ deka to le fętuwome. mia ame kpotçawo mido to miase. magbagblōę ne mide, ne miple kokloa, miwui ze deka l'aśiame ne miadae. ñe malō ne mi, be miañi koklo le ahoeñe me wò.

21. Aerztliche Sprechstunde.

Wie geht es dir?	aleke wofũ do?
Ich bin nicht wohl.	ñe m'fũ ñuẽ de wò.
Was fehlt dir? Hast du Kopfweh?	nukę le wowo? eta le duwoa?
Ja, ich habe Kopfweh.	ẽ, ta ele dum.
Es schwindelt mir.	mele dam.
Ich habe Leibschmerzen.	adome le dum.
Wo?	fikę?
Hier.	le fihe.
Hast du Stuhlgang?	wole de kpa godoa?
Nein.	wò.
Wie lange bist du nicht gegangen?	wekawe wodo kpo kpa godo yiyi?
Seit vorgestern.	ñico.
Hier, nimm diese Medizin sogleich.	kpo, ho atikekea nu ʒe deka.
Geht es dir noch nicht besser?	muje eme nawo hade wòa.
Es geht mir etwas besser.	eje eme vide (alō ekadome vide) nam.
Ich glaube, du hast Fieber.	m'bu na be kpokpo ele ji wo.
Ja, ich habe die ganze Nacht Fieber gehabt.	ẽ, muje kpokpo ʒãme.
Hast du perniciöses Fieber?	mujẽ le mowoa?
Ja.	ẽ.
Du bist heiss.	woje ʒo.
Dein Kopf ist heiss.	etawo je ʒo.
Schmeckt es dir?	adome ko nawoa?
Nein, das Essen schmeckt mir nicht.	wò, nududu mujiro nam wò.
Kannst du schwitzen.	fifia te nawoa?
Nein, ich habe keinen Schweiss.	wò, fifia wute nam wò.
Friert dich?	avivo wo nawoa?
Mich friert.	ẽ, avivo wo nam.
Mich friert sehr.	avivo wo nam ṅto.
Ich sterbe vor Kälte.	maku gbaku avivo.
Hast du Brechreiz?	tutru le dowoa?
Ja, ich habe mich erbrochen.	ẽ, mutru 'vò.
Seit wann hast du Fieber?	woalebe ke kpokpoa jejiwo?

Welche Medizin hast du bisher angewendet?	atikeke̩ nuko̩ wole va sẽ fifihea?
Chinin.	kinine.
Es ist gut, fahre damit fort.	eñõ, no̩ nu nui ko̩.
Nimm zweimal täglich eins von diesen Pulvern.	ho̩ atikekea deka na nu ze 've gbe deka.
Es ist nicht gut, höre ganz auf.	muñõ wò, da si le ṅuti.
Ich will dir Medizin schicken.	mado da atike.
Löse sie in einem Glas Wasser auf und trinke sie.	ku ći tomble̩ deka ć'o̩ tito̩e̩ ne̩ na mi.
Trinke sie dreimal täglich.	na nui ze 'to̩ gbe deka.
Wieviel davon?	ne̩ne̩ma nu ne̩?
Einen Esslöffel.	gati deka.
Sieh zu, dass du dich nicht erkältest.	kpo̩ ñuẽ de ne̩ avivo̩ m'gbawo̩ wò.
Es ist kalt.	avivo̩ le ṅto̩.
Ich bin ganz nass geworden und habe mich erkältet.	m'kpo̩ ći ye avivo̩ lẽm.
Bringe eine Decke und decke mich zu.	ć'o̩ kuṅtu va tsõ nam.
Hast du Schmerzen?	afi de le vewoa?
Ja, im linken Arm, er ist ganz steif, ich kann ihn nicht biegen.	ẽ, miome boa le dum; èlia sisisi, ñe m'teṅũ le he̩ wò.
Du hast Rheumatismus.	ćiti ele wo̩.
Hier nimm diese Medizin, ein Stück alle zwei Stunden.	ho̩ atikekea, na mi deka le gapópo 'veme.
Herr, ich weiss nicht, was Stunde ist.	ape̩to̩, ñe muña gapópo.
Du Buschmann! Dann nimm vor dem Frühstück eins, dann eins, wenn die Sonne halb zum Mittag steht, eins zu Mittag, eins, wenn die Sonne halb herunter ist, und eins, wenn die Sonne untergeht.	wò, woñi eveme ṅto̩! mi deka ṅdé kañẽ gbo̩pe nadu ab'lo; ne̩ wea va ji ñuẽ dea, na mi deka; ne̩ we da kpoa na, na mi deka; evo̩a, ne̩ we do ho̩a, na mi deka.
Aber sieh zu, dass du nicht schnell danach dein Essen nimmst, warte ein wenig, hörst du?	kpo̩ ñuẽ de ne̩ m'gbadu nu kaba gbo̩pe na mi wò; to̩ te vide, wosea?
Ja wohl Herr, danke.	ẽ, ape̩to̩, m'da akpe nawo, do̩nolõ!

Ich bin krank.	m'lélé do.
Ich war krank.	mule do.
Er war krank.	ele do le ko.
Viele Leute in der Stadt sind erkrankt.	ame sugbo lélé do le duame.
Viele sind gestorben.	ame sugbo woku.
Was fehlt den Leuten?	do ke wole?
Die Pocken sind unter ihnen.	sakpate le wodome.
Ich will kommen und alle Leute impfen, dass die Pocken sie nicht tödten können.	mava si yewe nawo do abo ne sakpate m'gbawuwo de wò.
Ich habe Dysenterie.	mule sikwi ñe ko.
Ich hatte Dysenterie.	muñe sikwi ñe ko.
Koche Fongirinde und trinke dreimal täglich.	kpa foñiti ñuti (alo foñitsro) na sia na de (= dae), ne namu ʒe 'to gbe deka.
Dies ist die beste Medizin gegen Dysenterie.	foñitiñuti eñō ne sikwido.
Herr, trinke erst von der Medizin.	apeto, nu atikea gbope.
Fürchtest du, dass ich dich vergifte? Ein weisser Mann vergiftet keinen Schwarzen.	wole vovō wo be mawuwoa? yovo mudo na ameyibo be ku wò.
Verzeih, Herr, ich hatte vergessen, aber die Schwarzen vergiften sich oft gegenseitig.	apeto, mude kuku, muñlo be, do muke ñutia ameyibo wu na wononoewo.
Hast du Zahnweh?	adelā le wowoa?
Ja, ich habe Zahnweh.	ē, adelā le wom.
Ich konnte die ganze Nacht nicht schlafen.	ñe m'do alō egbe ʒāme kpo wò.
Geh zum Regierungsarzt, dass er dir den Zahn ausziehe.	yi fiobatikewoto gbo, ne ba ho adu nawo.
Sei muthig und fürchte dich nicht.	do ji sesē de, ne wom'gbavō wò.
Ich habe Ohrenweh.	eto le dum.
Er hat Ohrenweh.	eto le dui.
Ich habe den Guineawurm.	mulélé ato.
Ich hatte den Guineawurm.	mulé ato 'vo.
Die Kinder haben Husten.	deviwo le kukpe.
Sie husten die ganze Nacht.	wole ku kpe ku ʒā kpatā.

Dieses Kind hat Würmer.	avlokui le adome ne devikea.
Sie wollen Wurmmedizin haben.	wole ji avlokuitike.
Er hat das Bein gebrochen.	eñe ata.
Er hat den Arm gebrochen.	eñe abo.
Er hat drei Rippen gebrochen.	eñe aḥadaputi 'tō.
Ich werde ihn heilen.	mada gbe le ñuti.
Ich habe mich in die Hand geschnitten, es blutet.	muso alovi, ehū le toto ko.
Zeige einmal.	éo fiom, makpo.
Er hat sich die Hand verbrannt.	efiō alo ku ʒo.
Eine Kugel hat ihn verwundet.	tukpe poe.
Er wurde von einer Kugel getroffen und starb daran.	eho tukpe 'bi, je beku.
Fünfzig Mann wurden verwundet.	ame katsiwo ho abi.
Dreissig Mann blieben auf dem Platze.	ame gbā ku do atrōnu.
Das Boot schlug um.	akloa butu.
Drei Mann ertranken.	ame 'tō tsi 'tome.
Ein Mann ist vom Haifisch gebissen.	gboḥule du ame deka.
Da bringen sie ihn.	jehū woéo gbo na.
Dort ist ein Mann, den ein Alligator gebissen hat.	ame de tsā 'lo dui.
Ich muss dir den Arm abschneiden.	maso abowoa nawo.
O weh, Herr, dann muss ich sterben.	ó, apeto, mul'aku.
Nein, du wirst nicht sterben, wenn ich ihn dir abschneide.	wò, m'gbaku wò, ne musoe nawoa.
Lege dich auf diese Bank.	mlo añi do magokea ji.
So, nun atme tief und zähle: 1, 2, 3 u. s. f.	eñō, gbō sēsē de, na ḥlẹ̄: de, ve, tō, kaka éo ji sẹ̄ do.
Ich bin verstopft.	ñe mule kpa godo de kō wò.
Ich habe Tripper.	mulélé safu do.
Pass auf, was du thun musst.	do to, aleke wol'awoa.
Hier dieses Instrument füllst du mit der Medizin, und dann spritzt du die Medizin ein, so wie ich dir jetzt zeige, dreimal täglich.	ḥo nukea, mudo atike eme, na pḥu atikea dome, si aleke mufiowo nene, ʒe 'tō gbe deka.

Komm nach drei Tagen wieder zu mir. Und laufe nicht viel, bleibe auf der Matte. Trinke keinen Rum oder Palmwein, und nimm keinen Pfeffer zu deinem Essen.

ṅkeke 'tṳ gbea na gbava gbọñe de. evọa m'gbadisa wò, nọ abawo ji le afi deka. m'gbanu yovoha alõ deḥa eye m'gbadu yebese nu tšã wò.

22. Schule.

Hat es geläutet? — wopó womahọme ga 'vọa.
Nein, noch nicht. — wò, m'pó hade wò.
Es hat schon lange geläutet. — wopó ga họhu 'vo.
Du musst zur Schule gehen. — yi womahọme.
Du musst lesen und schreiben lernen. — nakpla woma ṅọṅlọ ku ḫệhlệ.
Sieh zu, dass du nicht zu spät kommst. — kpọ ñuệ de wom'gbatši m'gbe wò.
Lauf schnell, oder du kommst zu spät. — šidu kaba, nẹ wom'gbatši m'gbe wò.
Hast du deine Aufgabe gelernt? — wokpla womawoa?
Hast du dieses Lied auswendig gelernt? — wokpla hajijikea?
Hast du deine Rechenaufgaben gelöst? — wobu nuawo 'vọa?
Nein, noch nicht. — wò, ñe m'bui hade wò.
Schreibe besser. — ṅlọe boñ (aus Ga).
Deine Handschrift ist nicht schön. — muṅọṅlowo muñõ.
Gehorche deinem Lehrer. — do tọ nufiotọwoa.
Seid stille. — mialé miabe nuwo.
Schwatzt nicht mehr. — mim 'gbapó nupó de hũ wò.
Warum zankt ihr? — nuke be ajire wọ kọ mile?
Er hat mich gescholten. — ele nupu wọ do ñuti ñe.
Schelte ihn nicht wieder. — m'gbapó nu do ñuti de wò.
Das Buch. — buku.
Die Wandtafel. — muṅlogbogblo.
Die Kreide. — tšoke.
Die Schiefertafel. — womaṅlokpe.
Der Schiefergriffel. — muṅlokpeti.
Feder. Tinte. Papier. — womaṅlọti. womaći. woma te flu.
Ziehe Linien. — nukpakplakẹ le miakpla?
Was für eine Stunde haben wir? — nuḫệhlệ.
Lesen.

Schreiben.	womañoñlo.
Rechnen.	nububu.
Deutsch.	yama gbe.
Englisch.	ŋlesi gbe.
Religion.	Mawu nã.
Handarbeit.	nutōtō.
Sitzt gerade.	no añi jojoe de.
Setze dich auf diese Bank.	no magokea ji.
Du bist der erste, zweite.	woeñi ṅkotoa, evegoa.
Schlafe nicht.	m'gbadō alō wò.
Morgen bringt ihr das Schulgeld, 1 Mark jeder.	eéo na hẽ womahome fẹ̃tua va.
Erste Klasse, zweite Klasse.	ṅkogbeto, evego.
Du hast schlecht gearbeitet, du wirst nachsitzen.	woje ago, matowo te de.
Der Unterricht beginnt früh um 7 Uhr und dauert bis 10 Uhr.	miato nukpakpla ji le ṅdé kañẽ ga adreme, éo va sẽ do ga 'wome.
Morgen fangen die Ferien an, sie dauern zwei Wochen.	eéo woanami mō éo na kwasida 've.
Am Montag ist frei, da ist Kaisers Geburtstag. Aber um 9 Uhr seid ihr alle hier in der Schule.	Joda nukpakpla m'gbale wò, yeñi fio be jigbe ṅkekea. evoa, ga asidekemea miakpata miava womahome.
Herr Lehrer, ich habe meine Fiebel vergessen.	nufioto, muṅlo be bukuñe (fibre?).
Lies dieses Stück.	hlẽ akpakea.
Stottere nicht soviel, sprich langsam und gut.	m'gbakuku ade sugbo wò, ṗo nu blewo ñuẽ de.
Du schreibst zu dick und machst so viel Kleckse.	wole ṅlo woma kpẽtẽkpẽtẽ, woéo womaéi ṗo woma fũ.
Tauche die Feder nicht so tief ein.	m'gbaéo womañlotia do womaéia me sugbo wò.
Nimm eine andere Feder.	éo womañloti bu.
Ich will euch Federn und Bücher verkaufen.	masa womañloti ku woma do mi.

23. Kirche.

Kommt zur Kirche.	va Mawu home.
Kommt auf den freien Platz, wir wollen euch predigen.	mito va agbonu, miagblõ Mawu ña na mi.

Sind viele Leute in der Kirche gewesen?	amẹ sugbọ wole Mawu họme.
Du hast in der Kirche geschlafen.	wodō alō le Mawu họme.
Schlafe nicht wieder.	m'gbadō lō de wò.
Welches Lied habt ihr gesungen.	ha ke miji?
Wir sangen Nr. 5.	miji ha ta atō.
Worüber hat der Prediger gepredigt?	nuka ñūti sọfoa p̓o mup̓o le.
Matthäus V.	Matteo ta atō.
Hast du es verstanden?	wosea?
Ja, ich habe alles verstanden.	ẹ̃, muse keñū.
Hat er gut übersetzt?	edè gọme ñuẽ de fio mia?
Uebersetze meine Rede.	de ñañea gọme.
Vergiss es nicht wieder.	mim'gbañlọ be de wò.
Behalte diese Worte im Herzen.	ẹo ñakea wola do jiwo me.
Sei nicht nur ein Hörer des Wortes, sondern ein Thäter.	mim'gbase ko jiro ku miabe to wò, evoa miwo do eji.
Morgen wird er getauft.	ecọ wol' ado Mawuéi ta ng.
Der Taufschein.	Mawuéi dogba,
Altar.	Mawukplọ.
Kanzel.	Mawuñagblọp̓e.
Der Lehrer spielt die Orgel sehr gut.	nufiotoa le sāku p̓o kọ ñuẽ de.
Die Liturgie.	ñañūtidodo.
Das Lied.	ha.
Die Predigt.	Mawuña.
Das Gebet.	gbedodo nẹ Mawu.
Der Segen.	yayira.
Sie feiern eine Hochzeit in der Kirche.	wolélé alọ le Mawu họme amẹ ku srō.
Die Einsegnung.	deviwo be yayira.
Das Begräbniss.	tṣohọme.
Grab.	yodo.
Die Glocken läuten, es ist ein Christ gestorben.	wole ga p̓o kọ, kristoto de ku.
Weihnachten.	bloña.
Ostern.	paskwe ñkeke ñuẽ.
Pfingsten.	pentekoste.
Charfreitag.	Yesu be ku gbe.
Gründonnerstag.	Yawoda ñkeke ñuẽ.

Die Bibel.	Mawuña woma.
Der Katechismus.	katekisme.
Das Gesangbuch.	hajiwoma.
Das Glaubensbekenntniss.	hosemebubu.
Das Vaterunser (vgl. S. 71).	miato ke ele ejiṅkuči, mibu ṅko no, ɓo fiodua va, ɓo jironu ne wo l'añigba sigbe aleke ele le jiṅkuči. na mi egbe miabe ṅkeṅke nududu, na éo miabe agrojéjewo ke mi, sigbe aleke miéo ke na amekewo jeago do mie. m'gbatutu mi do tetekpomewo, si dé mi jo le nuvõame: do towo eñi fiadua kudo ḥoḥlo kudo kokoe kaka éo yi. amen.

24. Tod und Begräbniss.

Der Mann ist todt.	amea eku.
Wir wollen ihn in Tücher schlagen.	miatsõ avo ne.
Legt ihn auf die Bahre.	miadé apakeme.
Die Leute bringen den Todten vom Dorf in die Stadt.	amewo dro ame kukua éo agble va ape.
Sie schiessen viel dabei.	wole tu da ko ṅto.
Warum thun sie das?	nuka ñuti wowo nenea do?
Um ihn zu ehren.	bubu n'ame kukua ṅ'ti.
Wo begraben sie die Todten?	fike wodi ame kukua do?
Manchmal im Hause und manchmal im Walde bei der Stadt.	wedowea wodi ne do home, edewoa wodi ne do aveme.
Aha, deshalb wollt ihr wohl Abends nicht allein durch den Wald gehen?	ehẽ, eye ñutie ame deka m'to na aveme ʒãme wò.
Ja, Herr, ein Mann ist nicht gut.	ẽ, apeto, ame deka muñõ.
Ihr seid Kinder! Die Todten können euch nichts zu leide thun.	wò, deviwo miñi; nuka ame kukuľ ateñu awo ame el'agbe (im Leben) wòa?
Sieh, warum sitzen die Leute hier und trinken so viel Rum?	kpo nuka ṅ'tie amewo do to de be aha nu le fiha wo?
Das ist die Todtenfeier.	etso wo ko yewo le.
Was liegt dort auf den Bäumen?	nuke le atikea ji?

Das ist auch ein Todter.
Warum begraben sie ihn nicht?
Weil er seine Schulden nicht bezahlt hat.
Und nun wird er nie begraben?
O ja, wenn seine Familie die Schulden bezahlt.
Und wenn seine Verwandten nicht zahlen und ihn begraben?
Dann müssen sie die Schulden bezahlen, und der Gläubiger kann sie fangen und verkaufen.

amę kukue le ji.
nukę ń'ti womudie wò?
do nukę ńūtiea fẹ̃ du tọe.

yeńūtia womadi wòa?
ẹ̃, wol'adi, nę novinvo tu fẹ̃a.

nę chomewo mutu fẹ̃a wò, yewo diea?
eyomea wol'atu fẹ̃wo keńu, nę womutu fẹ̃woa, fẹ̃to l'alę amę do wonu gegen sie) ćǫ sa.

25. Kaurirechnung.

Eine Schnur Kauris (40 Stück).
25 Schnüre sind 25 Pfennig (drei Pence).
50 Pfennig.
Eine Mark sind zwei Hotu.
Ein Beutel oder 10 Hotu sind 5 Mark.

hoka.
ka wuivatō eñi katōgavi.

hotu (kadẹ̃ga).
siliń (marke) deka eñi hotu eve.
kevi deka alo hotu 'wo eñi siliń (marke) atọ̃.

26. Einige europäische Begriffe.

Eis (Wasserstein).
Dampfschiff.
Telegraph.
Telephon.
Telegramm.
Photograph.
Photographie.
Post.
Brief.
Briefmarke.
Postkarte.
Soldat.
Gewehr.
Kanone.
Ein gedrucktes Buch (Maschinenschrift).

ćikpe.
azizohū (mẹlẹ).
telegrafe.
telefone.
telegrame.
fotografito.
fotografi.
poste.
woma, postewoma.
postmarke.
postkarte.
tuhęto.
etu.
aplęm (Ga: okplęm).
woma miomio (alo emǫnu ńońlo).

Landkarte.	ḥiḥeme woma.
Brille.	gaṅkui.
Christen.	kristotowo.
Mohammedaner.	malenwo alufawo¹.
Eisenbahn.	añigbahũ.
Eisenbahnhof.	añigbahũhome.
Lokomotive.	lokomotive.
Pferdebahn.	esokeke.
Elektrisches Licht.	kokoe elektrike.
Wagen.	keke.
Velociped.	velosipede.
Regenschirm.	katawuia, geḥi.
Lokomobile.	lokomobile.
Gasmotor.	gasmotore.

27. Verordnungen.

1. Jeder Hausherr ist verpflichtet, täglich vor seinem Hause die Strasse zu reinigen, bei Strafe von 50 Pf. das erste Mal.

2. Auf der Strasse dürfen keine Kalebassen, Töpfe oder andere Geräte liegen.

3. Das Singen und Musicieren ist nach 10 Uhr Abends verboten.

4. Jeder, der betrunken betroffen wird, zahlt eine Strafe von 75 Pf.

5. Jedes Dorf ist verpflichtet, ausserhalb der Höfe Aborte anzulegen.

6. Alle Palmkernschalen sind zur Befestigung der öffentlichen Wege zu verwenden. Es ist verboten, sie auf Haufen vor dem Dorfe aufzutürmen.

7. Die grosse Strasse (Landstrasse) muss zweimal jährlich, im April und September, durch Gemeindearbeit gereinigt werden.

1. apeto dewokpe ne jira ebe agbonu do gbewotsogbe, muñi nene wòa, el'atu fè kadēga.

2. le moa ji agbonu) amede m'gbado etre, ʒe alo enu dekpekpe da de wò.

3. miji ha ne miagble ga 'womea to te.

4. n'amede mu aḥa woaḥo katōgavitū le 'si.

5. kopeawo keñũ mea wone do afojidepe do apea godo.

6. neka keñũ milowo ko do dumoa ji. mim'gbaloe do ekũ do kopeame de wò.

7. mogā ji woaṅloe ʒe 've le pe dekame, le aprile ku septembre me ne ñi asafo do.

8. Am Fluss darf nur unterhalb der Stelle, wo das Trinkwasser geholt wird, gewaschen und gebadet werden.

9. Völlig unbekleidet ausserhalb der Höfe zu gehen, ist verboten. Armen hat das Dorf Kleidung zu geben.

10. Alle Todten müssen begraben werden. Das Aufstellen verstorbener Schuldner auf Gerüsten ist verboten.

11. Niemand hat das Recht, Glieder der Familie eines Schuldners zu fangen und zu verkaufen.

12. Menschenfang und Menschenhandel ist verboten.

13. Der Dieb hat die gestohlene Sache oder Ersatz zu erstatten und wird ausserdem mit Gefängniss oder Zwangsarbeit bestraft.

14. Der Mörder wird mit dem Tode bestraft.

8. le toame miña vo nẹ mialé či do etoa be añigbẹ ćo le fihe miku na či nunu lea.

9. amẹde m'glaẓõ amaama le agbonu wò. dumetowo nẹ na vọ woamẹnowo nẹ ta.

10. amẹ kukuwo keñũ wonẹ dinvo. amẹde m'gbado amẹ agba ji de wò.

11. amẹde m'gbalé amẹde amẹnu de ćọ sa wò.

12. amelélé ku amẹpéple mim'-gbawọwọ.

13. fiafito nẹ ćọ nu ke wofia ćọ na alo wonẹ tu fẹ́ nẹ nuto, evọa wol'ano game.

14. hlọ̃dọla wol'awui.

III.
Mundart von Dahome
(Fon).

Die Mundart von Dahome *(Fon gbe)* wird im grössten Teil des Königreichs Dahome gesprochen, und über dasselbe hinaus in dem unter französischer Schutzherrschaft stehenden Königreich Cotonou *(Kutonu,* Mündung des Todten-Flusses). Der Dahome-Küstendialekt, Phla-Pheda, nähert sich schon dem mittelländischen, während das im nördlichen Dahome gesprochene Machi eine gesonderte Stellung einzunehmen scheint. Der Küstendialekt hat in Folge der alten portugiesischen Niederlassung und früheren Schutzherrschaft daselbst, eine Anzahl portugiesischer Fremdwörter aufgenommen, wie *plabę* Stuhl, *kadera* (cadeira) gleichfalls Stuhl, *taro* Tisch u. a., von denen einige auch ins Innere gedrungen sind. Herr d'Albéca (vergl. Vorrede S. XII) nennt den Pheda-Phla-Dialekt Mina, eine auf keinen Fall irgendwie unter den Eingeborenen allgemeiner bekannte Bezeichnung, vielleicht von Mr. Duncan übernommen, während er die eigentliche Dahomesprache Dschedschi oder Fon nennt. Die letztere Bezeichnung ist die gebräuchlichste. Die beiden so sehr nahe zusammenstimmenden Mundarten hält er aber für zwei verschiedene Sprachen, während Schlegel schon Mitte der fünfziger Jahre Dahome richtig als Ephedialekt erkannt hatte.

Für die Aussprache sei bemerkt, dass die für Anecho gültigen Regeln (siehe S. 91) auch für Dahome massgebend sind, wie überhaupt der Anechodialekt in jeder Beziehung eine sichere Brücke zwischen den ost- und westländischen Mundarten bildet und sich deshalb unbedingt mehr zur allgemeinen Schriftsprache geeignet hätte, als Anlo, das in Dahome schwer verstanden wird.

I. Bemerkungen zur Fongbe-Grammatik.
I. Pronomen.

a. personale conjunctum.   personale absolutum

S. 1. *m', n, ñe*   *ñiẽ*
   2. *we, ē*   *we*
   3. *eye, ewe*   *ye*
Pl. 1. *mi*   *midre*
   2. *mi*   *miwe*
   3. *ye, we, e*   *yewe*.

b. adjectivum possessivum.

stets nach seinem Substantiv stehend:

S. 1. *je* mein   Pl. *mītō* unser
2. *towe* dein   *towe* euer
3. *etō* sein, ihr   *yetō* ihr.

pronomen possessivum.

S. 1. *jedie* der meinige   Pl. *mitōdie* der unsrige
2. *towedie* der deinige   *mitōdie* der eurige
3. *etōdie* der seinige, ihrige *yetōdie* der ihrige.

c. pronomen demonstrativum.

S. *elo* dieser   Pl. *ele*, *le* diese.

Der Plural *le* ist das allgemeine Pluralsuffix. In den nächstverwandten Sprachen finde ich für dieses Demonstrativ nur eine Analogie im Ga: *le* als objektives Personalpronomen der 3. Sing.: ihn, sie, es.

d. pronomen relativum.

S. *e*, *ehe* welcher, welche   Pl. *ehele*.

Das Relativ wird gewöhnlich ganz fortgelassen, namentlich wenn ein präpositionales Adverb den Relativsatz schliesst.

e. pronomen interrogativum.

S. *etewe* welcher   Pl. *etelewe*.

2. Verb.

Das Futur wird gern mit *na* umschrieben: *ina do* ich werde setzen.

Die Negation ist gewöhnlich einfach, und zwar suffigiertes *a*: *ñdoa* ich setze nicht. Sonst stimmt die Konjugation mit dem mittelländischen überein.

3. Substantiv.

Das Präfix *a* der Substantive erscheint als *o*, ebenso der suffigierte Artikel. Der Plural, wie überhaupt alle Nominalplurale, wird durch suffigiertes *le* gebildet, also den Plural des Demonstrativpronomens, während im Mittel- und Westlande der Plural des Personalpronomens, *wo*, als Pluralsuffix dient. Beispiel: *so* Pferd, Plural D. *sole*, An. und A. *sowo*.

4. Zahlwort.

Das Zahlensystem, das von Anlo am weitesten entfernt ist, so dass Anecho die Mitte hält, lässt noch deutlich die alte pentadische Grundlage erkennen; damit allein charakterisiert sich Fongbe schon als sehr altertümliche Mundart.

167

Die Kardinalzahlen lauten:

1. edé, dokpó, dopó (Ph. auch deka)
2. ewe
3. atō
4. eng
5. atō
6. aiẓe, aiẓẹ
7. tėwe (Ph. tẽ)
8. tatō (Ph. tātō)
9. tẹme
10. owo
11. wedokpo (Ph. wodopo)
12. wewe
13. woátō
14. woèng (Ph. woẹnè)
15. afoatō
16. foatō ku dokpó (oder ku nokpo)
17. foatō ku ewe
18. foatō ku ātō
19. foatō ku eng
20. eko
21. ko n'ku dokpo
22. ko n'ku ewe
23. ko n'ku ātō
24. ko n'ku eng
25. ko n'ku atō
26. ko atō n'ku dokpo
27. ko atō n'ku ewe
28. ko atō n'ku atō
29. ko atō n'ku eng
30. gbā
31. gbā n'ku dopo etc.
40. kande
50. kande wo
60. kande ko
70. kande gbā
80. kańwe
90. kańwewo
100. kańweko
200. afoade
300. afoade kańweko
400. afowe
500. afowe kańweko
600. ńuātō
700. ńuātō kańweko
800. afoeng
900. afoeng kańweko
1 000. afoatō
10 000. degbawe afowo
100 000. degba kande wo
1 000 000. degba afowe kańweko

II. Kleines Vokabular.

Die Tage der Woche:
voduńgbe Sonntag.
voduńgbe jesī (ahihōgbe, tenigbe)
　　　　　　　　　　Montag.
tatagbe Dienstag.
aẓāgagbe Mittwoch.

voduńgbe je sī aẓātońgbe
　　　　　　　Donnerstag.
ahosuẓāgbe Freitag.
asibibe Sonnabend.

aći Frau, Gattin.
aću Mann, Gatte.
aćukući Witwe.
adi Seife.

afi Asche.
afo Fuss.
afokpa Schuh.
agbańli Antilope.

agoṅke Kokospalme.
ahuañfūto, ahuañito Krieger.
ahūñā kleiner Stein.
ayiho Tag.
ayikūba Erde (*ayi* An. *añi*).
ayiuruwo Himmel (Erdenkleid).
ajaka Ratte.
ajinaku Elefant.
ajinakudu Elfenbein.
akā Feuerkohle.
alovi Finger.
āhime Trockenzeit.
amī Oel.
amū susu Nebel (dicker).
aṅō Gummi elasticum.
aṅotiṅ Nase.
asue Buschhuhn.
ati Baum; *gbó atio* Baum fällen.
atido Wurzel.
atisisē Baumfrucht.
avō Leinwand.
avōkē Baumwolle.
avū Hund.
aʒawo Laden.
aʒi Ei.
aʒo, aʒiʒo Rauch.
aʒokuē Tabakspfeife.
badanu Abend.
éo gestern.
éo nehmen.
da ñōnu Tante.
deke, kokiño portug. Palmkern.
di sa, sa didi gehen, laufen.
do ʒo, ta ʒo anzünden.
du nu essen.
efā kalt, ruhig.
ehome heute.
ekpopede, enuʒādī bald.
fāji Savanne.
faka Gabel.

felelé Kupfer.
ga Metall.
gavovo Kupfer.
gakpekpe Silber (wörtlich: flaches Metall).
gawiwi Eisen *wiwi* schwarz).
gbavi, apote (portug.) Kasten.
gbogbo Ziege.
gbeseto Dolmetscher.
gbeha Gras; *hū gbehā* Gras schneiden.
gihā singen.
givi Messer.
gleleto Landmann.
gleta Acker.
gōgō Palaverglocke.
hū vergessen.
howe, weho Sonnenschirm.
hūbo Schiff.
yoʒo Dampf.
ji Regen.
jidegbe Donner; auch *dobé*.
jinukuéu Wolke, der sichtbare Himmel, Donner.
jatá Löwe.
je Salz.
kabli Affe.
kadera (portug.), *plabe* (portug.) Stuhl.
kakla Messer.
kinikini (jata¹ Löwe.
kpadudo Gehege.
ku Tod.
kuklu Huhn.
lā Fleisch, Fisch.
legba Teufel.
legbo Schaf.
legbovi Lamm.
mebublu ungerecht.
naki Feuerholz.

no, dada Mutter.
novi, daho, vigã Bruder.
nududu Speise.
ñeke Sand.
ñibu Rind.
ñibunoči Milch.
oćime Regenzeit.
ode Oelpalme.
ohú Meer.
okpo Leopard.
oni Schwein.
oñi Regenbogen.
osó Berg, Gebirge.
osũ Wald.
osũ Mond: sũ waji erste Viertel;
sũ ejrohũ halbe Mond; sũ
kpeka Vollmond; sũ ku Neumond
todter Mond.
osũ vu Stern.
se Fels.
sokehu Blitz.
si Schwanz.
sika Gold.

sita (portug.) bedruckter Stoff.
takẽ Pfeffer.
tomẽ Haus.
to Vater.
to Fluss.
tu Gewehr.
tukpẽ Gewehrkugel.
vićunu Sohn.
viñõnu Tochter.
voduñgbe Woche, Sonntag.
wedoto Richter.
wuhã Lanze.
wekã-afefe, blo Indigo.
wema Papier, Brief.
wemaći Tinte.
weme Mittag.
zã Nacht, Matte; zã ku die Nacht kommt.
zĩkpo Stuhl.
zohũ, koñgo Dampfschiff.
zome, meñañateme Hölle.
zãtõgbe morgen.
zãzãtõ Morgen.

III. Lesestücke

(vergl. S. 43 ff. und S. 92 ff.)

1. Tãvo.

Ećo holoè do blo tãvo do home. ećo agbá do tãvo ji. mieñlo wema, ćo ñi tãvo ji. tavo eji wu plabe, afo ene wedu glõtõ.
tavo, aus dem portug. — blo zimmern. — ećo, 3 Pers. Plur. — ñi sein, verweilen, ruhen; ćo ñi legen. — plabe Stuhl, aus dem portug. palavra; zu der Bedeutung Stuhl ist es gekommen, weil alle Männer zu den »Palavern« sich einen niedrigen Stuhl mitbringen.

2. Plabe.

Plabe ñi zĩkpo afo 'ne do glõtõ. weñi jõ ejio, eno kpa zõe, atikpato ćo atí do blo plabe na. do woea tavo ji woea eno ćo do. azĩkpo gajewu made ñia, eno jole do ji holozĩkpo eto ñi zĩkpo ehũ. eñi nutsi wgo na do, n'du wgo na do, ho de na do wgo, eno ji joẽ ji.

afo 'ne do glotō; Relativsatz; das Relativ wird im Fongbe gewöhnlich ganz fortgelassen. — jo sitzen, setzen. ejio; o Satzartikel. — kpa ʒōe; kpa, okpa heisst Teil, Seite, ʒōe hinten. — woea — woea, oder weo — weo heisst entweder oder, stets den Substantiven nachgestellt. — made nia, doppelte Negation; ade, Futur zu de, sein. — yole; yo nennen. le sie, Plural des Demonstrativpronomens. — holoeʒikpo, wörtlich: Brettsitz. — ho Rede. — joē ji darauf sein; jo sein, verweilen.

3. Gba.

Atikpato éo holoe do blo gba. eblo nusu de nu. kpo agaʒago kpā, eno éo de nu. eno éo avō kpā, akwe kpā, gege éo do eme. gba enono home, na 'joto éo na éo hu éo nutowea.

gba Kiste; im A. und An. bedeutet agba nur die Last, Tracht. — eblo sie machen. — nusu Deckel. — de nu darauf zu sein. — kpo und. — kpā auch. — akwe Kauris. — gege vielerlei. — 'jotō; ajoto bedeutet in den westlichen Dialecten nur Räuber, im Fongbe auch Dieb. — éo hu können. — éo nutowea nehmen deine Sache nicht; hier einfache Negation a.

4. Toyiʒē.

Eno éo ko do me ʒē. eno éo ʒē éo yi to do éi wa hoegbe. aʒādegbewoasuō eno éo aha kpo ami de eme. ama hē dagbealo, eja yio, enagbā, eéo n'añō n' dewoa.

wa, so stets in Dahome für va. — ama hē dagbealo wenn nicht ihr nehmt sorgfältig. — dewo irgend etwas, mit Negation a.

5. Ab'lo.

Eno ligi éo do da 'blo na. gbadeku kpo liku ēgbā gboho godō de jio, eno yole; dogi. yevolifi edālo, eno yole dogi. gleme we gbade no wu de. glesi do gbade, Mawu jiro bo ji ja de ji, tso be no hōa.

ligi Teig, Sauerteig. — kpo und, aber, oder. — gboho rühren. — godō Teig. — jio darauf, daran, dazu. — gleme Farm, auf dem Felde; we dort, daselbst. — gbade — gbadeku Getreide. — glesi, auch gletō Landmann. — bo, bo sein. — tso be bis dass, bevor.

6. Ete.

Te eéo, le dome. gleto ho ʒū, edo ʒo ʒū, bo fo te dome. wuwùtō eni glesi ho dea, edo kpuñkpoe, wenu ayihūhū tu éi do ji, tsugbe no éo. kūkūgbétō doa, eno éo hē yi hoè ku homeñō, beno da du.

dome im Inneren, im Boden. — ho ʒū schneidet Busch. — edo ʒo ʒū legt Feuer an den Busch. — bo er. — wuwùtō das Wachsthum. — glesi gletō. — kpuñkpo warten. — wenu bis, Zeit. — ayihūhū Himmel. tsugbe bis. — no éo wachsen. — kūkūgbétō Ernte. — homeñō Freude. beno dass, damit.

IV. Gespräche.

1. Alltägliches.

Komm her!	woade.
Wo warst du?	ji ede?
Ich war auf dem Hofe.	ndo kpáme.
Ich war auf der Strasse.	ndo toligbo ji.
Was ist da auf der Strasse?	anihu̧e do aliȩ ho?
Viele Leute.	gbeto̧ sukpo̧.
Bring mir meinen Rock.	ćo agawu tśe wa numi.
Stiefel.	afokpa.
Hut.	gbaku.
Seife.	adi.
Bring mir Wasser.	ńu ći ńumi.
Warmes oder kaltes?	miõmiõwoe fifawoe?
Es ist noch kein Wasser da.	ći de bu tia.
Dann geh schnell und hole was.	γáwo ba de numi.
Das Wasser ist heiss.	ćia hu miõmiõ.
Das Wasser ist kalt.	ćia fifa.
Füll ein, giesse ein.	ćo ko ńdime.
Der Topf ist zerbrochen.	z̧ȩ egbã.
Das Wasser ist ja so schmutzig.	ćia kuji trãla.
Ich konnte kein besseres finden.	ńćo mo da gbedea.
Gieb mir den Kamm und Spiegel.	ćo davũso kpo nukpočkpã wa numi.
Was machst du zum Frühstück?	ani miadu z̧ãz̧ãńde?
Reis und Huhn.	moliku kpõ koklo kpã.
Röste etwas Yams.	ćo te do kpome.
Ist das Frühstück fertig?	z̧ãz̧ã mududu ko sogbea?
Bring mir Messer, Gabel und Löffel.	ćo jiri kpã gafo kpã tśivi.
Du hast das Salz vergessen.	eño je.
Was haben wir zum Mittag?	aniwede miadu oweme.
Bohnen.	aγiku.
Ein Mann ist da, der ein Schaf verkaufen will.	mede do ji, bo na sa lȩgbo.
Wieviel soll es kosten?	nabiwe?
Acht Schilling.	siliń tãtõ.
Ich werde dir vier Schilling geben.	ńana siliń enȩ.

Wenn du mir 7 Schilling giebst, will ich zufrieden sein.
Nein, nimm 5 Schilling, fertig.
Soll ich das Schaf gleich schlachten?
Ja, mache zum Mittag die Leber und den Brägen.
Zum Abend koche eine Keule.
Haben wir noch Brod?
Ein kleines Stück.
Gut, du kannst gehen.
Sind keine Bananen, Ananas, Kokos oder Apfelsinen zu haben?

Ich will in die Stadt gehen und sehen.
Ich will auf die Jagd gehen.
Sage Atiogbe, er soll mit mir kommen und die Patronentasche und Büchse tragen.
Hier, stecke diese Patronen in die Patronentasche.
Mach Feuer.
Ich habe keine Streichhölzer.

Das Feuer brennt.
Ich möchte Yams haben.
Es ist keiner da, aber Kassada und Mais.
Gut, bringe es.
Wo ist dein Vater? Ich habe ihm etwas zu sagen.
Er ist auf dem Felde.
Geh und rufe ihn.
Ich möchte die Nacht hier schlafen.
Lege die Matte hierher.

anami siliñ teñwe, ñayi.
ewo, yi siliñ atõ, ewo.
mawu alẽgbo ʒũ dokpoa?
ñ! ẹo ali ku fɔ̃kpa ẹo do da weme n'dudu.
gbada mududuọ adẹ asátũ.
woḥuḥu de déa?
kpẹ edéde.
ẹkoñõ, boyi.
anàmo kokuealogli, goñde, agoñkẹ, gbodoklowe anamo de ḥo numia?

mayi gbegbe gboyibakpõ.

mayi gbe.
do ni Atiogbe, bo va ẹo tukpẽgba kpo tupã.

ẹo tukpẹlẹ ẹo koñdo gbame.

eflo miõmiõ.
dumu ("frisches Pulver") do asitsea.
miõmiõ hũ.
ñdo te bawe.
dedea, feñli gbo badeku.
eñõ, ẹoa.
fitẹ da tọ de? ṇobibao na do ḥo né.
edo gleta.
yi jorwe va.
ñjiro na do fi gbadanu.
ẹo ʒã do fi.

2. Begrüssungen.

Du schläfst gut?
Gut.

afõ dagbea?
afõ dagbea.

Ich danke dir.	kudewo.
Wo sind deine Frauen?	fia asitowele de?
Sie sind zu Hause.	yedo hoegbe.
Sind die Kinder zu Hause?	vitowele yedo hoegbea?
Ja!	yede.
Wie geht es dir?	ado dagbea?
Geht es dir besser?	ekpɔ te ñue?
Es geht mir besser.	ekpɔ te ñu.

3. Haushalt und Küche.

Wo sind die Burschen?	fi' yakpole de.
Sie sind unten.	ye dayi.
Macht die Betten.	do ʒãle.
Habt ihr das Schlafzimmer schon gekehrt?	ako ʒã honomea?
Reinige die Stiefel	susɔ fokpa.
Hänge die Schlüssel an die Wand.	co tsawile kpla cowu.
Giesst Oel auf die Lampe.	da mi ʒugbĕme.
Zünde die Lampe an, es ist dunkel geworden.	ta ʒugbĕ ʒiflu do.
Stelle das Bett auf die Veranda, es ist zu heiss hier.	co dōʒã co hĕwo ji, home hūʒo.
Spalte Holz.	ʒe naki.
Ist das Holz trocken?	naki chua?
Nein, es ist noch grün.	eo, edo mũ.
Brennt das Feuer?	miomio edo jijia?
Hast du schon ein Huhn geschlachtet?	ako wu koklolea?
Schlachte zwei Hühner.	wu koklo we.
Schäle Yams und schneide ihn in Stücke.	kpa te lo bo sĕ.
Koche ihn.	edã.
Wenn der Yams weich ist, stampfe ihn.	ebo, hũ so.
Mache Fufu.	so agũ.
Koche diese fünf Eier.	da koklozĩ atɔ̃.
Mach eine Palmölsuppe.	da demucumi.
Mache Fetri-Suppe.	da fevi.
Thue Maismehl hinein.	do eli fime.
Thue etwas Pfeffer hinein.	do takĩ me.

Koche Reis. da moliku.
Röste Mais und mache Mehl. ćo gba dekũ do lilifi.
Wo sind die Teller? fih' agbale de?
Haben wir noch Fisch? elã de kpoa?
Nein, aber ich kann welche von eo, ñaho de do doñitole 'si.
einem Fischer kaufen.
Morgen vergiss nicht Palmwein maño atã jije ćowò, miablo
zu kaufen, wir müssen Brod backen. wohũhu.
Gieb mir eine Apfelsine. ćo gbodoklowe numi.
Es ist keine mehr da. dećo kpoa.
Auch keine Bananen? kokoealogli dema kpoa?
Nein, aber Ananas. eó, agõde wede.

4. Vom Wetter.

Der Himmel ist klar. jinukućuu bihõ sese.
Der Himmel ist bedeckt. edo kpete vi.
Der Wind weht. johõ ñi wayi.
Die Sonne geht auf. we tõ.
Die Sonne geht unter. we yi ho.
Die Sonne brennt sehr heiss. we si wo eweo trala.
Regen fällt. ji ja.
Es ist dunkel. ʒiʃlu do.
Es ist kalt. avivo.
Es ist warm. yóʒu.
Regnet es? ji jaa?
Ein Gewitter kommt. hebieso do ṅdoe.
Hörst du den Wind? johõ do ñiñiwe?

5. Erkundigungen.

Ist dies der Weg nach Pheda? fite Peda li de?
Dies ist der Weg zu gehen hier. alio die gbũ fihe.
Ist es weit? alio elĩa?
Nicht weit, zu Mittag kannst elĩa, kaka ge (we) naye hũa
du dort sein. anayi.
Du gehst falsch. abu ali.
Bitte zeige uns den Weg. hle alimi.
Ich will euch den Weg zeigen. ñahle aliawe.
Geht immer gerade aus. se yi nukũ.
Kommt mit mir. wa mayi.
Es zweigt sich kein Weg ab. alio de ʒea.

175

6. In der Faktorei.

Was willst du kaufen?	anie ana ho?
20 Stück Kattun.	avo kpo ko.
Hast du Geld?	gã de asinwea?
Greybafi.	là.
Prints.	jite.
5 Kopf Tabak.	azo kpo atõ.
3 Kisten Gin.	jini gbã tõ.
10 Demijohn Rum.	ahã ajagoe wo.
Ein Sack Salz.	je adõkpo dokpo.
Seife.	adi.
Eine Kette Korallen.	lãkã kã dokpo.
Zwölf Messer.	jivi weve.
Fünf Pack Rothgarn.	movokã wema atõ.
Weissgarn.	vokãwè.
Drei Gewehre.	etu atõ.
20 Fass Pulver.	dugba ko.
Herr, die Kanus kommen vom Markte.	hwèno, hũle go èo ahibuja.
Wieviel Kerne hast du?	deki nabi amo?
Zeige das Oel.	èo ami ahle.
Es ist nicht gut, es ist schmutzig.	eñõa, èkuji.

7. Münzen und Masse.

50 Pfennig = 2000 Kauris.	afo.
1 Mark (Schilling).	degba.
1 Dollar.	degba tõ.
Oelmass.	
18 old wine gallons.	akruba.
9 desgl.	zè.
4½ desgl.	aladáko.
1 desgl.	gã.
½ desgl.	gã adade.
Kernmass.	
etwa 60 Kilo.	akruba.
» 30 »	zè.

Kleinere Oelmasse giebt es nicht.

Glossar.

Henrici, Ephesprache

Vorbemerkung.

In das vorliegende Glossar sind die in dem Abriss der Grammatik verzeichneten Zahlwörter und überwiegend auch die Pronomina nicht aufgenommen. Die drei Mundarten, Anlo, Anecho und Dahome (Fongbe) sind alphabetisch vereinigt, bei bezeichnenden und eigentümlichen Ausdrücken jedoch mit dem Zusatz A., An. oder D versehen. Nicht besonders bezeichnete Wörter sind als Anlo, im allgemeinen auch als Gemein-Ephe zu betrachten. Die Reihenfolge der Buchstaben ist dieselbe, wie im Alphabet des grammatischen Teiles; nur *kp* und *gb*, wo sie im Inlaut vorkommen, stehen an gewöhnlicher Stelle. Bei den Vokalen folgen auf die einfachen die nasalierten. Die Nomina mit den beweglichen Präfixen *e* und *a*, D. *o*, stehen nicht unter diesen Buchstaben, sondern ihrem konsonantischen Anlaut.

I. Ephe-Deutsch.

A.
a suffigierte einfache Negation im D.
Alufawo, Malewo Mohammedaner.
aplẽm, An. *akpleñũ*, Frdw. Ga
  okplẽm Kanone.
Awusawo, Malewo Haussah.

B.
ba um, herum, ungefähr.
aba Schlamm, Kot.
aba Gewebe, Matte, Bett.
eba Hieb.
baba Termite, weisse Ameise.
babako, An. *babakō* Termitenhaufen.
badanu D. Abend.
badeku D., *gbadeku* D. Mais.
baya Besen.
abala Segel; *do abala* Segel setzen.
abalahũ Segelboot, Segelschiff.
balihue Harmattan, Wüstenwind.
batala grosses Boot.
abati Bettgestell.
batrę, An. *aklo* grosses Boot.
bawe D. wünschen.
be sagen.
be, bena, benę, D. *benǫ* dass, damit, weil.
abe — *enę,* so — wie.
bealehe, bealeke gleichwie.
bena, benę, D. *benǫ* dass, damit, weil.
bę sich verbergen.
abę Sprüchwort.
bębęnu Hammel.
będę, klate Säbel, grosses europäisches Buschmesser.
bi brennen.
abi Wunde; *do abi* verwunden;
  abito der Verwundete.
bi schmal, eng.
abi, abui A. Nadel.
abiñku Nadelöhr.
bia bitten, fragen; *bia ñũ* nach
  etwas verlangen.
ebia Frage, Bitte.
biabia Bitte, Frage.
biã röten, rot sein.
bibao D. wünschen.
bidibidi dünn, fein.
biẹ An., *biã* A. röten, rot sein.
bihõ D. klar.
abihoho das Wundsein.
biji zürnen.
abinu Nadelöhr.
abito der Verwundete.
bla binden; *bla nu* den Mund
  binden, einen Bund machen.
blafuñue, blafugbe A. Ananas.
ablajo Banane, Pisang.
ablewo, An. *ablawo*, Frdw. Ga
  abla Mulattin.
ablego europäischer Stuhl mit
  Lehne.
blewo, blewũ Adv. sachte, langsam.
blẽ A. Schwanz.
blibo ganz, gesamt.
blihaja Maisblüthe.
bliko Dunkelheit.

bliti Maisstaude.
blitikpui Maiskolben.
blo D. hobeln, bauen.
abloći europäisch.
ab'lŏ An. D., *abólo* A. Brod.
ab'lokpó An. Backofen.
bloña An., Frdw. aus Ga. Weihnachten.
ablo freier Platz im Dorfe.
bloći An. Blauwasser.
blu schmutzig sein.
blu rühren, kneten, quirlen.
blu de schelten, zanken.
ablunui Narbe.
bo Bastseil.
ebo An. Zaubermittel, Fetisch.
abodiabo, abodiabo runde Flasche; *atukpa* ist die eckige Gin- oder Kümmelflasche.
bohũa An. vielmehr.
aboyo, apanu Beute.
bolipo tiefe Furche, Wassergraben.
abólo A. Das Maisschrotbrot der Eingeborenen, Kinke, faustgrosse Stücke, mit Palmwein gesäuert und in Blätter gewickelt.
bo nu, bo po Landarbeit machen.
boñ, Frdw. Ga, besser, lieber, eher.
boñti Raa.
abosã Teufel.
boso Walfisch.
bosomi, An. *bosro* Thran.
bovule An. Haifisch.
abo Arm.
abo Garten.
bo, bobo An. setzen, niedersetzen, sich bücken, sich ducken.
bobo sich tief bücken, hinunterlassen; weich sein, gar sein; sich zusammenziehen (von Wolken).

bọbọ dokui reflexiv, sich beugen, demütigen; *bọbọ nọ añi* sich setzen.
bọbọ gebückt, demütig, niedrig, billig.
bọbuë sanft, weich.
abodiabọ runde Flasche.
abọdekatọ der Einarmige.
bo fua rupfen (Geflügel).
abọkpa Schulterblatt.
abọkuklui Ellenbogen.
abọlë verwelkter, atrophischer Arm.
abọpu Arm, Oberarm.
abọta Schulter.
abranda Veranda.
bu, mit nachgesetztem *ñuti* schützen.
bu denken; verirren, verwechseln, verbringen; rechnen.
bu akọnta Rechnung ablegen.
bu mọ An. den Weg verwechseln, sich verirren.
bu, bubu der Andere; *bu — bu* der Eine — der Andere.
bu, bubu verloren.
bu An. wachen, Wache halten.
bubu Art, Geschlecht.
bu na be glauben, meinen.
bua, azava Zelt.
bublu unrein, trübe.
abui An. Nadel.
buku, wọma An. Buch.
busu Unheil.
abutõ, Frdw. franz., Knopf.
butu kentern.

ć.

ća rascheln.
ća ji aufwarten.
će, će ku Frucht ansetzen.

ée werfen.
éi streng, stark werden, wachsen.
éi stumpf sein.
éi anhalten, bleiben.
éi sterben.
éi, éiéi spriessen, hervorkommen, hervorbringen, gebären.
éi Wasser, im An. auch Regen, der im A. stets jé heisst· D. éi.
aéi D. Frau, Gattin.
aéiapú das grosse, offene, hohe Meer.
éiéi wachsen.
éiéocui Welle, Woge.
éijagbe Regenzeit.
éijaja fliessendes Wasser.
éiko, jiko Durst.
éikpe An. Eis.
éikpo, An. tsukpo, tsikpo Kopftrage, die aus Rohrstäben gefertigt ist, zum Tragen von Lasten.
eéilélé An. Waschwasser.
éiléhome An. Badezimmer.
éimeñi An. Flusspferd.
éi mumu Trinkwasser.
éinku scharfäugig.
éio alle.
éio, éjo seihen, durchseihen.
éipupú schwimmen.
éisisi fliessendes Wasser, Fluss, Strom, Bach.
éiti An. Rheumatismus.
éivudo An. Brunnen.
éiẓea An. Kessel der Dampfmaschine.
éi ẓoẓo An. »Heisswasser«, Thee; sonst auch tia.
éi D. Wasser.
oéime D. Regenzeit.

éjo zudecken.
éjo umschlagen, kentern.
éjo sich setzen, seihen.
éo hervorkommen, herauskommen, abstammen; präpositional: von, aus.
éoji fortgehen.
éoéo zittern, beben.
éoéome Herkommen, Abstammung.
éoéui Woge.
éo dokui ke freigeben.
éo koṅgbe An. fortgiessen.
éokpo hüpfen, aufspringen.
éo po; jika Angst haben.
eéo gestern, morgen.
éo nehmen, tragen.
éo de asi na übergeben, ausliefern.
éo fa do gbo vortragen, darlegen.
éogbe Geburtstag; Seele.
éo gbogbo den Geist aufgeben.
éo ke nehmen, schenken.
éo kpe de ñúti zugesellen.
éo sédo ekeme bis dass.
éro, An. tsro Rinde.
éu schmähen, schimpfen.
éu stark, männlich.
aéu der Gatte, Mann.
aéugo Augenbraue.
aéukuéi D. Witwe.
éukuno der Blödsinnige.

D.

da liegen, legen, sich legen; kochen, backen.
da An. mieten.
dá laufen, schreiten.
dà werfen, schiessen, schlagen;
  dà tua mit dem Gewehr schiessen.

dã schwindeln, stolz sein.
da, dada Mutter; auch *no.*
eda Haupthaar.
edã Schlange.
edã der Bogen zum Schiessen.
da agbe, d'agbe, dagbe danken.
adaba Augenlid, Augenwimper.
adabaŋoŋo Augenblick.
dabĩ nein.
dabla. An. *debla* eilen.
dada An. Pfund Gewicht.
dãdála der Schütze.
dade hinstellen, legen, schleichen, lauern.
dadi. An. *asé* Katze.
dãdi afrikanischer roter Pfeffer.
dadia Muhme.
da do das Netz werfen, fischen.
dafo abnehmen.
dagã ältere Muhme.
dagbacu Fliege.
dagbo Deckel.
dahe weggeben, verschenken.
dahe arm, niedrig.
dahe, dake, daśi immer.
daho D. Bruder.
dayi D. unten.
da je An. lügen.
da jo glänzen, leuchten.
adaka Kasten, Kiste.
dakpanu A., *tśitśrém* An. Scheere.
d'akpe na danken.
dakpé das Gewicht zum wägen.
da lakpa heucheln.
damaduahovi An. Schaftstiefel, vgl. S. 106.
damekplorui Stechfliege.
damemi An. Haaröl.
d'ami, dami fett.
danu Gewicht zum wägen.

adañũ Zeichnung, Handelsmarke; künstliche, europäische Arbeit.
adañũnu Kunstarbeit.
adañũto, adañto An. Zimmermann, Handwerker.
adañũwola A. Kunsthandwerker, europäischer Handwerker.
adañwoto An. Zimmermann.
da ñõnu D. Muhme, Tante.
dape An. begrüssen.
dapela alljährlich.
dã pu das Schiffchen werfen, weben.
dasefo Zeuge.
daśi, dáhe immer.
daśiadam, taśiadam, An. *keke* Wagen.
daśiadam keke Wagenrad.
da ta überschreiten.
dãti Pfeil.
dã tu schiessen.
dañũso D. Kamm.
adã ärgerlich, aufgeregt.
de, di sein, verweilen, vgl. S. 27.
de, deka eins.
de, dede gehen.
de A. Fragepartikel, an der Spitze des Satzes stehend.
de irgend ein, einige, etwas, suffigiert und selbständig, auch mit folgendem Pluralsuffix
dé fassen, nehmen.
dé schieben, bewegen, sich bewegen.
dé, dédo graben.
dè wassersüchtig sein.
ade Wildpret; Jagd.
de Heimat, Land; Boden; das Untere, unten an.
de, D. *ode* Oelpalme, Weinpalme.
de, deku Palmkern.

183

adé Zunge.
dé abi ñū verwunden.
dé akume aus der Scheide ziehen.
de akpo gehen um zu sehen, besuchen.
dé asi Hand anlegen.
dé atru fe sich erbrechen.
dé dokui me sich trennen.
dé fe Schuld abzahlen.
dé fia kund thun, offenbaren.
dé fli eine Linie ziehen.
dé fu na eine Plage geben, plagen, erzürnen.
degba D. Kauris im Werte von 1 Mark.
de gbli anfangen, anfassen.
dé gome Ursprung nehmen, überzeugen, überführen.
dé he sich erbrechen.
dé ji aku in die Scheide stecken.
dé ji helfen, beistehen.
dea An. Stadt, Platz.
debla An. eilen, vorgehen von der Uhr. A. dabla.
debla An. schnell.
deći Suppe; ƒo deći die Suppe anrichten.
dé ći nu trinken, begiessen.
deda weichen, ausweichen.
ade dada jagen.
de da ñū gehen sich zu beraten.
dede alsbald, dann.
dedeći Palmölsuppe.
dé de go hinausstossen, schieben.
dedeko nur.
dédé, dédéla sogleich, alsbald.
dedi liegen.
dedie Müdigkeit.
adefõ Oelpalmwedel.

degbe Heimatsprache, Muttersprache.
de gbe Stimme ausgehen lassen, tönen; Manu de gbe es donnert.
de gome übersetzen.
deho fortnehmen.
deha Palmwein.
de ji draufgeben, zulegen.
deji Esel.
dekakoe derselbe.
dekakpui Jüngling.
dé ka ve na den Strick an die Gurgel legen, aufhängen.
adeke irgend ein.
deko, ko, dedeko nur.
dé ko to den Kopf neigen, eigentlich den Hals hinunternehmen.
dekpa An. Oelpalmwedel.
dekpekpe irgend ein, irgend etwas.
de kpe ñū ärztlich behandeln.
dé kpo prüfen, versuchen.
de kuku den Hut abnehmen, bitten, um Verzeihung bitten.
adela Jäger.
déla Helfer, Retter.
dé lã Fische fangen.
adelã An. Zahnschmerz.
deme eintreten.
deme hinein.
dé me anlehnen, pressen, füllen.
demeho Centipes, Hundertfüssler.
dé me na necken, spotten.
dé mići die Nase putzen.
de mo na Erlaubnis geben.
dena bestreichen, betupfen.
de na gbo na hin- und hergehen, auseinandergehen.
de nu übersetzen.
dé nu schwören.
dépe Stätte, Platz.

dépe wahr; als Frage: wirklich? *indeed?*
depe Lohn, Vergeltung.
depedodo Belohnung.
de pu verfehlen, nicht treffen.
adepu Fischerkahn.
dè sé ein Gesetz geben, gebieten.
desiade Jeder.
dè tá ausspeien.
déde tame in den Sinn nehmen, annehmen, glauben.
de tame na in den Sinn gehen, glaubhaft sein.
deti irgend etwas.
deti Oelpalmbaum.
déti Baumwolle.
detiku Baumwollsame.
detitetri der Wocken.
detukpui Jungfrau.
adetutu lahme, stumme Zunge, Stummheit.
adetututo der Stumme.
devi Kind, Knabe.
devino be ayira An. Einsegnung, Konfirmation.
dè vi ein wenig nehmen, Vorteil haben, gewinnen.
dewo D. irgend etwas.
edewoa manchmal.
dewola manchmal.
de ʒo blitzen.
de klettern, herunterholen.
de gbe gr.... donnern.
deke, deke, kokiño D. Frdw. aus portug. Palmkern.
di gehen.
di herunterkommen.
di werfen.
di füllen.
di bleiben.

di reinigen, rein sein.
dí eingraben, begraben.
di wünschen, wollen.
adi Frosch.
di Schmutz, Kot.
adi Seife.
diatui Beutel.
adiba, An. *aduba* Papayamelone.
adibati, An. *adubati* Papayamelonbaum.
adibodo, atǫgro grosser Pfeffer; kleiner: *yebese*.
dida Fingerhut.
adide, alilõ Ameise.
di dẹ hinunterlassen.
didi ausgeben, loslassen, hinunterlassen.
didi weit, fern sein, lange dauern.
didi weit, fern, lange; alt, voll.
didia Länge.
didime Weite, Länge.
didipe fern, in der Ferne; die Ferne, ferner Platz; von fern her stammend.
dija spazieren gehen.
dikadika, dègbẹ allzeit.
dike der Zweifel.
dikela Zweifler.
di na lieben.
di sa, sa didi D. gehen, laufen.
di po Durst löschen.
ditu rennen, dahin gleiten.
do liegen, legen, setzen; herausgeben, ausgehen lassen, gründen, fortgeben; wachsen (auch *do na*), hervorbringen; säen, pflanzen, ziehen; keimen; begleiten; entlehnen.
do D. Wand.
do sagen.

dó stossen, stampfen.
dó, dó nū, dó nūti vorbeigehen.
dó Büffel.
dò düster, trübe sein.
edo Loch.
edo Kleid, Zeug.
dó Volk, Stamm.
dó Grenze, Saum, Ufer.
do aba das Bett machen.
do abi treffen, verwunden.
do ada traurig sein.
do agbleme auspflanzen.
do ayia Strafe geben.
do ajāli An. einseifen.
dò akpa schweben.
do alo Hand reichen, helfen.
do ame ehren.
do aṕa An. gackern.
do asi unterschreiben, die Hand ausstrecken, haschen nach.
do asra schnupfen.
do awu ein Kleid anlegen, sich bekleiden.
do ćo erscheinen, gesehen werden.
do ćo aufbrechen, losgehen.
dode senden; sich befinden.
do de añi niedersetzen, erniedrigen.
do de ji erhöhen.
do depe auf einen Platz stellen, einsetzen, in Ordnung bringen.
do deṕe na vergelten, belohnen.
do de ta auf den Kopf legen, verurteilen.
dodg bereit.
do dí tauchen, untertauchen.
dodo das Gehen, der Ausgang.
dodo das Säen.
dodo An. Zeit.
do dome jui hartherzig, zornig sein.
dodu zusammenlegen.

dodu zusammen.
do du de Botschaft senden.
dodui stille.
doe schwach sein.
do flo eine Thorheit begehen.
do ga in Eisen legen.
do gbe die Stimme aussenden, beten; übereinkommen.
dogbe begrüssen.
do gbo vorlegen, vortragen, darlegen.
adoglo Eidechse.
dogo hinausgehen, ausgehen, hervorgehen, hervorgehen, hervorkommen, auf einander losgehen.
do gome anfangen, beginnen.
dogi Saatzeit.
do ḥlo einen Mord begehen.
adoḥo Küche.
do ji darauf liegen, abgelaufen sein; beistehen; an die Reihe kommen.
do jo, An. do zo Feuer machen.
do klo auf den Knien rutschen.
adoklo, adoglo Eidechse.
do ko entblösst, arm sein.
doko arm.
dokomedokome wandelndes Blatt, ein kleines blattförmiges Tier.
do kplõ den Tisch decken.
do kṕó gebückt gehen.
adokpo An. zuvor.
do ku huren.
doku Taschentuch.
doli vorbeigehen.
do Mawuci ta ne An. taufen.
do me ins Innere treten, eintreten.
dome Zwischenraum; zwischen, unter.
dome Insel; aṕudome Meeresinsel.
domekplevi Eingeweidewurm.

domeñi das Erbe.
domenila der Erbe.
dometo der Andere, zweite.
do mo trotzen.
do mo na erlauben.
do na herauskommen, ins Freie gehen
do na be ku An. vergiften.
do nu Schätze sammeln.
do nu ji bügeln, plätten.
adoṅgo Käfer.
do ṅku de verspotten.
do ṅku ji im Gedächtnis haben.
do ṅoji in Schrecken setzen.
do ṅũ wachen.
do ṅũ. do ṅũti na Auskunft geben.
adopra Krokodil, bisweilen unterschieden von clo.
do pu Angel werfen.
dŏ subo Elephantiasis bekommen.
do to Ohr leihen, gehorchen; aufmerken, horchen.
do tokotà Sohlen anlegen.
doveve versuchen, sich bemühen.
do vo faulig sein.
do vovo bei Seite legen.
do vó einen Bruch haben.
dó ʒo An. Feuer machen.
do voll sein, überschwemmt sein.
do senden, bestellen.
do krank sein.
do sich sättigen, einen dicken Bauch haben; stechen, nagen, rösten, mahlen.
do Arbeit, Krankheit; krank.
do Hunger; do wu der Hunger überwältigt, hungern.
do, dõ schlafen.
do grosses Fischernetz.
do, aduto Wasser lassen, harnen.

edoćovi Träger.
dododokuito, dowola Arbeiter.
do do wiederherstellen.
dodo langsam, klar.
do dokui gross sprechen, sich breit machen.
adŏdŏ Ananas: An. blafũgbe, blafuṁme, Frdw. aus Ga.
dogi D. Teig, Sauerteig.
doyi Zwerchfell.
dojola Diener, Knecht, Magd.
do ji antworten.
adokpo D. Sack.
doku Truthahn.
dǫ kuku den Hut aufsetzen.
dola Bote.
dolañúću Knecht.
dolañõnu Magd.
dolé krank.
doléla der Kranke.
doli wechseln.
dolõ schlafen.
dome Bauch.
domefafa Ruhe, Wohlbehagen, Gutmütigkeit.
dòmegi das Fasten.
dòmejui Härte, Unbarmherzigkeit.
domejuito der Unbarmherzige.
domeñi Flusspferd.
dometo das Kind im Mutterleibe, Embryo.
domevévé Härte, Geiz.
domevévéto der Geizige.
dono danke.
doṅkućú, A. ṅdǫkućú Mittagshitze, Mittag.
doṅkućú-huna An. Sonnenschirm.
doñito D. Fischer.
do to beim Ohr fassen.
doto Fischer.

dǫvi Eingeweide.
dǫvǫ Seuche, Epidemie.
dǫwola Arbeiter.
dǫwolã Arbeitstier, Lasttier, Zugtier.
dǫwǫwǫ Werk, Arbeit.
dǫ wu hungrig sein.
dō schieben.
dō schlafen.
dǭ to strafen.
dōzã D. Matte, Bett.
dra je, do jo anzünden.
dra kadi Licht anzünden.
drali sich hinlegen, sich niederlegen.
dro abstellen, abhelfen, aufheben, hochheben, z. B. die Last, agba.
drope An. Ruheplatz, Ort wo man die Lasten absetzt, um auf dem Marsch zu ruhen.
drǫ An. Frdw. engl. drawer Schrank.
drō richten, schlichten.
drō Gott, Fetisch.
edrōkosi der, die Geweihte, Priester, Priesterin.
drōla Richter.
edrōnu Zauberei.
drōpe Traum.
du essen; vom Wasser: lecken; ein Amt bekleiden, z. B. du fia König sein; edu fia depe er bekommt des Königs Stelle, wird König.
du, dudu lecken, Wasser ziehen.
du schmerzen.
du Stadt.
adu Zahn.
du Schiesspulver.

dukotoa Pulverfass, 10 Pfund enthaltend.
dutitriñ Pulverfass, 20 Pfund enthaltend.
dubeahũa Stadthalle, Palaverhaus.
du ci Wasser holen.
du dome erben.
du do einwechseln.
du do grüssen.
du do lecken; du dǫ nu küssen.
dudu tröpfeln, triefen.
dufio Häuptling.
dugba D. Fass Pulver.
dugbãto nachlässig, böse.
du ge tanzen.
du je seufzen.
du ji überwinden, beherrschen, siegen, vgl. S. 55.
duko An. Volk.
du kpo prüfen, kosten.
dumegã Häuptling.
dumeto Städter, Stammgenosse.
dumo Gasse.
dumo gã Strasse.
dumũ D. frisches Pulver, Streichholz.
du nu, du dome erben.
du nucu viel essen.
dunupo Stadtangelegenheit, Palaver.
dusi, dusime »Esshand«, die rechte Hand, rechts
adutǫ der Urin.
dutǫ der Fremde.

E.

ea, ee eben das.
eake er, sie, es selbst.
eañuti, eyeañuti deshalb.
eata, eyiata deshalb, folglich.
ehe bis, als.

ehela, ekela dieser da.
ehome D. heute.
ehũ demonstr. dies, hier.
eye und, aber.
ekemeke das andere.
ekpopede D., enuzădi D. bald.
elabena weil, dennoch.
eṉe An. du!
eṉo, eo D. nein!
ẽ, D. ñ, ja.
ehẽ aha!

F.

fa gehen, kommen; stellen, bringen.
fa, fafa kühl, friedfertig, ruhig, zart sein; D. fã.
fa asime ṉo zur Hand sein.
fae me spalten, zerkleinern.
fafa, faſe kalt, kühl, frisch, zart, friedfertig.
fafa Kühle, Frische, Friedfertigkeit.
faka, A. gafla Gabel.
fa koñi klagen, betrübt sein.
fa me, fafa me eintreffen, in Erfüllung gehen.
fã na traurig sein, klagen.
faſe, faſede angrenzen, bis.
fã brüllen.
fã D. kühl, kalt, frisch.
fã halb; fã ku fã halbweich, beim Eierkochen, »half and half.«
afã Hälfte.
fãji D. Savanne.
fe spielen.
fe zerbrechen, zerbrochen sein.
fe Unordnung, Unreinlichkeit.
fedédé das Abzahlen einer Schuld.
fedeta Kopfsteuer.
fehehe Schuldzahlung.

fehehemdeta Entrichten der Kopfsteuer.
felelé D. Kupfer.
feñli D. Kassada.
feñila Schuldner.
feñiñi Schuldenmachen.
afese, An. tekle Buschhuhn.
fesre, fesre Fenster.
feto Schuldner.
fetu, An. fetu, fẽtu Lohn, Löhnung.
fevi D. Fettrisuppe.
feṉola lotteriger Mensch, Schuldenmacher.
fe vergnügungssüchtig, geil sein.
fẹ Kralle.
feću Finger-, Zehennagel.
fefẹm Lust, Geilheit.
fẹsre, fẹsrẹ An. Fenster.
fẹtri Fetri, ein Staudengewächs mit grüner Schotenfrucht, welche als Gemüse gekocht wird.
feṉu Spott, Hohn.
fẽ traurig aussehend.
fẽ brechen, abbrechen.
fẽ frisch, jung.
fẽduto Schuldner.
fẽsu Kralle.
fẽto Gläubiger.
fẽtu Lohn.
fi, fiḷẹ D. wo.
fi stehlen.
fi, fiji bleiben, weilen.
afi Platz.
afi Maus.
fi Fluch.
afi Asche.
fia zeigen, führen, lehren.
fia, An. fio König.
afia Nashorn.
fiá, An. fio Axt.

afiaéu A. Nordwind.
afiade, afiadeke irgendwo.
fiadudu Königtum.
fiadufikpui Herrschersitz, Thron.
fiadupe Königreich.
fiafi Spitzbube.
fiafito Dieb.
fiagbovi Berater des Königs, Minister.
fiakuku Königshut, Krone; éo fiakuku Krone nehmen, tragen.
fiala, mifiala Lehrer.
fia noći melken.
afianu runde Holzschale, s. S. 69.
fiã verbrennen, angebrannt sein.
fiãỹi Abend, abends.
fiãỹiśiỹa Abendwind, Abendkühle.
fibre An. Fibel.
fido Diebshöhle.
fie wallen, sieden.
efie Affe.
fie Tigernuss, eine Baumfrucht.
fié drehen, ausringen, pressen, sich biegen.
fiẽ Abend.
fiési Abend.
fifa D., fafa A. An. kühl, frisch.
fifi, fifila, fifilahe sogleich.
afifiã Hitze; Schweiss
fifiha jetzt.
fifiõ Hitze.
fihe, fiha, fike, afika hier, dort, wo.
afika hier, dort, wo.
fikea hier.
afimã gegenüberliegende Seite, dort.
fime D. hinein, dorthin.
fio An. zeigen.
fiobatikewoto An. Regierungsarzt.
fiobe An. Roller, ein grauer fuchsartiger Hühnerdieb.

fiodua An. Reich.
fio, fiofio An. sieden.
fiokumanofiotepe An. Abendstern, vgl. S. 116.
fiose An. Schuppen, Laden, Waarenhaus.
fiõ An. Axt.
fiõ noći An. melken.
afiśi relativ, wo.
afiśia hier.
afiśiafi überall.
afiśiafi Spinngewebe.
afiśike da wo.
fite, fi D. wo, da.
fotografi An. Photographie.
fotografito An. Photograph.
aflãga Flagge.
aflãga buku An. Signalbuch.
fle, fli zerschneiden, teilen, hacken.
flo hinaufsteigen.
flo miõmiõ D. Feuer machen.
flũ Linie, Strich.
fofo Vater; An. ehrenvolle Anrede an ältere, namentlich verwandte Personen, und zwar, wenn der Name folgt, einfaches Fo...
fofoñ Zuckerrohr.
fo, fitre aufstehen; auflesen, fortnehmen, holen, wegholen, abtragen vom Tische.
afo Fuss, auch bei künstlichen Gegenständen, Tischen, Stühlen u. dgl. Im D. auch Kauris im Werte von 50 Pf., 2000 Stück.
fobide Zehe.
afodede Schritt, Gang.
afodeglećn An. Nagel der grossen Zehe.
fofo, gafofo Auferstehung.
fofu empfangen, trächtig werden.

aſohome An. Sohle am Stiefel.
aſojideʄe Abort, Kloset.
aſokli Huf.
aſokoe͏́ Fussknöchel.
aſokpa Stiefel.
aſokpadidi An. langschäftiger Stiefel.
aſokpaka Schuhriemen.
aſokpamedoti An. Schusterleisten.
aſokpatōtō An. Schuhmacher.
ſokpatōka Pechdraht.
aſokpo Huf.
aſokpoji Ferse, Stiefelabsatz.
aſoku An. Seife.
aſolemenu, amenu A. Altar.
aſongbe An. Kappe am Stiefel.
ſoñoli frühmorgens.
aſopome Fusssohle; Sohle, ein Fisch.
aſoto der Läufer.
aſota Oberleder.
aſowu An. Strumpf.
ſū aufstehen.
ſū Zweig.
ſōkpa D. Brägen.
frana Baumwollhemd.
fräse französisch.
ſu weiss sein.
ſu Haar, Fischschuppe.
ſu, vu Streit, Mühe, Gefahr.
aſu Nebel.
ſu Embryo.
ſū das Antlitz waschen, sich kämmen.
ſu viel.
ſudede Mühsal, Plage.
ſudo Wasserloch.
ſudokpo Schaum.
ſufoſo Schwangerschaft.
ſuſu zäher Yams- oder Pisangbrei.

ſugede sehr viel.
ſukpekpe An. Qual, Pein.
ſuno, ſunu An. hier.
ſuno schwanger, die Schwangere.
ſuʄeʄe zottig.
ſū kaum, ein wenig.
ſū quälen.
ſū Qual.
ſūdede Plage, Qual.
ſūkpe gequält.

G.

ga, iteratives Formverb, An. gba. Gramm. S. 25.
ga An. reinigen.
ga Metall, Eisen, Bolzen; Glocke, Uhr; Geld. do ga in Eisen legen, fesseln; ga po die Glocke läutet, die Uhr schlägt.
gá Obmann.
gadagadagada drückend heiss.
gadodo der Geldwechsel.
gadola Wechsler, Banquier.
gafla An., gafo D. Gabel.
gagōglō eiserner Haken.
gaha An. Harke, Rechen.
gahe diesseits, hier, da.
gajewu D. Lehne.
gaka wo?
gake jedoch, dennoch; gewisslich.
gakea doch.
gakpekpe D. Silber.
agalā Krabbe.
gane wenn nicht, dass nicht.
gam, game jenseits, dort.
ganua Blechbüchse, Dose, Tin, Zinnbüchse, Giesskanne.
gañkui Brille.
gapodokui Uhr.
gapopo Uhr, Sekunde, Schlaguhr.

gasmotòre An. Gasmotor.
gatagbaɟe Nagel..
gati Löffel.
gato̱ der in Eisen geschlossene Gefangene.
gato̱ho̱ Gefängnis.
gatojikpo̱la Gefängniswärter.
gavi An. Kleingeld.
gavovo, felelé D. Kupfer.
gawivi D., wörtlich: Schwarzmetall, Eisen.
agawu D. Rock.
agaʒago D. Schloss, Vorlegeschloss.
gã gross.
gã D. Geld: Oelmass, 1 Gallone; *gã adade* halbe Gallone.
gãgã Drell, Greybaft.
agãma, agãme Chamäleon.
ge fallen, hinunterfallen.
ge Wurzel; *atige* A. Baumwurzel. Medizin; An. *atike*.
egé Bart.
gede nahen, eintreten.
gede dédéame in Versuchung geraten.
gedẽ, fugedẽ viel.
gedila Streiter.
gege D. vielerlei.
gegege Adv. von fern.
gɛ ʃañi zu Boden fallen.
ageŋe, ɟovodo̱ An. grosses Netz.
egẽ An. Bart.
glase, tomblɛ Frdv. engl. *tumbler*. Glas, Trinkglas.
gle D. Acker, Feld.
gleleto̱ D. Landmann.
gleši Landmann.
gleta D. Feld, Acker.
gleto̱ D. Landmann.

gli Wand, Mauer.
glido̱do̱ Fundament.
glido̱la Maurer.
glido̱to̱ An. Maurer.
globoa Tiefe.
gloṅgloṅgloṅ rauh.
glosalo Silber.
glo̱tã D. darunter.
glõ krumm sein.
glõ krumm.
gõ hinaus, draussen.
go Seite, Ecke.
go Melone, Kürbissmelone.
ago An. glücklich, wohlbehalten
agõ hier! hier bin ich!
agó An. Leber.
gobó D. tief.
godo, gonu jenseits, hinüber; *ɟi kpa godo* sein Bedürfnis verrichten.
godõ Wölbung.
goglo tief sein.
goglomi kopfüber.
gogoe nahe.
gojiblanu Gürtel.
gojela Flüchtling.
golo geflochtener Korb.
goló eine Reiherart.
gome Teil, Stück.
gomeji auf jener Ecke, dort auf, drüben.
gonu diesseits.
agoti, agoti Fächerpalme.
ago̱dabe Matte aus Palmrippen.
go̱do̱go̱do̱ geschlängelt.
godõ D. Teig.
goglõ krumm.
agojeje An. Uebelthat, Schuld.
gojufẽ krumme Spitze, Haken.
ego̱me das Untere, Anfang, Ursprung, Grund; Adv. unten.

gomedédé, gomedém Beweis-
    führung, Ueberführung.
egomeka An. Untergarn auf der
    Nähmaschine.
agonu der Hintere, cullus.
goṅde D. Ananas.
agoṅke D. Kokospalme.
agoti Fächerpalme.
agovi kukugā An. Hut aus Fächer-
    palmblättern.
agǫ̈de, goṅde D. Ananas.
gōgā D. Palaverglocke.
gu tief; wo gu tief sein.
gudu umgraben.
agudo, sagbla Fledermaus.
gudu añigba Land umgraben.
gui kleines Kürbisgefäss.
gume unten, in der Erde.

Gb.

gba das Dach decken.
agba Teller, Last, Traglast; im D.
    gba, gbavi, apotē (Frdw. portug.),
    Kasten, Kiste, Sack, Beutel, Tasche.
gbada D. Abend.
gbade D. Korn, Getreide.
gbadewogbe bisweilen.
agbadonukokui A. Schwelle.
Gbagā die Togolagune, Togosee.
agbagblo Kröte.
gbaja breit, weit.
gbajape weites, ödes Land, Wüste.
gbaku, ku, gbakudo An. und.
gbaku D. Hut.
agbale Fell, Pergament, Buch; srō
    agbale Buch lernen, lesen lernen.
gbalo, gbolo leer.
gbalo An. bitter.
gbame Stadt, Gebiet.
agbañli D. Antilope.

agbata Traglast.
agbawo Pl. Ladung, Kargo.
agbaẓe An. Fell.
agbaẓeka An. Treibriemen an der
    Maschine.
gbā erst.
gbā zerbrechen, zerreiben, mahlen.
gbā mit Gras decken.
gbe drehen, flechten, pflücken.
gbe verweigern.
gbe D. Jagd.
agbe Leben.
agbe Dank.
gbe Wort, Stimme, Sprache; da
    gbe beten; pegbe Ephesprache;
    foṅgbe Dahomemundart.
gbe Gras, Medizin.
gbe Tag.
gbe Busch, Wald.
egbe, egbeta heute.
gbebi Trockenzeit.
gbeadegbe irgendwann.
agbedala der Dankbare.
gbedégbe Gewitter.
gbedegbedegbede, gberegbere-
    gbere jemals.
gbedewogbea An. bisweilen.
gbedodo, gbedom Gebet; auch
    gbedodo ne Mawu.
gbedoho Bethaus.
gbegbe An. ablehnen.
gbegbe D. Stadt.
gbegbehela heutiges Tages.
gbeha, hajiē rotes Wildschwein.
gbehā D. Gras.
gbeho, gbehose der Glaube.
gbejejo Savannenbrand.
gbekagbe An. wann, wenn, als.
gbeku Gras.
agbeli Stockyams, Kassada.

gbeme das Innere des Landes.
gbemelã wildes Tier.
gbeseto ein Gehorsamer, gehorsam.
gbeseto der, welcher hören, verstehen kann, der Dolmetscher.
gbesiagbe täglich.
gbesiṽõ, gbesivoẽ An. böser Geist.
gbewotsogbe An. täglich.
gbẹ Zange.
gbedẹa Schmied.
gbeto D. Mensch, Leute.
gbẽ pflücken, abschlagen.
gbigbo umkehren.
agbija Adamsapfel.
gble An. spielen.
gble zurücklassen.
agble Feld, Acker.
agbledela Landmann.
agblehome A. Studierzimmer.
agbledo Feldarbeit.
agblenuku Gemüse.
agbleto Landbesitzer.
gblẽ, gblede Schmied.
gblẽ, gble verderben; verdorben, schlecht sein.
agblẽ ein in Blätter gewickelter gesäuerter Maisbrei.
agblẽati Rührlöffel.
gbli, Formverb, nehmen, vgl. S. 27.
gbli mit.
gbli schweigen; zufriedenstellen, stillen.
gblieve selbander.
gbloholui A., An. *gbohule* Hai.
gblo sagen; auch *gblo be*.
gblo hobeln.
agblo Trommelstock.
agblobẹdẹ Speer.
gblo d'añi voraussagen, weissagen.

agblome Palaverplatz.
gbo ña de ñũ widersprechen, über Jemand reden.
agblopu die grosse Trommel.
agbloti Palaverbaum.
gbo, kpo D. und.
agbo An. Thor.
gbo atio D. einen Baum fällen.
gbodoklo, gbodoklowe D. Apfelsine.
agbogã An. Platz in der Stadt.
gbogblo An. Brett.
gbogblosoto Brettschneider.
gbohule An. Hai.
gboho D. rühren.
agbojola Thürhüter.
gboma An. Kohl.
agbonu freier Platz im Dorfe.
gbo, Formverb, wiederholen, wieder.
gbo, gbo na kommen.
gbo hauchen, atmen.
gbo Seite; bei, zu, heran, neben.
gbo Stadt, Gebiet.
agbo Klaftermass.
gboagbe lebend, atmend, Seele habend.
gbodeci An. Hammelbrühe.
gbo fia vorstellen, einführen.
gbogbo das Kommen, Ankunft.
gbogbo Gerede, Gespräch.
gbogbo An., D. Ziege.
gbogbo Atem, Geist, Seele.
gbogbogbo Adv. polternd, heftig.
gbo ha tief atmen, seufzen.
gboho Ziegenstall.
gbojibakpõ D. nach etwas sehen, ausschauen.
gbojiji das Gehen zu Jemand.
gbojẽ rechten.

gbope Fontanelle.
agbopu grosse, Kriegstrommel.
gbö D. gehen.
gbö, gbo Ziege.
agbö, agbo Herrscher.
gbönǫ Ziege (weiblich).
gbugbo zurückkommen.
gbugbonro wiederherstellen.

Ġ.

ġe darleihen.
ġe weiss.
ġe, ġé, An. *ġe, we* Sonne: *ġe do ta* es ist Mittag.
ġe Tanz.
ġebiā rostig.
ġe dafo Sonnenstrahl.
ġedodo Sonnenuntergang.
ġedudu das Tanzen, der Tanz.
ġehi, hehi Sonnenschirm.
ġeɼigi Zeit, Jahreszeit.
ġeje Sonnenaufgang.
ġekaġime seit wann.
ġeno Tintenfisch.
aġeti Schilfrohr.
ġetitina Mittagszeit.
ġetotui Sonnenschein.
ġetro Nachmittag, Spätnachmittag, Abend.
ġetro ba um die Abendstunde.
ġetrome nachmittags.
ġi weiss.
ġi brambrambram ganz weiss.
ġie aschgrau.
ġie rot, fuchsrot.
ġla, ġlā verbergen.
ġlaġlape, ġlāġlape Versteck, Schlupfwinkel, Verborgenheit.
ġlā ji das Herz verbergen, verschweigen.

ġleti Mond, Monat.
ġletivi Stern.
ġle, ġlā verbergen.
ġli Lärm.

H.

ha singen.
ha, hala Gesang, Lied, Choral.
haćo von nun an.
eha Gesellschaft.
hade schon, noch.
ahadome Achselhöhle.
hafi bis, ehe, zuvor.
haha gähnen.
hajiji Lied, Gesang.
hajijim das Singen, der Gesang.
hajiwoma Gesangbuch.
hala Gesang, Lied.
halase esi (sime) bis dass; für *halase* häufiger *hafi, fasǫ*. *halase* zu *ha* warten, *esi* Zeit.
hamàka, hamǫka Hängematte.
hamàkaćo, An. *hamàkato* Hängemattträger.
hamàkato An. Hängemattträger.
hame Gesellschaft, Gemeinde.
hamu Verschwendung.
hasi Hurerei.
hasito Hure, Hurer.
hā auch.
he, Formverb., haben, halten, tragen, vgl. S. 27.
heake ebenderselbe.
ehe, eke, ekela dieser, jener.
ehe, esi, eheme Konj., als.
hemokǫ klar, still (vom Wasser).
herie strudelnd, siedend.
helihelih Adv. dunkelrot.
hě bringen, holen.
hěwo D. Veranda.

ahiɟa. An. ɟidá Kamm.
ho herausnehmen, ausgraben, abernten.
ho, hoćui A. Kauris.
ho adu Zahn ausziehen.
hoćui, An. hoti Kaurimuschel.
hoćuito Kaurimann, Wohlhabender, Reicher.
hoho aufhüpfen, aufgehen vom Teige); abgehen, abfahren.
hoho alt, längst, schon.
hohogi Erntezeit.
hoka Schnur Kauris.
ahomagba Indigoblätter.
home Sklave.
ahosi Witwe.
hotu An. Fünfzig Pfennig in Kauris; hotu ere eine Mark in Kauris.
ahovi An. böser Geist.
howe, weho D. Sonnenschirm.
hō An. Thür, Thor.
ahōhue Glas, Spiegel, Fensterscheibe.
hosemebubu An. das Glaubensbekenntniss. Frdw. aus Ga.
hotru An. Thür.
hō abstechen, ausziehen von Pflanzen.
hō D. vergessen.
ahōhōa Brägen.
ahōhōmi Auswurf.
hōtrō wassersüchtig.
hu An. aufgehen (vom Teige).
huhū An. Staub.
hū An. öffnen; D. schneiden.
hū D. brennen.
hū An. Schiff, Kanu.
ehū An. Blut.
ehū An. so.
hūa An. denn, also.

ehūa, hū An. Webeschiffchen.
hūbo D. Schiff.
hūhū wackeln.
hūleti Bootshaken.
ahūña D. kleiner Stein.
ehūtoa Schiffskapitän.
hū-wò nicht mehr.
hūʒo D. heiss, es ist heiss.

H.

ḥa pflücken.
ḥa, ḥa sich grämen.
ḥaḥa zwängen, dringen.
ḥa Besen.
ḥa, ḥa Seite, hintere Seite, hinten, hinter, zwischen.
ḥa weit, fern.
aḥa Rum, D. aḥā.
eḥa Hinterhalt.
eḥa Schwein.
ḥabe dass.
ḥabena, bena dass, damit.
ḥada die Seite am Menschen.
aḥada Thorax, Brustkorb.
aḥadápúti Rippe, Rippchen.
ḥadome Achselhöhle.
aḥaḥūnu An. Korkzieher.
ḥame, ḥame Genosse.
ḥami Schmalz, Schweinefett.
aḥamula der Betrunkene.
ḥavi Ferkel.
ḥe, ḥevi Vogel.
ḥe decken, bedecken; ḥe mo na den Weg versperren; afu ḥe der Nebel deckt, es ist nebelig.
ḥe schliessen, zustopfen; ziehen, zupfen, wickeln; die Uhr aufziehen.
ḥe bezahlen; ḥe fe de ta loskaufen; ḥe fe bezahlen.

he aja aufrollen, sich kreisförmig wickeln, auf einen Knäuel wickeln.
ehe, ehe Messer.
hebieso, sofia Blitz.
he de ñūti mitnehmen.
hedomeku Eule.
hehe das Freie, Luft.
heheanu An. das Freie, die freie Luft.
heheme An. hiheme Luft, Welt, Wetter.
hehi Schirm.
hejojoe fliegender Vogel.
he lahalaha die Säge ziehen, sägen.
he ña de ñū zanken.
he ña le dokui ñūli sich besprechen.
hevidō Schnabel.
he An. biegen.
hō Adv. strahlend, hell.
hēhlē das Lesen.
ahibuja D. der Markt.
hiheme An. draussen, das Freie, die Welt, Luft.
hiheme woma An. Landkarte.
hihenu An. freie Luft.
hle ringsum sein, umgeben.
hle D. zeigen, weisen.
hle werfen; hleka sich trennen.
hlō lesen.
hliha Rückstand, Ueberbleibsel.
hlo, hlō Mord.
hlodō, hlōdō Mordthat.
hloezikpo D. Bank.
hlō schreien, rufen, blöken.
hlomohlomo wiederkäuend.
hlōdola Mörder.
hlō nu Sache rufen, raten, Rat geben.
ho D. reinigen.

ho D. Brett.
ho D., ho D. Haus.
hoho alt.
homeñō Freude.
ho nehmen, fortnehmen, empfangen, holen
ho da!
ho brennen, aufflammen.
hō helfen, retten.
ho Haus.
ho adu Zahn ausziehen.
hoaji Zimmerdecke.
ho asi teuer sein.
hoata Dach.
ho dokui »sich nehmen« frei sein.
hodōme Schlafzimmer.
hodrū der Lahme, Wassersüchtige.
hoegbe D. nach Hause.
ahoé, ahome nach Hause.
hogā inneres Zimmer des Hauses.
hoho Hülfe.
hohomeasi Kaufpreis.
ho ji glauben.
hojo A. heiss.
hojo Ofen.
hola Reiter.
aholu Gesetzgeber.
homafokpa An. Pantoffel.
home, ahome das Innere des Hauses, Zimmer; nach Hause, im Hause.
ahomedo An. Hausarbeit.
homega Stutzuhr.
ehome An. Verwandter.
homenotoa, klarkea, schwarzer Handlungsgehilfe.
homewo Familie.
ahone, An. ahoñe die Taube.
honukpui Hütte, Zelt.
ho ñko einen Namen bekommen, siegen.

ho ƥe Jahr erlangen, alt sein, alt werden.
hota Dach.
ahoto Feldhauptmann.
hotula Baumeister.
hotutu das Bauen.
ahõ Skorpion.
hō helfen.
hō, hōhlō schreien.
hōhlō Macht.
hōhō Rettung.
hōlō Freund.
hōlōwom, hōhō Freundschaft.
hō seṅgɡa An. Anker aufnehmen.
hu D. trocken sein.
ahuaćifūtō D., ahuaṅito D. Krieger.
hweno D. Herr.

Y.

aɤa Qual.
aɤā Wind.
ɤaɤira Segen.
ɤakaɤake Suppe aus sauerem Maismehl.
ɤakame Verschwender.
ɤakaɤakanu Albernheit, Nichtigkeit, Dummheit.
ɤakpo D. der Bursche.
eɤañūti, eɤiañūti, eañūti deshalb.
eɤata deshalb.
ɤawo D. eilen.
Yawoda ṅkeke ñuẽ An. Gründonnerstag.
ɤe, eɤe dann, und.
eɤake derselbe.
eɤeañūtia deshalb.
ɤebese Pfeffer.
ɤebeseku Pfefferschote.
ɤedo An. Spinngewebe.
ɤe eme darin.

eɤehñ An. also, in Folge dessen.
ɤeɤe, ɤiɤe neu, frisch.
ɤeke dies.
ɤeñū An. dort.
ɤeñūtia deshalb.
aɤeti Schilfrohr.
ɤewe An. Fetisch, Medizin.
ɤezo An. Dampf.
Yezu be kugbe Charfreitag.
ɤero D. der Weisse.
ɤevolifi D. europäisches Mehl.
ɤi gehen; D. gehen, nehmen, annehmen.
aɤi rote afrikanische Bohne.
eɤi, ɤi, An. ewi Buschmesser.
ɤi adegbe auf die Jagd gehen.
ɤi afo ji seine Notdurft verrichten.
eɤia, eɤa, eɤe dann.
ɤi ago an Land gehen.
eɤiañūtia deshalb.
ɤibo schwarz.
ɤida Haarkamm.
aɤiho D. Tag.
aɤihūhū D. Himmel.
ɤiɤi das Gehen.
ɤiɤi räuchern.
ɤiɤido Spinngewebe.
ɤiji fortfahren.
ɤiko klar, hell.
ɤi kpa godo hinter das Gehege gehen, seine Notdurft verrichten.
ɤikpo, kpatśa An. Buschmesser, Hauer.
aɤiku D. Bohne.
aɤikūba D. Erde aɤi D. = A. An. añi).
ɤi ṅgo vorausgehen.
ɤiome, ɤome nach.

jio D. hinunter.
jira, jira na segnen.
jira Segnen.
jiro verdorren.
ji to umsinken, untergehen.
ajiwāwo D., *ajihūhū* D. Himmel.
jo ja!
jofu, An. *jovo*, D. *jevo* der Weisse.
jofune Kokosnuss.
jofuneti Kokospalme.
ejome hinterdrein.
jome An. nach.
ejomea dann.
jopu europäisches Schiff.
jovo An. der Weisse.
jovone An. Kokosnuss.
jovonti An. Apfelsine.
jovowo An. europäisches Mehl.
jozo D. Dampf.
jozu D. es ist warm.
ju füllen.
ju blasen, pusten; rufen, nennen, auch *ju be*.
ju da rufen.
judo Grab.
ju do na heilen, Medizin geben.
joe An. dünn.
joho die Schmiede.
jokumi eine heilkräftige Salbe Baumöl der Eingeborenen.
ju mo ein trübes Gesicht machen.
ju ne be nennen.
jope Todtenfeier.
ju pu den Blasebalg blasen.

J.

ji mal; *ji etō* dreimal.
ji Antilope.
aji Ei, An. *azi*; *da aji* Eier legen.
ji zerschlagen, zerpicken.
jikpui, An. *azikpe*, D. *zikpo* Stuhl der Eingeborenen.
jio den Kopf auflegen.
jiōdope An., Rückenlehne.

J.

ja zersplittern.
ja gehen, tappen, plätschern.
ja heimlich, leise.
aja, An. *adokoe* Auster.
ajafui An. Demijohn, eine in Korbgeflecht gebundene Flasche von 10 bis 12 Litern Inhalt.
ajagoe D. Demijohn.
jajaja willkommen!
jajala der Unstäte, Flüchtling.
ajaka D. Ratte.
ajale A. Seife; An. *ajăli*.
jakpasu halbreif, verkommen.
jakpo wogen.
jama deutsch.
ja ṅku das Auge schweifen lassen, suchen.
ajapla Austernschale.
jata, *jata* Löwe.
jā vor Alters, längst.
ajăli An. Seife; *do ajăli* einseifen.
je An. beginnen.
je eme An. besser gehen.
je An. halten, anlegen, anlaufen.
je An. zu etwas passen.
eje es ist recht.
je fühlen.
je An. lügen.
je Gast sein.
je Flöte.
je ago An. schlecht arbeiten; übel thun, kränken.
je daho närrisch sein.

ajedato, alakpato Lügner.
je do herstellen.
jegbo einkehren.
jeha ausgelassen sein; ausgelassen, boshaft.
jehato der Ausgelassene, Schlingel.
jeji fassen.
jekula Flötenspieler.
ajelala An. Geländer.
ješi erkennen.
ješi Zeichen, Narbe, Marke.
jeẓo An. heiss sein (von der Luft).
je blühen, sprossen.
je añi fallen, niederfallen.
je añi nu ausgeredet haben.
jeje Blüthe.
jejĕ zottig, kraus.
je klo in die Kniee sinken.
jẽ ausruhen, feiern; auch mit dem Reflexiv *dokui*.
ji bleiben, verweilen.
ji, An. *tši* ausgehen, auslöschen, erlöschen.
ji hervorkommen, hervorbringen, gebären, werfen.
ji suchen, wünschen.
ji singen; D. *ji hã*.
eji, ji darauf, hinauf; das Obere, oben, der Himmel; Regen, Gewitter; D. hoch; Regen.
ji Herz, Inneres.
ji, gaji Löffel.
eji Regen.
jibi Aerger, Zorn.
jibila der Zornige.
jibobo Demut.
ejiẹyọnu A. Deckel, Klappe.
jidegbe der schwarze Skorpion.
jidegbe D., *dobĕ* D. Donner.
ji de ñu binden, hinaufbinden.

ji do hineintropfen.
jidojido Lunge.
jiehe südlich, nach Süden.
ejieji bisweilen.
jiẽ Todtenreich, Geisterreich.
jiẽto Bewohner des Todtenreiches.
jiga aufhängen.
jigbe ñkeke An. Geburtstag.
jigbedu Oberkiefer.
jigbo das Erbrechen.
jigo Süden; *jigome* in, nach Süden.
ji hã erstaunen.
jihe Bausch.
jiho oberes Gemach, Stockwerk.
jiho Herzbeutel.
jijeti An. Mass, Längenmass.
jije An. messen.
jijenu An. Mass, Hohlmass.
jiji hoch.
jiji Flüssigkeit.
jiji Ursprung, Geburt, Geschlecht, Nachwuchs.
jijim, añigbajijim Brunnen.
jijime Geschlecht, Alter, Zeitalter.
jijo Freude, von *joji* sich freuen.
jijododo Trost, Erquickung.
jijo ruhen, aufhören.
jijogbe Freudentag.
ejika Obergarn auf der Nähmaschine.
jiku zornig sein.
jiku Zorn.
jikuto der Zornige.
jime Herz, im Herzen.
ji no ein Schrecken sein.
ajinaku D. Elfenbein.
ejinola der Reiter.
ejinoto An. der Reiter.
jinu Herzgrube.
jinu »Himmelsmund«, Mond.

jinukuéu D. Wolke, der sichtbare Himmel, Donner.
ji úku weise sein.
jiṅkuéi An. Himmel, Himmelreich; auch *Mawume*.
jio bedecken.
jio añi zu Boden fallen.
jio ta den Kopf bedecken.
jipo oben.
jira rüsten, vorbereiten, aufräumen.
jira verkaufen, Handel treiben.
jira do ausbessern, bewahren, behüten, aufheben.
jira dokui do sich rüsten.
jire Streit.
jirija Stachelschwein.
jiro einladend sein, sich gelüsten lassen.
jiro fremd, der Fremde, Reisende.
jiro weiter, vorwärts.
jiro gern.
jiromu Wille.
jitaṕu Brustbein.
jite D. Prints, bedruckter Kattun.
jitre, fo aufstehen, stehen.
jivi Löffelchen; im D. Messer.
jinru Rock.
jinnga An. Mantel.
jo gehen, treten, fortgehen, aufbrechen.
jo forttragen, von sich geben, ausspeien.
jo, jojo fliegen.
jo reissen, zerreissen.
ajo Rätsel.
jo, An. *ʒo*, Feuer.
jo das Horn.
jo aṕa beschneiden.
jodala Räuber.

joé An. fortgehen.
joḥi Glühwurm.
joka Feuerkohle.
jokoeji Ecke.
jo nu erzählen, anzeigen.
jonu den Hals abschneiden.
jonu Schmuck, Armschmuck
ajoña Rätselwort.
jošim das Feuerschlagen.
jošinu Feuerzeug.
joti Fackel.
ajoto An. D., Räuber, Dieb.
ajowoto An. Räuber.
jo, jo gerade sein, gerade handeln.
ajo gerade.
jo recht, richtig, recht so.
jo dabei sein, verweilen.
ajo Geschenk.
jobu eine Art Aussatz, heilbar.
jo ću gross, stark sein.
jo de ji nahe sein.
johō D. Wind.
joji sich freuen.
joji Ruhe, Rast.
jojo aufrecht, gerecht.
jojọa Geradheit, Gerechtigkeit.
jojọeñeñe das Gerechtsein.
jojọe gerade, gerecht.
jọla der Gerechte.
jo na nahen, fallen.
jo ñu wachen, hüten.
joro D. rufen.
jō D. sich setzen.
jra An. reinigen.
jra fortgehen, verkaufen.
jra do reinigen Land, Acker).
jro lieben, wünschen.
ajroɣ atrakpoé An., Treppe.
ju schelten, verspotten.

juie heiss.
juie leicht.
jujo, jijo sich ausruhen, aufhören.
jujogbe Freudentag.
jujo Rauch.
jujopū, An. *aziẓohū*, Dampfschiff.
juro wünschen.
juro Hülfe.

J̌.

ja fallen, plätschern (vom Regen);
 jĕ (*ji*) *la ja* An. es regnet, *ĕi le
 jajam* A. es regnet.
ja rein.
jaja fallen.
jakada rostig.
jata, jata, D. *jātá* Löwe.
je, ẓe anfangen.
je fallen.
je erscheinen.
je passen, geschickt sein.
je schlitzen, zerspringen.
je anzünden.
jeje kaufen, von Flüssigkeiten: *ple*
 von festen Gegenständen.
je Sklave.
eje, D. *je* Salz.
jegbavi Salznapf.
je gbe vom Wege ablenken.
je yiome nachfolgen.
je-ji sich setzen, überfallen.
je jo warm sein.
jeje zerrissen.
jeje Abschnitt, Zeit.
je me eindringen.
je mo ji sich auf dem Wege befinden, fortschreiten.
je na ausweichen.
je ṅgo gegenüberstehen, vorausgehen.

je pli hinunterfallen.
jera do schüren.
jesi Zeichen, Narbe.
jete Batate.
je D. Salz.
jĕ braunrot.
aji Erdnuss.
ajidegbe An. Gewitter.
jidegbe Donner.
jiĕ An. rot.
jigá Sandfloh.
jije messen, zielen.
jijem, jijenu Mass.
jiji sauer.
jini Genever.
jira, jira aufbewahren.
jī zart.
jo, jo, jo gerade.
jo loskaufen.
jo fortgehen, fortjagen, fort.
jo Feuer.
jogbo Teig, Brei.
jojui heiss.
joka zerreissen, auftrennen.
jo gerade sein, ebnen.
ajonu Waaren, Kaufmannsgüter.
jra ausbessern.
jro frei, offen.

K.

ka schneiden, reissen, brechen;
 zerstreuen, sich zerstreuen; einschlagen
aka Kohle.
eka Seil, Faden, Tau, Liane; *do ka*
 ein Seil aufspannen.
kaba schnell.
kabli Affe.
ka dám schwören.

kadera D. *plabe* D. Frdw. aus portug., Stuhl.
kadega An. 50 Pfennig.
akadi Licht. Lampe.
akadimi Lampenöl.
akaditi Leuchter.
kadome An.. *kademe* besser gehen.
kafe Kaffee.
kafi hafi bis.
kafũ, kafõ, kāfõ preisen.
akagã Aasgeier.
kage Weissgarn.
kaḫlamu die Spule.
kayi Blaugarn.
kajiõ Rotgarn.
kaka zerbrochen.
kaka fern, bis; *kaka do yi sẹ do* bis zu Ende.
kakaka sehr weit, jenseits.
kakati Fackel.
kakla Messer.
akalo Austerschalen-Kalk.
ka me eintauchen, essen.
kamiʒa, kamiʒe, Frdw. portug., Hemd.
kane, kade Lampe.
kanegbe Behälter, Bassin der Lampe.
kanu Schnur, Kette.
kankankañ Adv. glänzend.
kasém le reden, vgl. S. 92.
katawuia, gebi An. Regenschirm.
kata, katã, kpata all, ganz.
katekisme Katechismus.
katõgari An. Dreipence, 25 Pfennig.
katõge A. Sixpence, 50 Pfennig.
kavegetõ A. Neunpence 75 Pfennig.
kã durchsuchen.
kã D. Schnur.
akã D. Feuerkohle.

kãfõ preisen, loben.
kafõkãfõ Preis, Lob.
ke schenken, erlassen, vergeben.
ke öffnen, spalten, sich Bahn brechen; eine Frucht brechen.
ke dieser, welcher.
ke aber.
ke Sand.
kedi zweifeln.
kedi zusammengehen.
kefi Korb.
ke ḫle zerstreuen.
keke ausbreiten, breit sein.
keke breit.
kekea Breite.
kekea A. Rad; An. Wagen.
kekea Spindel.
keketi Spindel, Axe.
ekem dann.
ekemã dann.
ke me teilen, verteilen.
kemegboẹ Ameisenlöwe.
ekemãmeke gerade damals.
keñ, keñū, keñkeñ ganz und gar.
keñūkeñū schön, sehr.
ke pu gbe zerstreuen, wegwerfen, niederwerfen.
kesino Reichtum.
kesinoto der Reiche.
keto A. Feind.
kẹ vergeben, schenken.
kẹ aufziehen (die Uhr).
kẹkeli, kokoli Licht.
kẹkesi Tagesanbruch.
kẹroʒm Petroleum.
kẹsẹ Pavian.
kẹvi ein Beutel Kauris im Werte von 5 Mark *(hotu wo).*
kẽto An. Feind.
kinikini D., *jãtã* D., *jata* A. Löwe.

kinine Chinin.
kitekpo An. Yamshaufen.
kladuba, loke An. Schloss, Vorlegeschloss.
aklala weisser Stoff, Shirting, Cruydon, Victoria cloth.
klalo bereit.
klaku bedruckter Kattun.
aklasu Aasgeier.
klate bĕdĕ Säbel, Schwert.
klã scheiden, abscheiden.
klã dick werden.
aklã, klãma abgeschiedene Seele.
aklã Leber.
klãge Kinnbart.
aklãma abgeschiedene Seele.
kle knirschen.
klekle, kekle knirschend.
klĕ nu an etwas straucheln.
kle̱ schimmern, scheinen.
kle̱ klopfen, nageln.
kli sich biegen.
kli schreien, singen.
kli Sage, Fabel, Geschichte.
klisivi Schüssel.
klo zuteilen, brechen.
klo löschen, auslöschen.
klo Knie.
klokui Ellenbogen.
klo̱ reinigen, waschen, spülen.
aklu Boot, Brandungsboot.
ko zerhauen, zerstücken.
ko giessen.
ko D. kehren, reinigen.
ko nur, sehr.
ko D. Kattun.
ako Zange.
ako Papagei.
ko da Haare schneiden.
koĕ Knöchel.

akogui Kalabasse mit gekrümmtem Hals, Trinkbecher.
ko ho̱ das Haus abdecken.
ko ji gehen über, überspülen.
ko jo richten, urteilen.
kojoĕ, kojui An. Hacke, Rodehacke.
koklo Huhn.
koklocú Hahn.
kokloho̱ Hühnerstall.
kokloji, An. *kokloz̧i,* Ei.
koklono̱ Henne.
kokloto̱ Hühnerverkäufer.
koklovi Küchlein.
kokloz̧i An. Ei.
kòkò, kakao An. Kakao.
kokoganua Kakaobüchse.
kokuealogli D. Banane.
kokui Brod.
kola Fleischer.
koliko, auch *le to̱to̱* An. in Oel gebratener Yams.
kono̱ kinderlos.
konu lachen, belachen.
koṅdo D. hineinstecken.
koṅũ An. vierkantig, viereckig.
koñifafa Klage, Leid.
koşi geweiht, priesterlich.
koşivi das Kind einer »Geweihten«. Hurenkind, Sklave.
kot Frdw. engl. Rock.
kotoklo rund.
kotu Frdw. engl., Rock.
koñifáfá Trauer.
ko̱ schmecken.
ko̱ hoch sein.
ko̱ aufheben, in die Höhe heben.
ko̱, ko̱ko̱ leuchten; rein, klar sein; hell, heilig sein.
ko̱ hell, klar, rein.
ko̱ ausgiessen.

ko gackern.
eko, koko hoch.
ko Faust.
ako, kota Brust, Hals, Nacken.
ko Seite.
eko Lehm, Erde, Erdreich, Haufen.
koba An. Schrank.
ko de niederlegen, daraufgiessen:
    ko de ji daraufgiessen; erhöhen.
ko do ji darauf setzen.
akodu An. Banane.
akoduti An. Bananenbaum.
kóga Schlüsselbein.
akoyi schwarzer Reiher.
koji An. hoch.
kokọ stammeln.
kọkọ licht, hell, heilig; erhaben,
    hoch.
kokóa Höhe, Erhabenheit.
kokoe Licht, Glanz.
kokoe elẹktrike elektrisches Licht.
kókọkọ das stehen gebliebene
    Haarbüschel auf einem im Ueb-
    rigen rasirten Kopf.
kokóla der Stammler.
kokoli Licht
kome vor.
akonta,akọta Frdw.engl.Rechnung.
konkume An. scharfäugig.
ko ñoñlo geballte Faust.
kope Dorf.
kopemeto Dorfbewohner.
kosokoso Kette.
kotokọ Stachelschwein.
ekọ Haufen.
kra, Frdw. aus Ga okra) Seele.
kristoto ein Christ.
akruba D. Oelmass, 18 alte Wein-
    gallonen; als Kernmass etwa
    60 Kilo.

Krumá Krujunge.
ku, gbaku, gbakudo An. und.
ku tönen; ku je er spielt Flöte.
ku enthalten, erreichen, einholen,
    holen.
ku rudern.
ku sterben, welken; erstaunen;
    wonu ku »ihr Mund stirbt«, sie
    erstaunen.
aku Scheide.
ku der Schall.
ku der Tod.
ku schwach, mager.
ku Frucht, Kern, Samen.
ku kratzen, graben, reiben; ku do
    ein Loch graben.
ku ato krähen.
kuća Schwamm.
ku éu blödsinnig sein.
kudepe Begräbnis, Todesfall.
ku do ein Loch graben, füllen.
kudọ Todeskampf.
ku fia König spielen, faul sein.
akufia Faulheit.
akufiato Faulpelz.
kugbe Todestag.
ku hũ das Kanu stossen, rudern.
kui rudern.
kuji D. schmutzig sein, schmutzig.
kuku tot.
kuku, kọkọ stottern, stammeln.
kukua, kukuvia Frdw. aus engl.,
    nudatọ Koch.
kuku Hut; de kuku Hut ab-
    nehmen, bitten.
kukugã Helm.
ku me hängen in, verwickelt sein.
kuntu, kuñtu An. Wolle, Decke.
ku no hart, gefühllos sein.
kuñtru A. Decke; An. kuntu, kuñtu.

ku peñi zum Bewusstsein kommen.
kura gänzlich.
kuśi runder Handkorb.
kute, agbeli An. Kassada
ku to taub sein.
kutu Kochtopf.
kuviatǫ träge.
kuwe An. Erntezeit.
kuʒe, kpę̌ pfeifen.
kũ Adv. widerlich stinkend.
kũkũgbétõ D. Ernte.
kũtu, kũntu An. Wolle, Decke, vgl. *kũntru*.
kwaśida Woche, Sonntag.
akwę D. Kauris.

Kp.

kpa schneiden, zerschneiden, spalten, schälen, hobeln.
akpa Gehege, Hof, Abteilung, Kapitel, Seite.
àkpa, kpakpa sehr, allzusehr.
kpá auf dem Rücken tragen.
akpa Webstuhl.
kpadudǫ Gehege.
akpakpa, An. *peplelu* wilde Taube.
kpakpahe Ente.
kpakpaheji An. *kpakpaheʒi* Entenei.
kpakpakui An. weisse Bohnen.
kpakpalupi Schmetterling.
kpakple mit, von.
kpala waschen.
akpale Dachstuhl.
kpame Gehege, Hof.
akpata Ueberbau, Veranda.
kpatśa, yikpo An. Buschmesser.
akpavia Rabe.
kpã D. auch.
kpã brechen, bersten.
kpãalę̌ Erstlingslamm.

kpãkpã gebrochen.
kpãvi Erstgeborenes.
kpe verbinden, vereinigen, zusammentreffen; zulegen, draufgeben, in den Kauf geben.
kpe verweigern.
kpe husten.
kpe der Husten.
kpé na schwer sein, voll sein.
ekpe Horn, Trompete; *ku kpe* das Horn blasen.
kpé Stein, Kugel, Patrone.
kpe de ñũ zusammentreffen; präpositional: mit.
kpe éia gegen die Wellen angehen.
kpe fu Gefahr, Not, Schmerz leiden.
kpegli Ziegelmauer.
kpe họ das Haus decken.
kpeka voll.
kpékpé husten.
kpekpekpe sehr dicht.
kpem sehr.
kpena warnen, verbieten.
kpeñ schwer.
kpe ñũ schändlich sein.
kpeñui Fallsucht, Epilepsie.
kpeñuito der Epileptische.
kpe ñũti sich gesellen zu.
kpeʒe Steintopf.
ekpe An. Meissel.
kpẹ D. ein wenig.
kpę̌ pfeifen.
kpę̌ An. Husten.
kpękplěa Verderben.
kpętękpętę̌ allzu dick, zu grob.
kpla lernen, erfahren.
kpla zusammenlegen, falten: *kpla aśi de ta* die Hände, als Zeichen beliebter Faulheit, über dem Kopf falten.

kple A. mit, und.
akplě Mehl.
kplědi zurücklassen, verlassen.
kplěgori An. Schusterzwecken.
kplě verderben.
kplikpā Fass.
kploha rundum.
kplo führen, treiben, fortschwemmen, reinigen, kehren, ausfegen, wälzen, abbürsten; *kplo do* treiben, folgen, nachfolgen; *kplo ñukpeto de ho* die Braut heimführen.
kplo do fischen.
kplo fa bringen.
kploholui Walfisch.
kplo ro nachfolgen.
kploruia Nachfolger.
kplõ Frdw. aus Ga, D. *taro* Frdw. aus portug., Tisch.
kplõjiro Tischtuch, Tischdecke.
kplu Tasse.
kpo D. *gbo* D. und.
kpo Buckel, Höcker.
kpo Stück von Waaren; *ataba kpo* ein Kopf Tabak.
kpo Haufe, Erdkamm auf dem Acker.
kpo stumpf.
akpofu Magen.
kpojaja Woge, Welle.
kpokpo Fieber.
kpokpoě An. kurz.
kpome Backofen.
kpono, kpoto der Buckelige.
kpoñū Stecknadel.
kposo Buckelpferd« Kamel.
kpotoě An. boshaft, böse.
kpo zo An. Feuer schüren, blasen.
kpõ eine Affenart, Weissbart.

kpõge Backenbart.
kpõ hā gaffen.
kpo sehen, finden, haben, besitzen; *kpo ji* beaufsichtigen.
okpo D. Leopard.
kpo durchaus, schlechterdings.
kpo Zaun, Gehege.
kpo da zusehen, auf etwas blicken, besuchen.
kpoda siehe!
kpoha hinter dem Zaun, Abtritt.
kpo ji ansehen, beaufsichtigen.
kpo ji, homonym mit dem vorigen, ein Herz haben, mutig sein.
kpokpo das Sehen.
kpo kudepe die Todesstrafe erleiden.
kpola Aufseher, Wächter.
kpo mojaka Heimweh haben.
akpono Brod.
kpo ñutimo die Person ansehen, nach Gunst urteilen.
kpo ña erkennen.
kpote der, das Uebrige.
kpo tome in die Tiefe sehen.
kpo to fehlen, übrig sein.
ekpõ, D. *okpo* Leopard; A. *alãkle*.
kpõgbaʒe An. Leopardenfell; A. *lãklegbalea*.
kpui kurz.
kpukpui kurzer Teil, Abschnitt, Paragraph.
kpuipe nahe.
kpuipe die Nähe.
kpuñkpo D. warten.

L.

la, Wort- und Satzartikel, abgekürzt *a*.
là D. Greybaft, Drell.

elabe weil, auch; es ist notwendig dass.
aladáko D. eine Viertel *akruba*.
l'agbe im Leben, lebendig.
lahalaha An. *saka*, Säge.
lakpa, *lakpadam* Heuchelei.
alakpato Schuft, Lügner.
la ku pfeifen.
lala warten, erwarten, abwarten.
lali auf einmal, gleich.
lã zerreissen, abhauen.
lã Tier, Fisch, Fleisch.
lãe̊u grosser kräftiger Fisch.
lãdami Mastvieh.
lãdéla Fischer.
lãkã D. Koralle.
lãkle A. Leopard.
lãklefe Harke, Rechen.
lãme Körper, Leib.
lãpu Fischgräte.
le sein, verweilen.
lé waschen, baden.
lé fassen, fangen, abfangen.
le dünn, zart, klein.
ale, *aleke* so.
le afo na um Verzeihung bitten
lé alo die Hand führen (beim Schreiben).
lé alo ame ku srõ sich verheiraten.
lé éi ein Bad nehmen, sich waschen.
lé de tame annehmen, glauben.
lé do añi niedersetzen.
lé do krank sein.
legba D. Teufel.
legbē lang.
le gbe ji zuverlässig sein.
le gbedeka ji auf einem Worte sein, in Eintracht sein.
alegeli Ratte.
le ji beharren auf.

lé ji ele pome sich ein Herz fassen, trösten, ermutigen.
aleke wie, so.
lekpa Götzenbild, Fetisch.
lé kpo umarmen.
lélé das Ergreifen, Erhaschen.
alélé Ratte.
alemã warum, wie?
le na, *le ñuti* angehören, zugehören.
lé na aufhelfen.
le nu Sitte sein.
lé nu den Mund halten, schweigen.
le ñu verhaftet sein, schuldig sein.
lé ñu wachen, bewusst sein.
aleñuti weswegen.
le ñutimo na Vollmacht haben.
le pu kleiner Kahn.
lé sēsē festnehmen.
lé ve an der Gurgel packen, würgen.
legba, D. *lekpa* Teufel, Fetisch.
alē Schaf.
alēgbo Schaf, Widder.
alēgbovi Lamm.
alēkpa Schafstall.
alēno Mutterschaf.
alēñito, *alējikpoto* An. Schäfer.
alēñila, *alēkplola* A. Schäfer.
alēvi Lamm.
ali Hüfte.
li D. Weg.
lia klettern.
lia ji, *lie ji* hinaufsteigen, ersteigen
alie D. Strasse.
ligi D. Sauerteig.
liha Maisbier.
alijiblamui Hütte.
liku D. Korn, Guineaweizen.
lili durchsieben.

lili, alili Wolke, Himmelsgewölbe.
lili Hummel
lilifi D. Mehl.
alilikpo Wolke.
alilo, tsoke An. europäischer Kalk.
alilū, adide Ameise.
lipo Hecke, Zaun.
li D. weit.
ali D. Leber.
lili rote Wespe.
lilili fein von Geruch.
li lipilipi murren.
lipilipi das Murren.
alo oder.
elo Alligator, Krokodil.
elo Gleichnis.
logoti An., *odumti* A. Odum-Eiche.
lokomobile Lokomobile.
lokomotive Lokomotive.
lolo gross, dick sein; gross, dick.
lovi junges Krokodil.
lō rasieren, scheeren.
alo der Schlaf.
lo werfen.
lo nehmen, sammeln, aufheben, holen, mitnehmen.
lo verwenden, legen.
alo Zweig.
alode Oelpalmwedel.
alogo Wange.
alogome Backentasche.
loke, kladuba An. Schloss, Vorlegeschloss.
alomu Vorderarm.
alomudomomo Schöpfung, Erschaffenes.
alomuga Armring.
alovi Hand; D. auch Finger.
lō lieben.
lō weben.

lō schlafen.
lōji dem Wunsche gemäss, dementsprechend.
lōlō liebenswürdig, beliebt.
lōlō die Liebe.
lōlōmu Wille, Belieben.
lōlōvi Liebling, Lieblingskind.
lu Guineaweizen, jung fast wie junger Mais aussehend.
elu An. Pferdeantilope.
aluge Pelikan.
alume D. Trockenzeit.
lupo die Seele des Menschen.

M.

ma, mamę Sauerteig.
ama An. Indigo.
amaama An. nackt.
amadā An. Pisang.
amadāti An. Pisangbaum.
amade irgend einer.
made A. Ruderstange, Bambu.
amagaḥi Hyäne.
amagākukume hohes Alter.
amagba Grünes, Kraut.
amagbamū An. Grüngarn.
māgo An. Bank ohne Lehne.
amagui A. *mago* An. Bank ohne Lehne.
mahā, mā, ma, hā, ā, a. Fragepartikel am Schluss des Fragesatzes.
amakpa An. Blatt.
mamidosu An. scherzhafte Bezeichnung des Sandflohs.
mankani eine einjährige Pflanze mit grossen, rhabarberähnlichen Blättern, deren Wurzel gegessen wird.
Marawari Araber, Maure.

matre Hure.
mavò unendlich, ewig.
Mawu Gott.
Mawući An. Taufe.
Mawući dogba An. Taufstein.
Mawuhome (kirike) An. Kirche.
Mawukplɔ̃ An. Altar.
Mawume Himmelreich.
Mawu ña Religion.
Mawuñablɔ̃pe An. Kanzel.
Mawuña woma An. Bibel.
mã, Fragepartikel vgl. mahã.
mã, mãmã teilen, trennen.
amã Grünes, Gemüse.
amãgba Grünes, Kraut, Gemüse.
mãma Grossmutter.
(ali) mãmã An. (lenden) nackt.
mã me in der Mitte teilen.
me mitten entzwei gehen.
eme, me die Mitte; darin, in.
mẽ gegenüberliegend, jenseitig; das Jenseits, jene Welt.
meblublu D. ungerecht.
mefugba An. Waschnapf.
megbe Rücken, hinter, nach.
emegbela nach.
megbenu die Morgengabe, welche beim Abholen der Braut gegeben wird.
megbepea nach einer Weile, gleich darauf.
megbepu Rückgrat.
megbeto der Hinterbliebene.
mẽl A., mele An. Frdw. engl. Dampfer.
meme bersten.
meña Geschichte.
meñõ-wò schlecht sein.
meñõ, An. muñõ, schlecht.
me-wò, Negation, ne-pas.

emeto innere Frucht, Kern, Nusskern.
mẽdepe Rückenlehne; de mẽ anlehnen.
mẽe rückwärts.
mẽgbe, emẽgbe nach, danach, dann.
emẽgbea dann.
me An. teilen.
me schaffen, bilden, formen.
ame der Mensch.
ameblela Betrüger.
amedáfula Erpresser.
amedahe der Arme, der Geringe.
amede Bild.
amede irgend einer.
amedipe Begräbnisplatz.
ameduto der Fremde, Ausländer.
amefafa kühler, ruhiger, sanftmütiger Mensch.
amegã Aeltester, vornehmer Mann.
amegaho Obmann.
amegaśi An. Priester, Häuptling.
amegbeto Menschenkind, Menschengeschlecht; Jedermann.
amehe dieser da.
amehoho Greis.
ameyibo der Schwarze, Neger.
ameyibode der Schwarzen Land, Afrika.
amejehato der Schelm.
amejikpola Aufseher, Befehlshaber.
amejiro der Reisende, Gast.
amejro -- amejiro.
ameke jener.
amekeme der Andere.
amekpela der Begegnende; der die Traglast abnehmen hilft.
amekpotoé Schuft, böser Mensch.
ameku ein Todter.

amekudola der Hurer.
mele An., mel A. Dampfer; aziʒohũ An. wird mehr für Kriegsschiffe gebraucht.
melemekloa An. Dampferboot.
amemola Hurer.
amenu, afolemgnu A. Altar, Brandopfer.
ameñila der Freigebige, Wohlthäter.
amepeple Sklave, Sklavenhandel.
amesisi Taugenichts.
amesrōmola Ehebrecher.
ametakolui Menschenschädel.
ametala Hasser, Verfolger.
ametătă Hass, Verfolgung, Feindschaft.
ametutu der Lahme.
amevõ der Bösewicht.
amennula der Mörder.
mi verzehren, verschlingen.
ami Oel, Salbe.
mi Mist, Dünger, Exkremente.
mia si mit der Hand winken.
miato der Unsrige, Stammesgenosse, Vater.
miape, An. miabe unser.
emiãme, An. emiõme zur Linken.
mible binden, anbinden.
miçi Nasenschleim.
amidudu Speiseöl.
mie spriessen, wachsen; versiegen, verschlungen werden.
mie nu den Mund im Todeskampfe zusammenpressen, sterben.
miemie Wachstum.
amigori An. Oelspritzkanne.
amigui Oelgefäss.
mimi der Stumme.
miniti Minute.

mio wachsen.
miome, miõme An. links.
miõmemo zur linken.
miõmiõ wachsen.
miõmiõ das Wachstum.
miõmiõ D. Feuer, warm.
amiʒīe A. Palmöl.
ami D. Oel.
mlē, mlēkpui, mlikpui, mlēnu Feuerstätte.
mli fortschaffen, tragen, wälzen; sich entfalten, öffnen.
mlo legen, niederlegen; sich niederlegen; liegen, schlafen; mlo aha ji sich auf die Seite legen; auf der Seite schlafen.
mlo ñeji auf dem Rücken schlafen.
mo Gesicht, Antlitz, Blick; vor, gegenüber.
mofugba, An. mefugba Waschbecken.
mohuñ Länge, Höhe.
mojaka, mojakajaka Traurigkeit.
momemvéré Trübsal, Schmerz.
monuito Mörder.
mo, mõ Vogelschlinge, Maschine.
mo Weg, Loch; Art und Weise; le mo sia ji auf diese Weise. — Nadelöhr.
emõ Festung, Fort.
mo ame srõ Ehebruchtreiben.
mobubu Irrtum.
mobula der Irrende.
mo de nu verhören, behaupten.
modo sise Kostgeld, »Subsistence«.
mofiala, An. mofioto Führer, Wegweiser
mogā Hauptstrasse.
mojojo gerader Weg.
mokla An. Seitenweg.

moli, An. *molu*, D. *moliku* Reis.
emomi Maschinenöl.
mo nu leugnen.
mo ñõnu huren.
amo pápá Sauerteig.
mo tatra verfehlter Weg, Irrtum.
moroká D. Rotgarn.
amowo gesäuertes Mehl, Teig.
mozola der Reisende, Wanderer.
mõme An. Festung, Fort.
mu anlehnen; wackeln, betrunken sein.
mu fällen.
mu betrunken.
emu Moskito.
mudo Zwischenmauer, Scheidewand.
amugo A. West (Amu-Seite, d. h. nach dem Voltaflusse zu.)
muho Moskitonetz.
mujẽ An. perniziöses Fieber.
muñõ An. schlecht.
mũ, *mu* berauschen, berauscht sein.
mũmũ frisch, grün.
amũ susu D. dicker Nebel.

N.

na, *ne* aber sondern, und.
na geben, vgl. S 27 und 32.
ana Baumbrücke, Lianenbrücke.
nabiwe D. wieviel.
nade, *nane* etwas.
na fu worfeln.
nake A. An., D. *naki* Feuerholz.
na megbenu die Morgengabe geben.
na mo Platz machen, erlauben, freigeben, Ferien geben.
nana schenken.
nana geschenkt.
nana das Geschenk.
nane irgend etwas.
na ñũti n'akũ glänzende Aussenseite geben, heiligen, benedeien.
ne dass, damit, gesetzt, falls, wann, und; auch als Objektivpronom., vgl. S. 27.
ene, *ne* vier.
ene A. Kokosnuss; An. Kern im Allgemeinen.
negbe sondern, vielleicht.
nene An. wieviel.
neka Palmkernschale.
nekpa Kokoswedel.
nekpe es ist nötig.
nemi Kernöl.
nene, *nenem*, *nenemko* so, also.
neneake ebenso.
nenebe dasselbe, ebenso.
nenema, *nenem* so, gerade so.
nenemãke geradeso.
nenie wieviel; An. *nene*.
nepala Kokospalmwedel.
nepi A. Palmkern; An. *ene*.
nepisige Palmnussring, aus Palmkernschalen gefertigt.
neti Kokospalme.
netri dick.
newoa An. nachher.
ani D. was.
oni D. Schwein.
anihue D., *aniwe* D. was.
nim Ansehen, Achtung.
nogo rund, rund herum.
nogo Wassersucht.
nognie rund.
nõ trinken.
nõnõme Getränk.

no sitzen, sich befinden, sich setzen, wohnen.
noa Mutter, Mutterbrust.
ano, anõ ungefähr.
noći, nõći Milch.
noewo einander, wechselseitig.
no ji überwinden.
no jitre stehen bleiben.
nono Bild, Gestalt, Zeichen, Siegel.
nonoę gegenseitig.
nonome Gestalt, Bild.
no nu am Munde sitzen, vermitteln.
nope Wohnort, Platz, Landungsplatz; Stall.
nosrõ verheiratete ältere Schwester.
novi Bruder.
nu, An. *nũ* trinken, saugen. *nu atabaʒe* Pfeife rauchen.
nu Sache.
nũ Mund.
enu obenauf, darauf, auf einer Oeffnung befindlich.
nuade, nade, nane etwas.
nubabla Abschluss eines Bündnisses.
nubla Bund, Bündniss.
nublanui Elend, Erbarmen, Barmherzigkeit.
nublanuikpokpo Erbarmen, Barmherzigkeit, Gnade.
nububu etwas anderes.
nububu das Rechnen.
nucõ die Last.
nucola Lastträger; Zöllner.
nucududu Vielfresserei.
nucudula Fresser.
nudanu Wage.
nudape Küche.
nudato, kukua, kukuvi Frdw. engl. *cook,* Koch.

nudaʒe Kochtopf.
nudodo Pflanze; *dodo* die Saat, das Säen.
mudodo Schatz.
nudóme Gegend, Umgegend.
nudǫm das Fasten, Hungern.
nududu Speise.
nududu home Speisezimmer.
nududu tśia »Speisekauris« Kostgeld.
nuduśi die Rechte; *nuduśime* zur Rechten.
nufiala Lehrer.
nufiola, An., Lehrer, Weiser, Prophet.
nufioto An. Lehrer.
nuflo Nichtigkeit, Nichts, leeres Gerücht.
nugbe irgendwo.
nugboagbe lebendes Wesen.
nuha Versteck, wörtlich: Sache hinten.
nuhęhlę das Lesen, Lesestunde.
nujidoga Bügeleisen.
nujim das Fasten.
nujira Handel, Handlung.
nujirala Händler, Krämer.
nujiro der Reiz, die Begehrlichkeit, das Begehrte.
nujirola der Begehrliche.
nujojo Gerechtigkeit.
nuka was.
nuka ńuti warum?
nukliko Kleinigkeit.
nukǫkǫ das Erhabene, Strahlende.
nukom das Lachen.
nukõ D. geradeaus.
nukpakpla An. Unterricht.
nukpǫkpã D. Spiegel.
nukua An. Pflanze.

nukuña An. Seltsamkeit, Wunder.
numānu Trennung.
mume Grenze.
mumega »Mundeisen«, Zaum, Trense.
mumeme Schöpfung, Bildung.
mumiemie Kraut.
munana Geschenk, Opfergabe.
nunola Vermittler, Priester.
muṅlogbogblo An. Wandtafel.
muṅegi Erntezeit.
muṅeṅe Ernte.
muṅlokpeti An. Kreide.
muṅloṅlo Handschrift.
muṅomi Bohrer.
muṅoṅlo das Schreiben.
muña Weisheit.
muñala der Weise.
emuñato weiser Mann.
muñato An. Waschmann.
muñāñā Wäsche.
muñi Nahrung, Speise.
muñuie Schatz, Kostbarkeit.
muñuiewowo gutes Werk.
mupapa lebendes Wesen.
mupopo Rede, Sprache, Mundart.
musianu jegliches.
musrōla Schüler, Jünger.
nusu D. Deckel.
mutata kriechendes Tier, Reptil.
mutiko und ṅūtiko A. müde, Müdigkeit.
muto Eigentümer, der Reiche.
mutogba An. Pfanne.
mutoto, toto Naht.
mutōhūvi An. Schiffchen an der Nähmaschine.
mutōmo An. Nähmaschine.
mutōtōa An. Naht; Handarbeit.
mutuvi An. Deckel.

muvévé das Unglück.
nuvo offen.
nuvō das Uebel, Uebelthat, Sünde.
nuvoẹ Böses, Uebelthat.
nuvōwola der Sünder.
nuvōwowo Gottlosigkeit, Bosheit.
muwoku Aas.
muwopu Mühe, Beleidigung.
muwowo Arbeit, Aufgabe.
muwuwu Ende, Vollendung.
nū, nu, nō trinken.
nūja Wechselfieber.

Ṅ.

ṅ! D. ja! A. An. ẹ!
aṅba Kraut.
ṅbaplela Gemüschändler(in).
ṅdi, An. ṅdé Morgen, guten Morgen.
ṅdikañā frühmorgens; An. ṅdé kañā.
ṅdime D. hinein.
ṅdo, ñido; A. do, dō heller Tag, Mittag.
ṅe, ṅẹ zerbrechen, abbrechen, knicken.
ṅẹ, ṅẹṅẹm stöhnen.
ṅe ata das Bein brechen.
ṅegi Erntezeit.
ṅeñē lichterloh.
ṅeṅem Ernte.
ṅeṅeṅeṅ flimmernd.
ṅē zerbrochen sein.
ṅgba -_ amagba, Kraut.
ṅgbedonu, ṅgbedope Stuhllehne, Rückenlehne.
ṅgo Oberfläche, Vorderseite; vor, gegenüber, obenauf.
ṅgonu Stirne.
ṅkeke Tag.

ṅkekeamu Tagesende.
ṅko, ñiko Name.
ṅko vorwärts.
ṅkogbe fort, weg, voraus.
ṅkotoa An. der erste.
ṅku Auge.
ṅkujidodo Vertrauen.
ṅkujila der Weise.
ṅkuha Augenlid.
ṅkukpākpā gebrochenes Auge.
ṅkume Antlitz, Vorderseite, vor, gegenüber, auf, oberhalb, angesichts.
ṅkume Sorte.
ṅkumeñila der Hasser.
ṅkumopalāme der Hammerfisch.
ṅles englisch.
ṅlo einwickeln, zusammenballen, sich kräuseln; umgraben, Land reinigen; schreiben.
ṅlo-be vergessen.
ṅlocigni A. Tintenfass.
ṅlo de té unterschreiben.
ṅlo gbe Gras schlagen.
ṅlo ko die Faust ballen.
ṅo bohren.
ṅo D. vergessen.
año Farbe, Theer.
año, voño Kautschuk.
ṅo Loch.
ṅo Raupe.
añogi Weisser Reiher.
ṅoji Schrecken, Wunder.
ṅokula der Hartherzige.
ṅoli Zeit; Geist. Gespenst.
ṅoliḥeḥi Fliegenschwamm; eigentlich Geisterschirm.
ṅonue Adv. hässlich.
ṅoñloa die Schrift, das Schreiben.
ṅoñope Loch.

ṅoñue gefleckt, bunt.
ṅotā Adv. dunkel von Farbe.
ṅoti, ṅotinu Nase: D. aṅotī, aṅotiñ.
añō Gummi-elasticum.
ṅōñō Adv. sachte, heimlich.
ṅōñōe scheckig.
ṅti Citrone.
ṅtidẏidi Gelbgarn.
ṅto geeignet, eigen, selbst, sehr.
eñu Dorn.
añudoē Bohrer, Ahle, Pfriem.
ṅupa eifersüchtig.
ṅuse mächtig.
ṅuse Kraft, Macht.
ṅū. ṅūti Aussenseite, Oberfläche; daran, an, auf, für, wegen; Morgenröte; ṅū eke der Tag bricht an.
ṅūbia Lust, Neigung, Verlangen.
ṅūbunu Schild, Schutz, Schirm.
ṅūcu Mann.
ṅūcuvi Knabe, Sohn.
ṅūdédé das Können, Vermögen.
eṅūdowowo Bearbeitung.
ṅūgblē Sinn, Gemüt.
ṅūkpe Schande, Scham.
ṅūkpela schändlicher Mensch.
ṅūkpenamu Schandfleck, Schandthat.
ṅūkpeto die Schamhafte, Braut.
ṅūkpetokplodeḥo die Heirat.
ṅūkpetosrō Bräutigam.
ṅūñōnu Scheusal.
ṅūpala der Eifrige, Eifersüchtige.
ṅūse mächtig; Macht, Kraft.
ṅūsena Kraftwort, Machtwort.
ṅūseto der Mächtige.
ṅūsisi helfen.
ṅūta Aussenseite.

ñūtaṣela der Starrkopf, Tyrann.
eñūti draussen, daran; wegen, umwillen; nuka ñūti warum?
ñūti, ñti Citrone; Apfelsine.
ñūtido̱ bisher.
eñūtido̱ Anwendung.
ñūtići Citronsaft.
ñūtibo̱bo̱ Niedrigkeit, Demut.
ñūtidodo Antwort, Auskunft.
ñūtidóm das Vorübergehen.
ñūtifáfá Friede, Wohlbehagen.
ñūtiko̱kó̱ Erhabenheit, Grösse, Majestät, Glanz, Herrlichkeit, Heiligkeit.
ñūtiko̱la der Heilige, Herrliche, Erhabene.
ñūtila Körper, Fleisch.
ñūtilā Körper, Fleisch.
ñūtiṣeṣe Stärke, Körperkraft.
ñūtimo̱ Vollmacht, Erlaubnis.
eñūtito̱ Fleisch der Frucht.
ñūtivévé Schmerz, Gram.
ñūto̱, ñto̱ sehr; selbst, eigen.

Ñ.

ña vertreiben, verscheuchen.
ña stampfen, treten, kneten; waschen.
ña wissen, erkennen.
ña Sache, Wort, Geschichte, Gerücht, Palaver, Angelegenheit.
ña abo̱ mit den Armen schlenkern.
ñadeka einerlei Rede, Wahrheit.
ñadepe Wahrheit.
ñagā alte Frau.
ñagbo̱gblo̱ Rederei, Plapperei.
ñagblo̱la Geschichtenerzähler, Prophet, Redner, Sprecher, Prediger.
ñagblo̱pe Palaverplatz.

ñajiwo̱la Thäter, Vollzieher einer Sache.
ñala, muñala der Weise.
ña mi die Notdurft verrichten.
ña nu weise sein.
ñañūtidodo An. Liturgie.
ñaña bekannt, bewusst.
.ñaña rein.
ñaṣela Hörer.
nā stampfen, kneten, waschen.
ñā fortjagen, vertreiben.
ñā Adv. runzlicht, finster.
ñe A, ñi An., sein, esse, das Wesen einer Sache ausmachen. Das Verb wird erklärend angewendet; es bezeichnet Wesen, Beruf, Eigenschaft einer Sache.
neke̱ D. Sand.
ñero umsinken.
ñero̱ An. schärfen.
ñerō dunkel, trübe sein.
ñe niedertreten, z. B. das Gras.
ñe herausbringen.
ñi An. vgl. ñe.
ñi nähren, säugen, weiden.
ñí niesen.
ñí D. legen.
añi Erde, Erdboden, Lehm; unten, hinunter.
añi A. Nord.
o̱ñi D. Regenbogen.
ñi Rind, D. ñibu.
ñibuno̱ći Milch.
añići Honig.
ñiću Farre, Stier.
ñićo̱ vorgestern, übermorgen; ñićo̱ ke me̱ vorvorgestern, übermorgen.
ñide schleifen, schärfen.

ñi *dome, du dome* erben.
ñido, ñdo Mittag; An. *dō.*
ñidonudu Mittagsmahl.
ñidu Elfenbein.
ñie wissen, verstehen.
ñie fe Schulden machen.
añiepo Regenbogen.
añigba Erde, unten, hinunter.
añigbahū An. »Erdschiff«, d. i. Eisenbahn.
añigbahūhome An. Eisenbahnhof.
añigbajijim Quelle.
añigbajilā Erdentier, Säugetier.
añigbajito Erdbewohner.
añigbapupu Erdbeben.
añigbedu Unterkiefer.
añigo Norden.
añijeje Fall, Sturz.
ñiko, ñko Name.
añiko Erdhaufen, Hügel.
ñikplola Rinderhirt.
añimlo home Schlafzimmer.
ñino Kuh.
ñiñō An. verfault sein.
ñipe Weideplatz.
ñiro nähren, gütig sein.
ñivi Kalb.
ñī weiden.
ñī hassen.
añī Biene.
ñō gut, schön sein.
eñō gut, schön.
ñōnu »schöne Sache«, Weib.
ñōnudéde, ñōnudem Heirat, das Heiraten.
ñōga alte Frau.
ñōnuvi Mädchen, Tochter.
ñō ñū von Gestalt schön sein, gefallen.
ñō ñū ma anekeln.

ño zupfen, raufen, ausraufen.
ñomiñomi Adv. beim Fressen begriffen.
ñō zupfen, vgl. *ño.*
ñō wach sein, wecken.
ñuẽ An. – A. *ñuīe.*
ñuīe, An. *ñuẽ* gut, wohl, schön.
ñuñō verfault.
ñurō ertrinken.
ñuño morsch, schimmelig.

O.

oklu Knie; Sklave; von den Göttern erbetener Sohn.
okluvi Sklave.
okluvidu Sklaverei.

P.

apake An. grosse Kopftrage, Leichentrage.
pankéke An. Frdw. engl. Eierkuchen.
papahū An. Frdw. Ga, Handtuch.
pasaña Lüge, Falschheit.
pasapasa Heuchelei.
pasapase gedrehte Haarsträhne, wie Buschleute sie sich oft machen.
pasato Heuchler.
paskwe ñkeke ñuẽ An. Ostern.
pauñ ein Pfund englisch.
pepi ya Harmattan.
pentekòste Pfingsten.
peplelu An. wilde Taube.
plabe D., Frdw. portug. *palabra* (Wort), *kadera* D., Frdw. portug. Stuhl.
plen, atimefi An. Hobel.
(k) plo An. hobeln.
portugés portugiesisch.

poste An. Post; Frdw. dtsch.
postkarte, An., Frdw. dtsch. Postkarte.
postmarke An. Briefmarke. Frdw.
primiti An. Frdw. aus europ. Pommade.

P.

pa schreien.
pa sich bewegen, sich aufmachen, eilen.
pa säen.
apa Flügel.
apa Harnröhre.
apa Krieg, Streit, Hader.
apaćo Lüge.
apaćokala Lügner.
apaćokaka Aufschneiderei.
apaglidom Schlachtgetümmel, Kriegsgeschrei.
apajojo Beschneidung; *circumcisio.*
apako Kriegsheer.
apala Flügel.
apanu, aboyo Kriegsbeute.
pá ñü eifersüchtig sein.
apawola, asrafo Soldat.
pā säen, dick seien, dick werden; *na pā* hervorbringen.
pā, pāpā sauer.
pa.... ganz und gar, offen.
pāgi Saatzeit.
pāpā das Säen, Aussaat.
pāpā sauer; *ma pāpā* Sauerteig.
pāwoćiope alljährlich.
ape Haus.
epe eigen, sein. Pronom.
pẹ ein wenig.
pē Ort, Jahr; *pē keame* heuer.
pẹ Thal, Tiefe.
pećoćome Aufbruchszeit.

apee nach Hause.
pe ese riechen.
pefofome Aufstehenszeit.
pegbegbe Neujahrstag.
epego West; An. Nord.
pehlọ Selbstmord.
apeya Südwind.
pekuku das Sterben.
epeme das Innere des Landes, der »Busch«.
apemelā Haustier.
apenọ Hausfrau.
penu Eigentum.
apeña Familienangelegenheit, Familiengeschichte.
peñi Selbstbewusstsein.
pèpè Geruch.
peple leibeigen.
apeto Herr, Hausvater.
petotrọ, petrọ Jahreswende.
petotronu Neujahrsopfer. Erstlingsfrucht
petrọ s. *petotrọ.*
aperi Haussohn.
pĕ fern, weit, hoch.
pĕ stinken.
pĕpĕ stinkend; übler Geruch, Gestank.
apipie An. Spiegel; A. *ahūhue.*
apipieri An. Handspiegel.
playā schlicht.
aple Schilf.
ple kaufen; *peple* leibeigen.
eplẹ Nachtigal.
epli eine schwarze Schlangenart.
plo do anblasen.
ploha, kploha, plọha A. rund, rund herum.
plọ schaben.
plọlinuka Nabelschnur.

plop̌lo spitzig, geschabt.
plu An. spritzen.
pluplu leer.
pluplup̌lu Adv sanft tröpfelnd.
po blasen, wehen; sich zusammenlegen, sammeln; voll sein; stossen, schlagen, kneten. — *po pu* zusammenströmen; *po abolo* Brot backen; *po deći* Suppe anrichten; *po asi ako* an die Brust schlagen, aus Prahlerei oder Trauer; *po womaći* kleksen.
po, podo Mutterleib.
po adaba blinzeln.
poatru Thür.
poći nass.
po de go hinausstossen.
po de he (ɣi) stechen, durchbohren.
po de ji drängen, pressen.
podi schmutzig sein, schmutzig.
podo, po Mutterleib.
po fi de, po fi de do fluchen, verfluchen.
po go zusammentreffen.
pohla umgeben, umschlingen; rund um.
po hle umgeben, umschlingen.
po je ausschlagen, knospen, blühen.
po kpo erwägen.
po kudo keuchen, Todeskampf kämpfen.
pome, podome Bauch, Unterleib; Nachkommenschaft.
pomeawo die Nachkommen.
pomedé Milz, wörtlich: Bauchzunge.
pomefafá Ruhe, Behagen.
pomevi Art, Gattung.

po nu reden, sprechen, schwatzen. predigen.
po nu na Jemandes Sache führen.
popu zusammengiessen, umpacken.
popu Zusammenströmung, Sammlung, Versammlung, Heerde.
popu trommeln.
popui Geschwür.
popuŋglāgi Trommelfisch, Kugelfisch.
po se blühen.
po si aufrührerisch sein.
pote einen Ballen machen, packen.
epò Riesenschlange, Boa.
po Thür, An. *hotru*.
pŏnudrō Recht, Gericht.
pŏnudrōgbe Gerichtstag.
pŏnudrōla Richter.
pŏnudrōp̌e Gerichtsstätte.
potru, An. *hotru* Thür, Holzthür.
potrukpala Schreiner, Tischler, Zimmermann; An. *adaňto*.
pr.... dauernd, beharrlich.
pu öffnen.
pu trocken sein; dürr, trocken.
pu werfen, schlagen; gehen, fortgehen; teilen, öffnen; wackeln.
pu añi zu Boden werfen; *pu du* laufen, rennen.
epù Schiff, Kanu.
epù Blut.
epù Knochen, Bein; Fischangel.
epù Blasebalg, Trommel.
pu.... Adv. andauernd, lange.
puadé Meeresgrund.
pući durchnässen, nass werden.
apući schwimmen.
apućinu Strand, Küste.
pu ćo Abschied nehmen, wegnehmen.

pućoćui Meereswoge.
pućú Wasser teilen, schwimmen.
epudidi Getrommel.
apudukpo Meeresschaum.
pudupudu heftig.
pugbe fortwerfen, ausgiessen.
pu gbli adàm geisseln.
pugo Seeseite, Süden.
pume in der Mitte teilen, entwickeln, erklären.
apume, apugo Seeseite, Süd; an Bord.
pumeha Meerschwein.
apunu, aputa Meeresufer, Strand.
puplu, pluplu leer.
pupo A., gbogblo An., Brett, Holztafel, Tischplatte.
pupola Trommelschläger.
pupú zittern, beben; bewegt, erschüttert.
pupú Erschütterung; anigbapupu Erdbeben.
pupu ći schwimmen.
pupui trocken.
pupuipe das Trockene, aufs Trockene.
pupupu zuckend.
aputa Meeresufer, Küste, Strand (vom Lande aus betrachtet; apunu von der See aus).
aputagbo Thorweg an der Seeseite.
puti Ruderstange, Bambu; An. Rippe.
epu, An. ehü Schiff, Boot.
pugodo, pumegbe Schiffshinterteil.
punutevi Gelenk.
puta, pugome Schiffsschnabel, Vordersteven.
puti = puti Ruderstange.

S.

sa anbinden, anknüpfen; aufheben, in die Höhe heben; sa akpa »die Tiefe aufheben« schweben.
asabu kleines Fischnetz.
sabule Zwiebel.
sada Reihe, Ordnung.
sadidi laufen.
safi A. Schlüssel.
asafo An. Heer, Gemeinde.
asafoko A. Haufe, Heer.
safu An. Tripper.
sagbatre Schwalbe.
sagbla, agudo Fledermaus.
sagblisala, sesala Verläumder, Verräter.
saka An. Säge.
sakpate An. Pocken, Blattern.
sakse, An. tsitsrém Scheere.
sanku einheimisches Saiteninstrument.
sanú An. oben.
asátō D. Keule, Schinken.
sa 'rola li sich schürzen.
sã An. aufhängen.
sã zuerst, zuvörderst, schon.
sãfe An., safi, sãfui A. Schlüssel.
sãfui A. Schlüssel.
sãku Orgel.
sãm grosses Haus, Palast.
se schneiden.
se hören, verstehen, können.
ese Gerücht.
se D. Fels.
ese Gazelle, Antilope.
sé Gesetz.
sédèla, sédola der Gesetzgeber.

séfiala Gesetzeswalter, Jurist.
sejemela Gesetzesübertreter.
seméñe Uebertretung.
séñela Uebertreter.
señgẹ An. Anker.
sepó blühen.
sesagliñuti, sagbliñuti verläumden, verraten.
sesala, sagblisala Verräter, Verläumder.
sese, sẹsẹ stark.
se schneiden, teilen, ausscheiden, trennen.
se erreichen, ankommen.
se hart sein, stark sein; (asi) teuer sein. — se to das Ohr verhärten, nicht hören wollen; se nu leugnen (den Mund verhärten).
sẹ, sẽ stark.
sea hart.
sẹ nũ stark sein.
sé ñuta hart, unbarmherzig sein.
sẹse, An. sẹsẽ stark, kostbar, teuer; laut.
sesie stark, heftig.
sedo bis.
sé fifiha bisher.
señũ An. stark, fest.
sẽsẽ stark.
sẽsie stark.
asé An. Katze.
sémiti Cement.
si schneiden.
sia laufen.
siã reif sein.
asikesieñ, j·ovowọ An. europäisches Mehl.
siñgle An. Signal.
sise Kostgeld.
sĩ aber, sondern.

so schneiden, kreuzen, angreifen.
so apua das Meer schneiden, durch die Brandung gehen; so ape ein Haus bauen; so atia einen Baum fällen; so wluwluwlui klein hacken.
ọsó D. Berg.
sobo Wade.
sofiã, hebieso Blitz.
sokẹhu D. Blitz.
sokpe Donnerkeil.
soleme A. Kirche.
soti An. Pflock.
sọ versammelt sein.
sọ laufen.
sọ Pferd.
soćú Hengst.
sọfoa An. Prediger.
sọgbe fertig sein.
sọgbọ vermehren, viel sein, hinreichen; viel. An. sugbọ.
esọkeke An. Pferdebahn.
sonọ Stute.
sōsrō das Lernen; gelehrt, verständig.
asra, ti Schnupftabak.
asra A. perniziöses Fieber.
asrafọ, apawọla Soldat.
sre Kaktus.
srọto An. Schloss.
srō lernen; srō tame auswendig lernen.
srō das Gemahl.
srō glatt sein, eben sein.
srōdepe Hochzeit.
srōla Schüler, Jünger.
su anzünden.
su genügen, ausreichen; empfangen.
subó Elephantiasis.

subo dienen.
asubo Verehrung.
subola Diener.
subosubo Dienst.
sudui Kissen.
sue, suesue klein, winzig.
asue D. Buschhuhn.
suepe Spitze.
sué An. Koralle.
suklé, suklé An. Zucker.
sukpo D., sugbo An. viel
suku A., womahome An. Schule.
suso fehlen, mangeln, übrig sein.
susoe das Uebrigbleibende, der Rest.
susu denken, meinen, trachten.
susui, susula der Gedanke.
suto schwer, unmöglich sein; zu Ende sein.
sū den Dachstuhl aufsetzen.
osū D. Wald.
osū D. Mond; sū waji das erste Viertel; sū ejrohū der halbe Mond; sū kpeka Vollmond; sū ku (todter Mond) Neumond.
osū vu D. Stern.
sūsō D. reinigen.

Š.

ši, Relativpron., welcher, der.
ši sein, sich verhalten.
ši fortlaufen, fliehen, eilen, sich scheuen; ši apa im Kampf fliehen, in die Flucht jagen.
ši anzünden.
ši ritzen, schneiden, mähen, pflücken, herunterholen.
ši anstreichen (mit Farbe).
aši Hand; do aši die Hand ausstrecken, haschen; Wert, Preis: aši boboe zu niedrigem Preise.

aši Henne.
ši A. Antilope.
eši Heuschrecke.
ši D. Schwanz.
ši, haši Prostitution, Hurerei, Ehebruch.
eši als, da.
šia jeglich, ganz, dieser.
šia anzünden.
šia ausbreiten, trocknen; putzen.
šia flāga Flagge hissen; šia abala, do abala Segel setzen, aufziehen. ši aňo streichen.
ši ahama hinter Jemandes Rücken reden, bereden.
ši avi schweigen, stillen, trösten.
ašibide Finger.
ašibidenu Fingerspitze.
ašicala Händler.
ašidégblefeeu Daumen.
šidu eilen, laufen.
šigawo A. koba An., (Frdw. dsch. Kober) Schrank.
ašige Fingerring.
ašigba Marktlast.
ašigbe Markttag.
šigbe — aleke so — wie.
šigbe aleši — na ene so — wie = šike — nene
šigbe — ene so — wie.
šika Gold.
šika tua Gewehr laden.
ašike Schwanz.
šike — nene so — wie, gleichwie.
ašikuku Fingerhut.
šikwi, šikwido die Ruhr.
ašilā Hyäne.
šilin Schilling, Mark.
ašime Markt.
ešime zur Zeit wo; als.

ešinu Zeit, einstweilen, bis dahin.
asinutepi Handgelenk.
šiṅku An. scharfes Auge.
asiṅoṅlo Faust.
asipome hohle Hand.
sipopo Bewegung, Aufruhr, Revolution.
siši ungezogen frech.
asiši Ruhr, Dysenterie.
sita D., Frdw. portug., Prints, bedruckter Stoff.
sišriši steif.
sitsrɛ̃m An. Scheere.
situ laufen, galoppieren.
sĩ An. wachsen.

T.

ta bedecken, flicken.
ta D. anzünden.
tá verschneiden, kastrieren.
tá sehr.
atá Keule, Schinken.
eta Kopf, darauf.
ta Kapitel.
ataba, atama Tabak.
tabaku Tabakssamen.
atabari Tabakspflanze (im Beet).
tabaʒe, tamaʒe Tabakspfeife.
atablo Riemen, Ruder.
atadi Pfeffer.
tadu Libelle.
také D., takĩ D. Pfeffer.
takohui Schädel.
takpoto der Einbeinige.
atakpui Bindfaden, Seil, Tau.
taku Kopftuch, Taschentuch, Kopfschmuck.
tame Sinn, Verstand.
tame auf, oberhalb.

ta na kriechen.
atanudoʒe Weintopf.
tañãnu An. Seife.
atapu Schenkel.
tašiadam, Frdw. aus Fanti, An, keke, Wagen.
tata verschnitten, kastriert.
tatali Küchlein, Theekuchen, cake.
atati jede weingebende Palme.
tato das Haupt, der Häupter.
tavo D., Frdw. portug. Tisch.
atavuṽo An. Hosen.
tã hassen, verfolgen; tã ṅkume dasselbe.
tãta Feind, Verfolger.
ete darunter.
te unter, unterhalb.
te ziehen, schleppen.
te fassen, herankommen, halten; gehen, ziehen. te ṅũ, teṅũ können, wörtlich: die Aussenseite fassen.
te schöpfen.
te stehen, verweilen.
ete Yams.
te Mühle, Mühlstein, Mahlstein.
tea schwitzen.
tegã grosse (europäische) Mühle.
te gbe donnern.
tégbé immer.
tégbetégbe immerfort.
tegble Yamsfarm.
tekle An. Buschhuhn, ähnlich dem Steppenhuhn.
tekpo Yamshaufen.
telefóne An. Frdw. Telephon, Fernsprecher.
telegráfe An. Frdw. Telegraph.
telegráme An. Frdw. Telegramm, Drahtnachricht.

teñū können, dürfen; sich nahen, vgl. *te*.
tepe das Mal; *tepe ve* zweimal.
tepe Belohnung.
tepo Mühle.
teta der Yamskopf; der obere knollige Teil des Yams, der zur neuen Anpflanzung gebraucht wird.
tete Versuchung.
tetekpo Versuchung, temptatio.
tetriku Betttuch.
tevi Handstein zur Handmühle.
tewi An. bügeln.
ati Baum, Stock, Stange.
ti, asra Schnupftabak.
tia wählen, erwählen.
atialo Baumast.
atibati Papayamelonbaum *(carica papaya)*.
atibla A. der Kleiderbausch, in welchem die Weiber ihre Kinder auf dem Rücken tragen.
atidà Baum ohne Aeste, Stumpf.
atidé Marktplatz, Schatten.
atidudui Fieber.
atige, atike Baumwurzel, Medizin; An. nur *atike*.
tigewola, tikewola Medizinmann.
atigliñi, atikliñi Elefant.
tigo A. Fass, Kürbisschale, Schnupftabaksdose.
atijeje Baumfrucht.
atike Medizin.
atikewola Arzt.
atikla Gerüst.
atiklikli schräg geneigter Baum.
atikliñi Elefant.
atiklipedo Elefantenrüssel.

tikopo An., Frdw. engl. *teacup* Theetasse.
atikpato An. Zimmermann.
atikpatsafo An. Rinde.
atikplo Spazierstock.
atikploto An., *atikloto* Stabträger, Herold.
atikpo An. Klobe Holz.
atiku Kern.
atikujeje Blume.
atimefi, plen Hobel.
titi Rheumatismus.
titina Mitte, zwischen, mitten.
tito An. auflösen, daraufgiessen
atitokpo Trog.
atitsetse Fruchtbaum.
atizoti Reisestock.
atizela Brettschneider.
atī D. Baum.
atido D. Wurzel.
atīkpato D. Zimmermann, Tischler.
atīsisē D. Baumfrucht.
to an, auf, seitwärts.
to fortnehmen, von.
to erzählen, sagen, mitteilen.
to gehen, umhergehen; *to-ji* bei Tische aufwarten; *to mo* einen Weg gehen, kreuzen; *to na* durchschlüpfen; stampfen, z. B. Yams, Fufu.
tó Berg.
eto Büffel.
to Schale.
to Ohr; *do to* Ohr leihen, horchen, erhören.
toa Saum.
tokpui Ohrläppchen.
tokuno der Taube.
toligbo D. Strasse.
tome Ohrmuschel.

tome Tiefe.
tóme, tótóme, tówodome Bergland, Hügelland.
tomefáfa Friede.
tomé D. Haus.
toti Farbholz, *camwood*.
toto stampfen.
toto An. fliessen, vom Blut.
to anfangen; gehen.
to binden, halten, stehen bleiben.
to bauen.
to nähen.
to mischen; *to jo* Feuer anlegen.
to braten, rösten, backen.
ato Guineawurm.
to, fofo Vater.
eto Fluss, Gewässer, Wasser; *ći tome* ertrinken.
to Eigentum.
to die Leute; *toñe* meine Leute.
todia Oheim.
todiavi, todiayovi Brudersohn, Neffe
atoge Kamm der Hühner.
togbe Grossvater.
togbetogbe Urgrossvater.
togbetogbenu Ding aus alter Zeit, altfränkisches Ding.
togbevi, togbeyovi Enkel, Enkelin.
tohui An. Wasserloch.
atoka Guineawurm.
toklãgbaʒe An. Affenfell.
tombla, tomble Wasserglas, Bierglas.
tomedeʒe Wassertopf, zum Holen des Wassers.
to sésé Frucht ansetzen.
to te warten, stehen bleiben.
totro drehen; verweilen.
totro umgekehrt.

totro, totrome Umkehr, Bekehrung.
to angreifen, auf Jemanden feuern.
to binden, nähen, zusammennähen.
atõgõ, adibodo grosser Schotenpfeffer.
atrakpui Treppe; An. *atrakpoé, ajrog*.
trála D. sehr.
tre ausfüllen.
tre, tetre spinnen.
treɔ́ An. Wanze.
tre mo den Weg verfehlen.
etré Kalabass, Kürbissschale.
etri dick, stark.
trikata, trikatame Kniekehle.
trito ungehorsam.
trobo hineinstechen, hineintauchen.
tro umkehren, wenden, drehen, kehren, zu etwas werden (*to turn*) umkehren, sich bekehren; giessen.
tro de ji darauf giessen.
tro gbo, tro va zurückkehren.
trõ An., = *tro*, wenden, werden; *trõʒu* zu etwas werden.
trõnu Priester.
atrõnu auf den Fleck, sofort.
trõsubola Heuchler.
trõsubosubo Götzendienerei.
tru sich erbrechen.
atsatsa Matratze.
tse tragen (von Früchten).
tsa zusammennähen, wählen.
tsã auch.
tsãvi D. Schlüssel.
tsi zurückbleiben, sich aufhalten, liegen bleiben, verloren gehen.
tsi An. Kauris.
tsitsi An., »Kieker«, Fernrohr.

tsivi D. Löffel.
tso dann.
tso be D. bis dass, dann.
etso Todtenfeier.
tsohome Begräbnis.
tsö bedecken, einschlagen, einwickeln.
tsro Rinde.
atsrokpe Feuerstein.
tsukbe D. bis.
tsukpo An. Kopftrage aus Zweiggeflecht.
tu führen.
tu stossen, klopfen, hämmern, mahlen, zerreiben; *tu na afo* mit dem Fuss ausschlagen; *tu asi* schieben.
tu bauen, schmieden; *tu bua* Zelt schlagen.
tu schliessen.
tu lösen, auflösen.
tu lahm sein.
tu aufsteigen.
atu Gewehr, An. *etu*.
tuci segnen.
tu dada schiessen.
tu do nu sich in Reih und Glied stellen.
tufe, An. *tufẽ,* ablöhnen.
tu gu in Stücke schlagen.
tugum der erste, frischeste Palmwein.
tuheto Soldat.
tui ausspeien.
tui Bau, Gebäude.
tu ka Faden lösen, auftrennen.
tu ko mit der Faust stossen.
atukpa Flasche.
tukpé D. *tukpõ,* Kugel, Patrone.
tukpedaka Patrontasche.

tukpõ D. Kugel, Patrone
tukpẽgba D. Patrontasche.
etukpui schön, jungfräulich.
tumi Gewehröl.
tumito Knochenmark.
tumuhloa Bayonett.
atuṅkpã, atukpa eckige (Gin) Flasche.
tu ña vertreiben.
tupã D. Büchse, Flinte.
tuti An. Gewehr.
tutru das Erbrechen.
tutu auswischen, abreiben, trocknen.
tutu rein.
tutu lahm.
tututu geradeaus, ganz gerade, aufrecht.

V.

va kommen.
ava Binsengras.
vaci säuern, sauer sein; sauer.
vasede bis; *vasede esime* bis zur Zeit wo.
vasẽ do ekeme An. bis dass.
vava das Kommen, der Eingang.
v'avi weinen.
vãvã wahrlich.
ve lau sein.
vé Basilisk.
évé teuer.
véa es ist nicht nötig; fehlen, abhanden sein.
vé dòme zornig sein.
vehlo Luftröhre.
vé ji hart, bitter, böse sein.
vekoe Kehlkopf.
velosipédè Frdw. Velociped.
veme ñto zu sehr »Buschmann«, zu ungebildet.

réna erzürnen.
re na von Nöten sein, fehlen.
renovi Zwillinge.
rè nu gnädig, freundlich sein.
ré ñu lieben, Wohlthat erzeigen.
aresu An. dicker Busch.
reve schmerzlich, bitter sein.
révé scharf, bitter, hart.
révé Galle.
revere je zwei.
re leer.
reñtile Frdw. Ventil; reñtile gā Hauptventil.
revie schmerzlich, bitter.
ré Wein.
vi Kind, Junges.
vi ein wenig.
viade, vide wenig.
ricunu D. Sohn.
vide, videde Gewinn, Vorteil.
vie jucken.
vigā D. Bruder.
viji Säugling.
vino Kindermutter, die Fruchtbare.
viñucu Sohn.
viñonu Tochter.
viseto gehorsames Kind.
vito Kindervater.
vivi süss sein.
vivi süss, schmackhaft.
vivi Wohlgeschmack; do vivi würzen.
vivi na süssen.
viviti das Dunkel.
vivivi ganz klein.
avivo An. Kälte.
vivinue zu klein.
vino die Leute, Arbeiter.
avlokui An. Eingeweidewurm.
avlokuitike An. Eingeweidewurmmedizin, Wurmkuchen.
vo und, plus, zur Numeralbildung.
vo Zeit haben.
vó Bruch, Hodensack.
avolōm das Weben, Weberei.
voño, año Kautschuk.
vóku Hodensack.
voro Zeit.
voro, vorovo verschieden, besonders.
vo beendigen.
evo, vo fertig, also.
voa An. fertig, aber, und.
avo Gewebe, Zeug, Kleid, Gewand; D. avō.
avodola, avudola Schneider.
voduñbe D. Woche.
voẽ An. böse.
vokāwè D. Weissgarn.
avolōtoa An. Weber.
avonudedea An. der Flicken.
avonudedi An. der Flicken.
votšo An. und doch.
vovo geschmacklos.
vovo Ende.
voroli Schatten, Schemen.
vō sich fürchten.
vō böse.
vōdi Bosheit.
vōame böser Mensch.
vō-do An. fürchten.
avōkē D. Baumwolle.
vōsasa An. Opferung.
evōto Bösewicht.
vōvō Furcht.
vōvōno Feigheit.
vōvōnoto der Feige.
vu zerreissen.
avu, An. avū Streit

vudo An. Brunnen.
avulela Friedensstifter.
vuvo Kälte.
vuvu zerrissen.
vũ An. Streit.
avũ Hund.

W.

wa D., *va* A. An., kommen.
awa An. Flügel.
walẹbe, wolẹbẹ An. wann.
wãwã gesäuert; *amowo wãwã* Sauerteig.
we An., *gẹ* A. Sonne; *we do hoa* die Sonne geht unter.
wedoto D. Richter.
wedoho An. West.
weyiho A. Sonnenuntergang.
wekawe An. seit wie lange.
wekã-afẹfẹ D., *blo* D. Indigo.
wẽma D. Papier, Brief, Papierpacket.
wẽmaći D. Tinte.
wenu D. Zeit; bis.
wetri An. Mond, Monat; *wetria mãme* Vollmond.
wetrivi An. Stern.
wezẹpe An. Ost.
wẹ D. dort, daselbst.
wgho D. Sonnenschirm.
wẹskot An., Frdw. engl. Weste.
wetro An. Spätnachmittag.
owẽme D. Mittag.
ewi An. Buschmesser, Hauer.
wiwi D. schwarz.
wlinvlinvli An. kurz und klein, in Stücke.
whuvlui Ueberbleibsel.
whuvluwu, whuvluwui kurz und klein.

wo, zweite Negation am Schluss des Satzes, vorausgegangenes *me* ergänzend.
wo aufbrechen, platzen; knistern, prasseln.
ewo zehn; *ña woe* »die Sache ist zehn«, d. h. rund, verhält sich so.
woalẹbe An. seit wann; *woalẹbe keme* zu der Zeit als.
woamẹno ein Armer.
woea — woea D., suffigiert, entweder — oder.
wo juie leicht sein.
woma An. Papier, Buch, Brief.
womaći An. Tinte.
womaćipopo An. Tintenklecks.
womahome An. Schule.
womahome fetua An. Schulgeld.
woma miọmio An., *emomuñoñlo* An. gedrucktes Buch.
womañlohome An. Studierzimmer.
womañlonuawo An., Pluraletantum. Schreibzeug.
womañloñlo A. das Schreiben.
womañloti An. Federhalter, Feder.
wo, wowo machen, thun.
wo Mehl.
wo ada um sich greifen, sich wehren.
wo ami ñũ faul sein.
wo deka gemeinsame Sache machen, versöhnen.
wo ya Erstaunen zeigen.
wo ajire An. zanken.
ewodo danke!
wohũa Blasebalg.
wohũhũ D. Brod.
wo ji mutig sein.
wo jre zanken.

wokplě Mehlkloss.
wokume An. Maismehl.
wo nupu An. schelten.
wo ṅuti sich beeilen.
wo pome müssig stehen.
wo roroli Schatten werfen.
wowo machen.
wowo wachsen.
wu säen, ausstreuen.
wu fangen.
wu übertreffen; dient auch zur Umschreibung des Komperativs, vgl. S. 33. — wu nu übertreffen.
wu tödten.
awu An. europäisches Kleid.
wu de depe tödten anstatt, zur Vergeltung für.
awudo Kleidersaum, Naht.
awudola, arodola Schneider.
wuha D. Lanze.
wu ji besprengen
awumetukpoé An. Pistol.
wu nu vollenden.
awunugbui Knopf.
wuwu fallen vom Regen).
wuwutō D. das Wachstum.

Z.

aʒava An., bua An. Zelt.
aʒawo D. Laden, Faktorei.
ʒã Nacht; D. Matte, Bett.
aʒãdegbenwasuo D. bisweilen.
ʒãdiato Wachmann, Posten, Nachtwächter.
ʒãdogi Abenddämmerung.
aʒãgbe Jahreszeit.
ʒãhonome D. Schlafzimmer.
ʒãmu Tau.
ʒãtitina Mitternacht.

ʒãtoe An., alegeli A., Ratte.
ʒãtogbe D. morgen.
ʒãʒã D. der Morgen.
ʒãʒãṅdé D. der Morgen, frühmorgens.
ʒãʒãtě D. der Morgen.
ʒe Topf, Krug; D. ʒẽ.
ʒeɣi, blękiṅ An. (Frdw. engl. blacking) Wichse
ʒemela Töpfer, Hafner.
ʒememe Töpferei, Hafnerei.
ʒẽ trennen, zerreissen, A. je; ʒẽ gbogblowo Bretter schneiden.
ʒẽ D. Topf; eine halbe akruba.
aʒi An. Ei; do aʒi Eier legen.
ʒig rot.
aʒikpe An. Stuhl.
aʒiʒo An. D. Rauch.
aʒiʒohu An. Kriegsschiff, Dampfer
aʒiʒoma Dampfmaschine.
aʒi Erdnuss.
ʒi D. Ei.
ʒiflu D. Dunkel, Dunkelheit.
ʒikpo D. Stuhl.
ʒo An Feuer, D. Rauch; to ʒo An., D. do ʒo, ta ʒo Feuer anlegen.
ʒodōkpata, adoho, midaho An. Küche.
ʒodope An. Feuerheerd.
ʒogbō An., jogbo A. Brei.
ʒohu, koṅgro D. Dampfschiff.
ʒojeje An. heiss.
ʒojeme An. Trockenzeit.
aʒokue D. Tabakspfeife.
ʒome, meñañateme D. Hölle.
ʒotikpo An. Klobe Holz.
ʒoʒo An. heiss, warm.
ʒo gehen, schreiten, laufen, reisen einhergehen. An. ʒõ

azo, azola, azogo, azoto, azotola
jetzt.
zo grosser Wassertopf.
zohŭvi Dampfkutter, Barkasse.
zoli, zōli Gang.
zō An. gehen.
zō D. das Mal; zō dokpo auf einmal, sogleich.
zōĕ D rückwärts.
zro fliegen.
zu, su werden, entstehen, sich weigern.
zudokuito der »Selbsteigentümer«. Freie.
zugbĕ D. Lampe.
zugbo An. Brei.
zuzo (suso) fehlen, übrig sein.
zū D. Busch.

zūgā grosser, zūvi kleiner Hammer.
zūvi kleiner Hammer.

ż.

ażāle A., An. ażāli, ajālĕ Seife.
że kaufen (von Flüssigkeiten).
że spalten, sägen.
że sinken, fallen.
że, je anfangen, keimen; że mo ’aufbrechen.
że leuchten, sichtbar sein.
że A. Unterhaltung; do że ein Gespräch führen.
żĕ braunrot.
żi fliessen.
żie A. fuchsrot.

II. Deutsch-Ephe.

Bezüglich der Anordnung sei bemerkt, dass die Umlaute der Vokale und Diphthonge ohne Rücksicht auf ihre Trübung unter ihre Grundlaute eingereiht sind; die verschiedenen s-Laute sind ungetrennt.

A.

Aas *movoku*.
Aasgeier *aklasu, akagã*.
abbrechen *fẽ*.
abdecken, das Haus, *ko ho*.
Abend *fiẽ, fiẽsi*; D. *(g)badanu, gbada*; Abend, abends *fiãyi*.
Abenddämmerung *ʒãdogi*.
Abendstern An. *fiŋkumafiŋtepe*, vgl. S. 116.
Abendwind, Abendkühle *fiãyisiŋa*.
aber, und *eye*; An. *vo*.
aber *ke*; aber, sondern *na, ne, si*.
abernten *ho*.
abfahren *hoho*.
abhauen *lã*.
abhelfen, abstellen *dro*.
ablehnen An. *gbegbe*.
ablenken, vom Wege *je gbe*.
ablöhnen *tufe*, An. *tufẽ*.
abnehmen *dafo*.
Abort, Kloset *afojidepe*.
Abschied nehmen *pu ćo*.
Abschnitt, Zeit *jeje*.
Abschnitt, Paragraph *kpukpui*.
abstammen *ćo*.
Abstammung *ćoćome*.
abstechen, ausziehen (von Pflanzen *hõ*.

Abtritt, Kloset *kpoha, afojidepe*.
abtrocknen *tutu*.
abzahlen *dé fe*.
Abzahlen, das — einer Schuld, *fedédé*.
Achselhöhle *ahadome*.
Acker *agble*, D. *gle, gleta*.
Adamsapfel *agbija*.
Affe *kabli, efie*.
Affenfell An. *toklãgbaʒe*.
Afrika *ameyibode*.
aha! *ehẽ!*
Albernheit *yakayakanu*.
all, ganz *katã, katã, kpãta*; alle *ćio*.
Alligator *elo*.
alljährlich *dãpela, pãwoćiope*.
allzeit *dikadika, degbe*.
als (temporal) *ehe, esi, eheme*; als, da *esi*; zur Zeit wo *esime*.
alsbald *dede*.
also, folglich, An. *eyehũ*.
alt, schon *hoho, hoho*.
alt sein, alt werden *ho pe*.
Altar *amenu, afolemenu*, An. *Mawukplõ*.
Alte Frau *ñagã, ñōgã*.
Alter, hohes *amagãkukume*.
Aeltester *amegã*.
Ameise *alilõ, adide*

Ameisenlöwe *kemegboe*.
Ananas *adòdò*, An. *blafūgbe*,
　blafumme D. *goǹde*, *agöde*.
anbinden *sa*.
anblasen *plo do*.
andauernd lange *pu*...
andere *bu*, *bubu*; der eine — der
　andere *bu — bu*.
andere, das, *ekemeke*.
Andere, der, *dometo*, *amekeme*.
anderes, etwas, *nububu*.
anekeln *ñō ñūna*.
anfangen *je*, *ẕe*, *do gome*, *de gbli*;
　anfangen, gehen *to*.
anfassen *dé gbli*.
angehen gegen die Wellen *kpe ćia*.
angehören, zugehören *le na*, *le
　ñūti*.
angeln, Angel werfen *do pu*.
angesichts *ǹkume*.
angreifen *to*; angreifen, kreuzen *so*.
angrenzen; bis *fase*, *fase de*.
Angst haben *jika ćo po*.
anhalten, anlaufen, anlegen An. *je*.
Anker *sege*, An. *seǹge*; Anker
　aufnehmen *hō seǹgẹa*.
Ankunft *gbogbo*.
anlehnen *dé me*, *de mē*; anlehnen,
　wackeln, trunken sein *mu*.
Ansehen, Achtung *nim*.
anstreichen, bemalen *si*.
Antilope *ji*, *si*, An. *ese*, D. *agbaǹli*.
Antlitz *ǹkume*.
Antwort *ǹūtidodo*.
antworten *do ji*.
Anwendung *eǹūtido*.
anzünden *dra je*, *do jo*, An. *do ẕo*.
anzünden *su*, D. *ta*.
Apfelsine An. *yovoǹti* D. *gbodo-
　klo*, *gbodoklowe*.

Araber, Maure *Marawavi*.
Arbeit *dowowo*; Arbeit, Krank-
　heit *do*; Aufgabe *morowo*.
Arbeiter *dowola*, *dododokuito*,
　dowola.
Arbeitstier *dowolā*.
Aerger *jibi*.
ärgerlich *adā*.
Arm *abo*, *abopu*.
arm, niedrig *dahe*, *doko*; arm sein
　do ko.
Arme, der *amedahe*.
Armer, ein *woameno*.
Armring *alomuga*.
Art, Gattung *pomevi*; Art und
　Weise *mo*.
Asche *afi*.
aschgrau *gie*.
Atem, Geist, Seele *gbogbo*.
atmen *gbo*.
atrophischer, verwelkter Arm
　abole.
auch *hā* An. *tsā* D. *kpā*.
aufbewahren *jira*, *jira*.
aufbrechen *wo*.
aufbrechen, fortgehen *do ćo*, *jo*,
　ẕe mo.
Aufbruchszeit *pećoćome*.
Auferstehung *fofo*, *gafofo*.
aufgehen (vom Teige) *hoho*, An.
　hu, *hū*.
aufhängen *jiga*; henken *dé ka
　ve na*; An. *sā*.
aufheben *ko*, *dro*.
aufhelfen *lé na*.
aufhören *jujo*, *jijo*.
aufhüpfen *hoho*.
auflesen, holen *fo*.
auflösen, darauﬂgiessen An. *tito*.
aufmerken *do to*.

aufräumen *jira.*
aufrichtig sein *jo, jo.*
aufrollen *he aja.*
Aufruhr *sipopo.*
aufrührerisch sein *po si.*
Aufschneiderei *apacokaka.*
Aufseher, Wächter *kpola, amejikpola.*
aufsetzen, daraufsetzen *ko do ji.*
aufstehen *fo, jitre;* An. *fō.*
Aufstehenszeit *pefofome.*
aufsteigen *tu.*
auftrennen *joka.*
aufwarten *ca ji, to — ji.*
aufziehen die Uhr *he, ke.*
Auge *ṅku.*
Augenblick *adabapopo.*
Augenbraue *acugo.*
Augenlid *ṅkuha, ṅkujila, adaba.*
Augenwimper *adaba.*
aus, von *co.*
ausbessern *jira, jra, jira do.*
ausbreiten, trocknen, hissen *sia; keke.*
auseinandergehen *de na gbo na.*
Aussenseite, an, *ṅū, ṅūti, ṅūta.*
ausfüllen *tre.*
Ausgelassene, der, *jehato.*
ausgelassen sein, ausgelassen *jeha.*
ausgeredet haben *je añi ni.*
ausgiessen *ko.*
ausgraben, ausreissen, ernten *ho.*
Auskunft geben *do ṅū, do ṅūti.*
ausliefern *co de asi na*
auslöschen, verlöschen *ji,* An. *tsi.*
auspflanzen *do agbleme.*
ausruhen *je;* sich — *jujo, jijo.*
Aussaat *pāpā.*
Aussatz heilbarer *jobu.*
ausschauen nach etwas *kpo,* D. *gbojibakpō.*

aussenden *do.*
ausspeien *jo, tui, dè ta.*
Auster *aja,* An. *adokoe.*
Austernschale *ajapla.*
ausweichen *je na, dèda.*
auswischen, trocknen *tutu.*
Auswurf *ahōhōmi.*
ausziehen einen Zahn *ho adu.*
Axe *keketi.*
Axt *fia,* An. *efio, efiō.*

B.

backen *da.*
Backenbart *kpōge.*
Backentasche *alogome.*
Backofen *kpome,* An. *ablokpó.*
baden, waschen *lé;* sich — *lé ci.*
Badezimmer An. *cilèhome.*
bald D. *ekpopede, enuzādī.*
ballen die Faust *ṅlo ko.*
Ballen machen, packen *pote.*
Bambu An. *made.*
Banane *ablajo,* An. *akodu,* D. *kokuealogli.*
Bananenbaum *akoduti.*
Bank (ohne Lehne) *amagui.*
 An. *mago,* D. *hlogzikpo.*
Bart *egé,* An. *egē.*
Barmherzigkeit *nublanui, nublamuikpokpo.*
Basilisk *vé.*
Bastseil *bo.*
Batate *jete.*
Bauch *pome, podòme, dòme.*
bauen *to, tu.*
Bauen, das, Architektur, *hotutu.*
Baum, Stock *ati,* D. *ati.*
Baumast *atialo.*
Baumbrücke *ana*
Baumeister *hotula*

Baumfrucht *atijeje*, D. *otisisč*.
Baumstumpf *atida*.
Baumwolle *déti*. D. *avōkč*.
Baumwollhemd *frana*
Baumwollsamen *detiku*.
Baumwurzel *atige*.
Bausch *jiḫe*.
Bayonett *tumuḫloa*.
Bearbeitung *eñūdowowo*.
beaufsichtigen *kpo ji*.
bedecken, einwickeln *tsō*; flicken *ta*; *jio* den Kopf — *jió ta*.
beeilen, sich, *wo ñūti*.
beendigen *vo*.
befinden, sich *dode*.
Begegnende, der, *amękpela*.
Begehrliche, der, *nujivola*.
Begehrlichkeit *nujivo*.
begiessen *dé či nu*.
beginnen An. *je*.
begleiten *do*.
begraben *dí*.
Begräbnis *tsoḫome*, *kudepe*.
Begräbnisplatz *amędipe*.
begrüssen *dogbe*, An. *dape*.
Behagen, das, *pomefáfá*, *dōmefáfá*.
Behälter, Bassin der Lampe *kanęgbę*.
behandeln, ärztlich, *de kpe ñū*.
beharren auf *le ji*.
behaupten *mo de nu*.
behüten *jira do*.
bei, zu, neben *gbo*.
Bein, Schenkel *ata*; Beinbrechen *ńe ata*.
beistehen *do ji*.
bekannt, bewusst *ñaña*.
bekehren, sich, *tro*.
Bekehrung *totro*, *totrome*.
bekleiden, sich, *do awu*.

beliebt *lōlō*.
belohnen *do dępe na*.
Belohnung *tępe*, *tępedodo*.
bemühen, sich, *doveve*.
beraten, gehen sich zu — *de da*.
bereden, afterreden *si aḫama*.
bereit *klalo*, *dode*.
Berg *tó*, D. *osó*.
Bergland *tóme*, *tótóme*, *tōwodome*.
bersten *meme*.
beschneiden *jo apa*.
Beschneidung *circumcisio*)*apajojo*.
Besen *baya*, *ḫa*.
besprechen, sich, *ḫe ña le dokui ñūti*.
besprengen *wu ji*.
besser, lieber *boñ*.
besser gehen *kadome*, *kademe*, *je eme*.
bestellen *do*.
bestreichen *de na*.
besuchen *de akpo*.
beten *do gbe*.
Bethaus *gbedoḫo*.
betrübt aussehend *fē*.
betrübt sein *fa koñi*.
Betrüger *ameblela*.
betrunken *mu*; betrunken sein *mu*.
Betrunkene, der, *aḫamula*.
Bett *aba*; Bett machen *do aba*.
Bettgestell *abati*.
Bettuch *tetriku*.
betupfen *dena*.
beugen, sich, *bobo*.
Beute *aboyo*, *apanu*.
Beutel *diatui*, D. *gba*, *gbavi*.
Beutel Kauris, 5 Mark, *kevi*.
bevor *gbope*.
bewegen, sich bewegen, *dé*; sich —, eilen *pa*.

bewegt, erschüttert púpú.
bewusst sein, wachen lé ňū.
Bewusstsein, zum — kommen ku peñi.
bezahlen ḫe.
bezahlen, decken ḫe, fe.
Bibel Mawuñia woma.
biegen An. ḫe; sich — kli, fiẹ.
Biene añi.
Bild amede.
Bild, Gestalt nono, nonome.
billig bobo.
binden bla, mible, ji de ňū; —, stehen bleiben to; —, nähen tō.
Bindfaden, Seil eka, atakpui.
Binsengras ava.
bis sedo, vasede, vasede esime, kafi, hafi, ehe, fase, fasede; —, zuvor, bevor hafi, An. gbopẹ; bis, Zeit, D. wenu; bis dass vasẽ do ekeme, tso bẹ, ćo sedo ekeme, halase esi (sime), fase, D. tsugbe.
bisher sẽ fifiha, ñūtido.
bisweilen ejieji, gbadewogbe, An. gbedewogbea, D. aẓadegbewoasuo.
Bitte, Frage ebia, biabia.
bitten um Verzeihung bia dé kuku.
bitter An. gbalo.
bitter sein vé.
blasen ƒo, yo; —, schüren An. kpo ẓo.
Blasebalg epú, wohūa; mit dem — blasen yo pu.
Blatt An. amakpa.
Blaugarn kayi.
Blauwasser An. bloći.
Blechbüchse, Dose gamua.
bleiben fi, fifi, di, ći, ji.
blinzeln ƒo adaba.

Blitz ḫebieso, sofiā; D. sokẹhū.
blitzen de ẓo.
Blödsinnige, der, ćukuno.
blödsinnig sein ku ću.
blöcken ḫlō.
blühen je, po je, po se, se po.
Blume atikujeje.
Blut epū, An. ehū.
Blüthe jeje.
Boden, Erdreich gu; —, unten an de; zu — fallen ge j'añi.
Bogen (zum Schiessen) edà.
Bohne, rote afrikanische, ayi, D. ayiku; europäische kpakpakui.
bohren ňo.
Bohrer nuňomi; —, Ahle añudọẹ.
Bolzen ga.
Boot, grosses, batala, batrẹ, An. aklo; Brandungsboot aklo, aklu.
Bootshaken hūleti.
böse vō, An. voẹ; böse sein vé ji.
Böses nuvoẹ.
Bösewicht evōto, amẹvō.
boshaft jeha, An. kpotoé.
Bosheit vōdi, nuvōwọwo.
Bote dola.
Botschaft senden do du de.
Brägen ahōhōa; D. fūkpa.
Brandopfer amenu, afolemenu.
Brandungsboot aklu.
braten, backen to.
braunrot ẓẹ, jẹ.
Braut ňūkpeto.
Bräutigam ňūkpetosrō.
brechen, bersten kpā.
Brei jogbo, An. ẓogbō, ẓugbō.
breit keke, gbaja.
Breite kekea.
brennen bi; —, aufflammen ḫo; D. hū

Brett *pupo*, An. *gbogblo*, D. *ho*.
Brettschneider *atiʒela*, An. *gbo-gblosoto*.
Briefmarke An. *postmarke*.
Brille *gaṅkui*.
bringen *hĕ, fa, kplọ fa*.
Brod *kokui, akpọno,* — der Eingeborenen *abòlo*, An. *abló*, D. *woḫūḫū*.
Bruch *ró;* einen — haben *dò ró*.
Brücke *ana*.
Bruder *ṇọvi* D. *daho, vigā*.
brüllen *fā*.
Brunnen *jijim, añigbajijim*.
Brunnen An. *vudo, čivudo*.
Brust *akọ, kota*.
Brustbein *jitapu*.
Buch *agbalẹ, buku*, An. *woma*.
Buckel, Höcker *kpo*.
bücken, sich, *bo, bobo*.
Bucklige *kpono, kpotọ*.
Büffel *eto, dó*.
bügeln *tewi, do nu ji*.
Bügeleisen *nujidogra*.
Bund *nubla, nubabla*; einen — schliessen *bla nu*, wörtlich: den Mund binden.
Bursche *devi*, D. *yakpo*.
Busch, Wald *gbe, ave;* An. *avesu, ʒū*.
Buschhuhn *afese*, An. *tekle*, D. *asuẹ*.
Buschmesser, Hauer, *yikpo, evi*. An. *ewi*; grosses europäisches *bèdẹ̀, klatẹ*, An. *kpatsa*.

C.

Camwood, Farbholz. *toti*.
Cement *sěmiti*.
Centipes *demeḫo*.
Chamäleon *agāme, agāma*.

Charfreitag, An. *Yeʒu be kugbe*.
Chinin *kinine*.
Christ, ein, *kristoto*.
Citrone *ñti, ñūti*.
Citronensaft *ñūtići, ñtići*.

D.

da! *ho!*
da wo *afisike*.
Dach *ḫota, ḫoata*.
Dachstuhl *akpale;* — aufsetzen *sū*.
dahingleiten *ditu*.
damit *be, bena, benẹ*, D. *beno*.
Dampf An. *yeʒo*, D. *yọʒọ*.
Dampfer A. *mel*, An. *mele, aʒiʒohū*.
Dampferboot *melemekloa*.
Dampfkutter *ʒohūvi*.
Dampfmaschine *aʒiʒomo*.
Dampfschiff *jujopu*, An. *aʒiʒohū*, D. *ʒohū, koṅgo*.
Dank *agbe, akpe*.
Dankbare, der, *agbedala*.
danke *dono, donolo, ewodo*.
danken *d'akpe na, da agbe, d'agbe*.
dann *eye, ye, eyia, eya, dede, emẽgbea, eyomea, ekem, ekemā, tśo*.
darauf *ji, eji*.
darauf giessen *ko de ji*.
darauf liegen *do ji*.
darin *ye eme, eme*.
darlegen, vortragen *ẹo fa do gbo*.
darleihen *gẹ*.
darunter *ete* D. *glọtọ*.
drängen *po de ji*.
dass *ḫabe, bena, ḫabena;* — damit *ne;* — weil, *be bena, benẹ*, D. *beno*.
dasselbe, ebenso *nẹnẹbe*.

dauernd, beharrlich, Adv. *pr*...
Daumen *asidegblefeću*.
Decke *kuntu, kuntu*, A. *kuntru*.
Deckel *dagbo, ejiejonu*, An. *nutuvi*,
            D. *nusu*.
decken, bedecken *he;* das Haus
  , *kpe ho;* den Tisch —, *do
   kplõ;* das Dach —, *gba, gbã*
            (mit Gras).
Demijohn *ajafui,* D. *ajagoe*.
Demut *jibobo, ñutibobo*.
demütig *bobo*.
demütigen *bobo*.
denken *bu;* —, trachten *susu*.
denn *elabena;* —, also An. *ehũa,
            hũa*.
dennoch *elabena*.
derselbe *eyeake, dekakoe*.
deshalb, folglich *eata, eyiata,
  eyata, eañūti, eyeañūti, eyañūti,
       eyiañūti, yeñūtia*.
deutsch *jama*.
dick, stark *etri, netri, lolo;* allzu
  —, *kpētēkpētē;* dick sein *pã;*
            werden *klã*.
dicht *kpekpekpe*.
Dieb *fiafi, fiafito*.
Diebeshöhle *fido*.
dienen *subo*.
Diener *dojola, subola*.
Dienst *subosubo*.
dieser *sia, ehe, eke, ekela, ekea;* —,
           welcher *ke*.
dies *yeke*.
dieserda *ehela, ekela, amehe*.
diesseits *gahe, gonu*.
doch *gakea*.
Dolmetscher *gbeseto*.
Donner *jidegbe,* D. *jidegbe, dobé*.
Donnerkeil *sokpé*.

Donnern *te gbe, de gbe gr*...;
         Mannu *de gbe*.
Dorf *kofe*.
Dorfbewohner *kofemeto*.
Dorfplatz *agbonu*.
Dorn *eñu*.
dort *fihe, fiha, fike, afika;* An.
  yeñũ; —, gegenüber *afimã;* D. *we*.
draufgeben, zulegen *de ji*.
draussen *go;* —, daran *eñūti;* —,
         Welt *hiheme*.
drehen *tro, totro;* —, ausringen
  fiē; —, flechten, pflücken *gbe*.
Dreipence *kavegg,* An. *katōgavi*.
Drell, Greybaft *gãgã*.
drüben *gomeji*.
Du! An. *ewe*.
Dummheit *yakayakanu*.
dunkel *ñerō;* — von Farbe *ñotã*.
Dunkel, das, *viviti*.
Dunkelheit *viviti, bliko,* D. *ziflu*.
dunkelrot *helihelihe*.
dünn *le*.
dünn *bidibidi, yoe*.
durchaus *kpò*.
durchnässen *puéi*.
durchsieben *lili*.
durchsuchen *kã*.
Durst *ćiko, jiko;* —, löschen *di po*.
düster, trübe sein *dò*.

E.

ebendas *ea, ee*.
ebenderselbe *heake*.
ebenso *neneake*.
ebnen *jo*.
Ecke *jokoeji; go*.
Ehebrecher *amesrõmola*.
Ehebruch treiben *mo ame srũ*
ehren *do ame*.

Ei *aji*, An. *aʒi*, D. *ʒi;* Hühnerei *kokloji*, An. *kokloʒi*.
Eidechse *adoklo*, *adoglo*.
Eierkuchen An. *pankéke*.
Eier legen *ji*, *da aji*.
Eifersucht *ñūpápá*, *ñūpam*.
eifersüchtig *ñupá;* — sein *pá ñū*.
Eifersüchtige, der, *ñūpala*.
Eigentum *to*, *penu*.
Eigentümer, der Reiche, *nuto*.
eilen *pa*, *dabla*, An. *debla*, D. *yáwo;* —, laufen *sidu*.
einander, wechselseitig *nogwo*.
Einarmige, der, *abodekato*.
Einbeinige, der, *takpoto*.
eindringen *je me*.
Eingeweide *dovi*.
Eingeweidewurm *domekplevi*, An. *avlokui*.
einkehren *jegbo*.
einladend sein, sich gelüsten lassen *jiro*.
Einsegnung *deviwo be ayira*.
einseifen An. *do ajāli*.
eintauchen, essen *ka me*.
einträchtig sein *le gbedeka ji*.
eintreten *gede*, *deme*, *dome*.
einwechseln *du do*.
einwickeln *ñlo*, An. *tsū*.
Eis An. *ćikpe*.
Eisen, Geld *ga*, D. *gāwiwi;* in — legen *do ga*.
Eisenbahn An. *añigbahū*.
Eisenbahnhof An. *añigbahūhome*.
Elefant *atikliñi*.
Elefantenrüssel *atiklipedo*.
elektrisch *elektrike*.
Elend *nublanui*.
Elephantiasis *subó;* — bekommen *dò subo*.

Elfenbein *ñidu*, D. *ajinaku*.
Ellenbogen *klokui*, *abokuklui*.
Embryo *fu*, *dometo*.
empfangen *su;* — trächtig werden *fofu*.
Ende *vòvọ*, *nuovuwu*.
eng *bi*.
englisch *ñles*.
Enkel, Enkelin *togbevi*, *togbeyovi*.
entblösst sein *do ko*.
Ente *kpakpaḥe*.
Entenei *kpakpaheji*, An. *kpakpaheʒi*.
enthalten, einholen, holen *ku*.
entlehnen *do*.
Entrichten der Kopfsteuer *fe hehemdeta*.
entweder — oder D. *woea-woea* (suffigiert).
entzweigehen *me*.
Epileptische, der, *kpeñuito*.
erben *du nu*, *du dome*, *ñi dome*.
Erbe, der, *domeñila*.
Erbe, das, *domeñi*.
erbrechen, sich, *dé he*, *tru*, *dé atru fe*.
Erbrechen, das, *jigbo*, *tutru*.
Erdbeben, das, *añigbapupu*.
Erdbewohner *añigbajito*.
Erdboden, Lehm *añi*, An. *ko*.
Erde *añigba*, D. *ayikūba*.
Erdnuss *aji*, *aʒi*.
Ergreifen, das *lélé*.
erhaben, hoch *kókọ*.
Erhabene, das, *nukókó*.
Erhabenheit *ñūtikókó*.
erhöhen *do de ji*, *ko de ji*.
erkennen *jesi*, *kpo ña*.
erklären, entwickeln *pume*.
erlauben *na mo*, *do mo na*, *de mo na*.

Erlaubnis ŋùtimo.
ermutigen lé ji ele pome.
erniedrigen do de añi.
Ernte ñeñem, nuñeñe, D. kŭkŭ-
gbétō.
Erntezeit hohogi, ñegi, nuñegi,
An. kunve.
Erpresser amedáfula.
erreichen, ankommen se.
erscheinen, gesehen werden do
éo, je.
Erschütterung pupú.
erst gbā.
erstaunen ji hā; ku womu sie
erstaunen, wörtl.: »ihr Mund
stirbt.«
Erstaunen zeigen wo ya.
Erstgeborenes kpāvi.
Erstlingsschaf kpāalē.
ertrinken ñurō, ci tome.
erwägen po kpo.
erzählen to; —, anzeigen jo mu.
erzürnen dé fu na, véna.
Esel deji.
essen du; viel du nucu.
etwas de, nuade, nade, nane.
Eule hedomeku.
europäisch abloći.
ewig māvo.

F.

Fabel kli.
Fächerpalme agoti, agoti.
Fächerpalmhut Hut aus den
Blättern der F. gemacht An.
agovi, kukugā.
Fackel joti, kakati.
Faden, Seil eka.
Fall, Sturz añijeje.

fallen je, je, jaja, je añi, jo na, ja,
ge: wuwu (vom Regen).
fällen, mu, D. gbo atio einen
Baum —.
falls ne.
Fallsucht kpeñui.
falten kpla.
Familie homewo, Pluraletantum.
Familienangelegenheit apeña.
fangen lé, wu.
Farbe, Theer año.
Farbholz toti.
Farre, Stier ñicu.
Fass A. tigo, An. kplikpā.
fassen lé; — halten te, dé, jeji.
Fasten, das, domegi, nujim; —,
Hungern nudom.
Faulheit akufia.
faulig sein dovo.
Faulpelz akufiato.
faul sein ku fia (König spielen);
wo ami ñu.
Faust asiñoñlo, ko; — geballte,
ko ñoñlo.
Federhalter An. womañloti.
fehlen ve na, zuzo, suso; fehlen,
übrig sein kpo to, suso; — ab-
handen sein véa.
Feige, der, võvōnoto.
Feigheit võvōno.
fein bidibidi.
fein von Geruch lilili.
Feind A. keto, An. kẹto; —, Ver-
folger tāta.
Feindschaft ametātā.
Feld agble, D. gle.
Feldarbeit agbledo.
Feldhauptmann ahoto.
Fell, Pergament agbale, An.agbaze.
Fels ekpé, D. se.

Fenster *fesre*.
Ferien geben *na mo*.
Ferkel *havi*.
fern *kaka, didi pě;* fern von *gegege;* fern sein *didi*.
Ferne, die, *didipe*.
Fernrohr *tsitsi*.
Fernsprecher *telefóne*.
Ferse *afokpóji*.
fertig *evo, vo;* — sein *vo;* —, bereit sein *sogbe*.
festnehmen *lé sěsě*.
Festung *emō, mōme*.
Fetisch, Zaubermittel *ebo*, An. *yewe*.
Fetri *fetri*.
Fetrisuppe D. *fevi*.
feu d'ami, *dami*.
Feuer *jō, jo,* An., D. *ʒo*. D. *miō-miō;* — anlegen *to jo*, An. *do ʒo*.
Feuerheerd An. *ʒodope*.
Feuerholz *nake*, D. *naki*.
Feuerkohle *joka*, An. *aka*, D. *akā*.
Feuer machen *do jo*, An. *do ʒo*, D. *flo miōmiō*.
feuern auf jemanden *to*.
Feuerschlagen, das, *josim*.
Feuerstätte *mlé, mlékpui, mlénu*.
Feuerstein *atšrokpe*.
Feuerzeug *josinu*.
Fibel An. *fibre*.
Fieber *atidudui, kpokpo;* perniziöses — *asra*, An. *mujě*.
Finger *ašibide*, D. *alovi*.
Fingerhut *dida, ašikuku*.
Finger- Zehennagel *feču*.
Fingerring *ašige*.
Fingerspitze *ašibidenu*.
Fisch *lā;* grosser — *láču*.
fischen *da do, kplo do, dé lā*.

Fischer *doto, lādela*, D. *doñito*.
Fischerkahn *adepu*.
Fischgräte *lāpu*.
Fischnetz, grosses, *do;* kleines *asabu*.
Fischschuppe, Haar *fu*.
Flagge *aflāga*.
Flasche, runde, *abodiabo, abodiabo;* eckige *atukpa, atūnkpā*.
Fledermaus *sagbla, agudo*.
Fleisch *lā;* — der Frucht *eñūtito*.
Fleischer *kola*.
flicken *ta*.
Flicken, der, *avomudedea, avomudedi*.
Fliege *dagbaču*.
fliegen *jo, jojo, ʒro*.
Fliegenschwamm *ñolihehi*.
fliehen *si*.
fliessen *ʒi*.
fliessen (Blut) An. *toto*.
flimmernd *ñeñeñeñ*.
Flöte *je*.
Flötenspieler *jekula*.
Fluch *ji*.
fluchen, verfluchen *po ji de, po ji de do*.
Flüchtling *jajala, gojela*.
Flügel *apa, apako;* An. *awa*.
Fluss, Gewässer *eto*.
Flüssigkeit *jiji*.
Flusspferd *domeñi*, An. *čimeñi*.
Fontanelle *gbope*.
formen *me*.
fort, weg *ūkogbe*.
fort! *jo!*
fortfahren *yiji*.
fortgehen *jo, jra*, An. *joé; čovi*.
fortgiessen An. *čo koṅgbe*.
fortjagen *jo, ña*.

fortlegen *do roro*.
fortnehmen *to*, präpositional: *von*;
    deho.
fortschaffen, wälzen *mli*.
fortschreiten *je mo ji*.
forttragen, ausspeien *jo*.
fortwerfen, ausgiessen *pugbe*.
Frage, Bitte, *ebia, biabia*.
fragen *bia*, An. *bio*.
französisch *frãse*.
frech, ungezogen *sisi*.
frei, offen *jro*.
Freie der, *ʒudokuito*.
Freie, das, *ḫeḫeamu*.
freigeben *eo dokui ke*.
frei sein *ḫo dokui*.
fremd, der Fremde, *jiro, duto,*
    amedulo, amejro.
Fressen, beim begriffen, *ñomi-*
    ñomi.
Fresser *nuéudula*.
Freude *jijo*, D. *ḫomeño*.
Freudentag *jijogbe, jujogbe*.
freuen, sich, *joji*.
Freund *ḫolō*.
Freundschaft *ḫolōwom, ḫoḫō*.
Friede *tomefáfá, ñūtifáfá*.
Friedensstifter *avulela*.
friedfertig *fáfá*.
Friedfertigkeit *fáfá*.
frisch, grün *mũmũ*; frisch, jung
    fẽ; frisch, kühl D. *jifa*.
Frosch *adi*.
Frucht, Kern *ku*.
Frucht ansetzen *ée, ée ku, to sẽsẽ*.
Fruchtbere, die, *rinu*.
Fruchtbaum *atitsetse*.
frühmorgens *foñoli, ñdikañã*, An.
    ñdékañé.
fuchsrot *gie, ʒie*.

Fufu *fufu*, D. *agu*.
fühlen *je*.
führen *fia, tu, kplo* (treiben).
Führer *mofiala*, An. *mofioto*.
füllen *di, dé me, yo, ku do*.
Fundament *glidodo*.
Fünfzig Pfennig Kauris An. *hotu;*
    50 Pf. Geld *katoge*, An.*kadéga*.
Furche *bolipo*.
Furcht *võvõ, ñõji*.
fürchten An. *võ - do;* sich — *võ*.
fürder *haéo*.
Fuss *afo*.
Fussknöchel *afokoé*.
Fusssohle, Sohle (Fisch) *afopome*.

G.

Gabel *gafla* An. *faka*.
gackern *ko*, An. *do apa*.
gaffen *kpõ hã*.
gähnen *haha*.
Galle *vévé*.
Gang *ʒoli, ʒõli, afodede*.
ganz, gesamt *blibo, pã..., kpata;*
    kura; ganz und gar *keñ, keñũ,*
    keñkeñ.
Garten *abo*.
Gasmotor *gasmotore*.
Gasse *dumo*.
Gast *amejiro;*   sein *je*.
Gatte D. *aéu*.
Gattin D. *aéi*.
Gattung *bubu*.
Gazelle, Antilope *ese*.
gebären, werfen *ji, éi, éiéi*.
Gebäude *tui*.
geben *na*.
Gebet *gbedodo, gbedom, gbedodo*
    ng Mawu,
gebieten, Gesetz geben *dè sé*.

gebrochen *kpàkpã;* gebrochenes
Auge *ǹku kpàkpã.*
gebückt *bobo;* — gehen *do kpó.*
Geburt, Geschlecht *jiji.*
Geburtstag, Seele *éogbe;* Geburtstag An. *jigble ǹkeke.*
Gedächtniss, im — halten, *do ǹku ji.*
Gedanke, der, *susui, susula.*
gedrucktes Buch *woma miomio, emonuñoñlo.*
geeignet, selbst *ǹto.*
Gefahr *fu, vu.*
Gefahr leiden *kpe fu.*
Gefangene, der, *gato.*
Gefängniss *gatoho.*
Gefängnisswärter *gatojikpola.*
gefleckt *ǹonuē.*
Gegend *nudóme.*
gegenseitig *nonoe.*
gegenüberliegend *me.*
gegenüberstehen *je ǹgo.*
Gehege *kpadudo, kpame, akpa.*
gehen *yi, de, dede, di;* D. *di sa, sa didi, gbō;* —, reisen *zo, zō;* —, kommen *fa;* —, umhergehen *to;* — aufbrechen *jo.*
Gehen, das, *yiyi, dodo, gboyiyi.*
gehorsam, ein Gehorsamer *gbeseto;* gehorsames Kind *viseto.*
gehorchen, Ohr leihen *do to.*
Geilheit *fefenu.*
geisseln *pu gbli adàm.*
Geist *gbogbo;* den — aufgeben *éo gbogbo;* —. Gespenst *ǹoli, jieto;* böser — *gbesivō, ahovi.*
Geisterreich *jiē.*
Geiz *dòmevévé.*
Geizige, der, *dòmevévéto.*
Gelbgarn *ǹtididi.*
Geländer An. *ajelala.*

Geld *ga,* D. *gã.*
Geldwechsel *gadodo.*
gelehrt *sòsrō.*
Gelenk *punutevi.*
Gemahl, das, *srō.*
Gemeinde, Gesellschaft *hame.*
Gemüse *amã, amãgba, agblenuku.*
Gemüsehändlerin *ǹbaplela* (aus *mãgbaplela).*
Genever *jini.*
Genosse *hame, hame.*
genügen *su.*
gequält *fūkpe.*
gerade *jo, jo, jo;* gerader Weg *mojojo.*
geradeaus *tututu,* D. *mukō.*
gerade damals *ekemãmeke.*
gerade sein, gerade handeln *jo, jo.*
geradeso *nenemãke.*
gerecht *jojo, jojoe.*
Gerechte, der, *jola.*
Gerechtigkeit *jojoa, mujojo.*
Gerechtsein, das, *jojoeñeñe.*
Gerichtsstätte *ponudrōpe.*
Gerichtstag *ponudrōgbe.*
gern *jivo.*
Geruch *pépé.*
Gerücht *ese.*
Gerüst *atikla.*
Gesang, Lied *hala.*
gesäuert *wãwã, pãpã.*
Geschenk *ajo, nana;* —, Opfer *nunana.*
geschenkt *nana.*
Geschichte *ña, meña.*
Geschichtenerzähler *ñagblola.*
geschlängelt *godogodo.*
Geschlecht *bubu;* — , Zeitalter *jijime.*
geschmacklos *voro.*

Geschwür *popui*.
gesellen, sich zu, *kpe nüti*.
Gesellschaft *eha*.
Gesetz *se*.
Gesetzgeber *sèdela, sèdola, aholu*.
Gesetzesübertreter *séjemela*.
Gesetzeswalter *séfiala*.
Gespräch, Gerede *gbogbo*; —führen *do ɟe*.
Gesicht, Antlitz *mo*.
Gestank *pẽpẽ*.
gestern *eco*.
Getränk *nõnõme*.
Getreide, Korn *bli*, D. *gbade*.
Getrommel *epudidi*.
Gewässer, fliessendes, *eijaja*.
Gewebe *aba, avo*, D. *avõ*.
Gewehr *atu*, An. *etu, tuti*, D. *tupa*.
Gewehröl *tumi*.
geweiht, priesterlich *kosi*.
Gewicht zum wägen *danu, dakpe*.
Gewinn *vide, videde*.
gewisslich *gake*.
Gewitter *gbedégbe*, An. *ajidegbe*.
giessen *ko, tro*.
Giesskanne *ganua*.
glänzen *di*.
glänzend *kankankan*.
Glas, Trinkglas *glase, tomble*.
Glasscheibe *ahõhue*.
glatt, eben sein *srõ*.
Glaube *gbeho, gbehose*.
glauben, meinen *bu na be*; glauben, annehmen *déde tame*. *lé de tame*; glauben, einen Glauben haben *ho ji*.
Glaubensbekenntnis An. *hosemebubu*.
glaubhaft sein *de tame na*.
Gläubiger *feto*.

gleich, auf einmal *lali*.
gleich darauf *megbepea*.
gleichen *di*.
Gleichnis *elo*.
gleichwie *bealehe, bealeke*.
Glocke *ga*.
Glühwurm *johi*.
Gnade *mublanuikpokpo*.
gnädig sein *vè nu*.
Gold *sika*.
Gott *Mawu*.
Gottlosigkeit, Bosheit *nuvõn'ow'o*.
Götze, Fetisch *drõ*.
Götzenbild *lekpa*.
Götzendienerei *trõsubosubo*.
Grab *yodo*.
graben *dé, dédo*; *ku*; ein Loch —, *ku do*.
Gram *nütivévé*.
grämen, sich, *ha, ha*.
Gras *gbe, gbeku*, D. *gbehã*; — schlagen, mähen, *nlo gbe*; mit decken *gbã*.
greifen, um sich *wo ada*.
Grenze *dó, nume*.
Greybaft, Drell *gãgã, la*.
gross *gã*; , dick *lolo*; gross, dick sein *lolo*; stark sein *jo éu*.
Grossmutter *mãma*.
gross sprechen *do dokui*.
Grossvater *togbe*.
gründen *do*.
Gründonnerstag An. *Yawoda nkeke nuè*
Grünes, Gemüse *amã*.
Grüngarn An. *amagbamũ*.
grüssen *du do*.
Guineaweizen *lu*.
Guineawurm *ato, atoka*.
Gummi elasticum D. *añõ*.

Gunst, nach — urteilen, *kpo ñútimo*.
Gürtel An. *gojiblanu*.
gut, schön *eñō, ñō;* sein *ñō*.
gut, wohl, schön Adv. *ñuie,* An. *ñuē*.
gutes Werk *nuñuie wowo*.
Gutmütigkeit *dòmefáfá*.

H.

Haar, Fischschupe, *fu;* — schneiden *ko da*.
Haarbüschel *kòkókó*.
Haarkamm *jida*.
Haaröl An. *damemi*.
Haarsträhne *pasapase*.
haben, sehen *kpo*.
Hacke, Rodehacke An. *kojoé, kojui*.
hacken *fle, fli*.
Hafner, Töpfer *zemgla*.
Hahn *koklocu*.
Hahnenkamm *atoge*.
Hai *gboholui*, An. *gbohule, bowule*.
Haken, eiserner *gagō, glō, gojufe*.
halb *fã*.
halbreif *jakpasu*.
Hälfte *afã*.
Hals *ako, kota;* — abschneiden *jo nu*.
Hammel *bebewu*.
Hammelbrühe An. *gbodeći*.
Hammer, grosser, *zūgã;* kleiner *zūvi*.
hämmern *tu*.
Hammerfisch *ñkunopalãme*.
Hand *aśi, alovi;* die — führen *lé alo;* zur — sein *fa aśime vo;* anlegen *de aśi*.
Handel *nujira*.
Handelsmarke *adañū*.

Handgelenk *aśinutepi*.
Handkorb, runder, *kuśi*.
Händler *aśićala, nujirala*.
Handlungsgehülfe, schwarzer, *homenotoa, klarkea*.
Handschrift *nuñloñlo*.
Handspiegel An. *apipievi*.
Handstein der Mühle *tevi*.
Handtuch An. *papahū*.
Handwerker *adañūwola*, An. *adañūto*.
Hängematte *hamaka, hamoka*.
Hängemattträger *hamakaćo*, An. *hamakato*.
Harke *lãklefe*, An. *gaha*.
Harmatan, Wüstenwind, *balihue*, An. *balue;* seltener *pepi ya*.
harnen *do, aduto*.
Harnröhre *apa*.
hart *sea;* —, gefühllos sein *ku ño, se, vé ji*.
Härte *dòmejūi;* —, Geiz *dòmerévé*.
hartherzig, zornig sein *do dòme jui*.
Hartherzige, der, *ñokula*.
Hass *ametãtã*.
haschen *do aśi*.
hassen *ñĩ;* —, verfolgen, *tã, tã ñkume*.
Hasser *ñkumeñila*.
hauchen, atmen *gbo*.
Haufen *eko, ekō;* —, Erdkamm *kpo*.
Haupt, der Häupter *tato*.
Haupthaar *eda*.
Hauptventil *ventile gã*.
Hauptstrasse *mo gã*.
Häuptling *dufio, dumegã*.
Haus *ape, ahome, ho, ho,* D. *ho, ho, tome*.
Haussa *Awusawo, Malewo,* Pl.

Hausarbeit An. *ahomedo*.
Hausfrau *apeno*.
Haussohn *apevi*.
Haustier *apemela*.
Hecke, Zaun *lipo*.
Heer, Gemeinde An. *asafo;* A. *asafoko*.
Heerde *popu*.
heftig *pudupudu*.
heilen *yo do na*.
heilig sein *ko, koko*.
Heilige, der, *ñutikola*.
heiligen *na ñuti n'ako*.
Heiligkeit *ñutikoko*.
Heimat *de*.
heimlich *ja*.
Heimweh haben *kpo mojaka*.
Heirat *ñonudéde*, *ñukpetokplodeho*.
heiss *hojo, juie, jojui*; An. *zojeje, zozo;* —, schwül sein An. *jezo* D. *hüzo*.
helfen, retten *ho, hō, ñusisi;* —, Hand reichen *do alo*.
Helfer *déla*.
hell, rein *ko, yiko;* heilig *koko*.
Helm *kukuga*.
Hemd *kamiza, kamize*.
Hengst *sočú*.
Henne *koklono, asi*.
herausbringen *ñe*.
herauskommen, ins Freie gehen *do na*.
Herold *atikploto*.
Herr, Hausvater *apeto*, D. *hwéno*.
Herrscher *agbo, agbō*.
herstellen, anfertigen *je do*.
herunterholen *de*.
herunterkommen *di*.
hervorbringen *na pa*.

hervorkommen *čo, dogo;* — gebären *ji*.
Herz, Inneres *ji*.
Herz, im Herzen *jime;* sich ein — lassen *lé ji ele pome*.
Herzbeutel *jiho*.
Herzgrube *jinu*.
Heuchelei *pasapasa, lakpadam*.
heucheln *da lakpa*.
Heuchler *pasato*.
Heuchler *trosubola*.
heuer *pekeame*.
Heuschrecke *esi*.
heute *egbe, egbeta* D. *éhome*.
heutzutage *gbegbehela*.
Hieb *eba*.
hier! *ago!*
hier *fikea, afisia, fihe, fiha, fike, afika*, An. *funo, funu*.
hier, dies *ehū*.
Himmel *jipo*, An. *jiñkuéi;* Himmelreich auch *Mawume;* D. *ayiwūwo, ayihūhū*.
hinaufsteigen *flo, lia ji, lie ji*.
hinaus *go*.
hinausgehen *dogo*.
hinausstossen *dé de go, po de go*.
hinein *deme*, D. *fiwe*.
hineinstechen, hineintauchen *trobo*, D. *kondo*.
hineintropfen *ji do*.
hinlegen, sich, *drali*.
hinstellen *dade*.
hinter *ha, ha;* , nach *megbe*.
Hinterbliebene, der, *megbeto*.
hinterdrein, nach, *eyome*.
Hintere, der, *cullus, agonu*.
Hinterhalt *eha*.
hin- und hergehen *de na gbo na*.
hinunter, unten *añigba*, D. *yio*.

hinunterfallen *je p̍li*.
hinunterlassen, senken, *di de, bobo,
didi*.
hissen (Flagge) *šia*.
Hitze *afifiã, fifiõ*.
Hobel *atimefi. plen*.
hobeln *kpa, gblo, kplo, plo*, D. *blo*.
hoch *eko, koko, jiji*. An. *koji;*
D. *eji* auch Regen; — sein *ko*.
hochheben *sa, ko*.
Hochzeit *srõdep̍e*.
Hodensack *ró, róku*.
Hof *akpa, kpame*.
Höhe *mohuñ;* . Erhabenheit
kókóa.
hohle Hand *ašip̍ome*.
Hohn *fewu*.
holen *ku, hẽ*.
Hölle D. *zome, meñañateme*.
Holzschale, runde *afianu*, vgl. S. 69.
Honig *añici*.
horchen *do to*.
hören *se*.
Hörer *ñasela*.
Horn *jö;* — Trompete *ekpe*.
Hosen An. *atawuwo*.
Huf *afokpo, afokli*.
Hüfte *ali, alijiblanui*.
Hügel, Erdhaufen *añiko*.
Huhn *koklo*.
Hühnerstall *kokloho*.
Hühnerverkäufer *kokloko*.
Hülfe *hoho, juro*.
Hummel *lili*.
Hund *avũ*.
Hundertfüssler *demeho*.
Hunger *do*.
hungern *do wu*.
hüpfen *c̍okpo*.
Hure *matre*, , Hurer *hašito*.

huren *do ku, mo ñõnu*.
Hurenkind, Sklave *košivi*.
Hurer *amekudola, amemola*.
Hurerei, Ehebruch *ši, haši*.
husten *kp̍é, kp̍ékp̍é*.
Husten, der, *kp̍é*, An. *kp̍ẽ*.
Hut *kuku* D. *gbaku;* den auf-
setzen *do kuku;* den — abneh-
men *de kuku*.
hüten, wachen *jo ĩnũ*.
Hütte, Zelt *homukpui*.
Hyäne *ašilã, amagahi*.

I.

immer *dahe, dake, daši, tégbe,
tégbetégbe*.
in *me*.
Indigo *ama*, D. *wekã afefe, blo*.
Indigoblätter *ahomagba*.
Innere, das - des Landes, der
»Busch« *ep̍eme, gbeme*.
Insel *dome*.
irgend ein *de, amade, amede,
adeke, dekpekpe*.
irgend etwas *nane, naneke, deti,*
D. *dewo*.
irgendwann *gbeadegbe*.
irgendwo *afiade, afiadeke, nugbe*.
Irrende, der, *mobula*.
Irrtum *mobubu, motatra*.

J.

ja *ẽ, ʝo*, D. *ñ!*
Jagd *ade, gbe;* auf die gehen
ʝi adegbe.
jagen *ade, dada*.
Jäger *adela*.
Jahr *p̍e*.
Jahreswende *p̍etotro, p̍etro*.
Jahreszeit *ɡeʝigi, aʒãgbe*.

jeder *dešiade*.
Jedermann *amęgbeto*.
jedoch *gake*.
jeglich, ganz, dieser *šia*.
jegliches *nušianu*.
jemals *gbedegbedegbede*, *gberegberegbere*.
jener *amęke*.
jenseits, dort *game*, *gam*, *godo*, *gonu*.
Jenseits, das, *mę̈*.
jetzt *aʒo*, *aʒola*, *aʒogo*, *aʒoto*, *aʒotola; fifiha*.
je zwei *rerere*.
jucken *rie*.
jung *fę̈*.
Jungfrau *detukpui*.
jungfräulich *etukpui*.
Jüngling *dekakpui*.

K.

Käfer *adongo*.
Kaffee *kafę̈*.
Kahn, kleiner, *lępu*.
Kakao *koko*, *kakao*.
Kakaobüchse *kokoganua*.
Kaktus *sre*.
Kalabass *etrę́*; — mit gekrümmtem Hals, Trinkbecher, *akogui*.
Kalb *ñivi*.
Kalk, europäischer, *alilo*, *tšoke*; — von Austernschalen *akalo*.
kalt, kühl *fáfá*.
Kälte *vuvo*, An. *arivo*.
Kamel *kposo*.
kämmen, sich. *fú*.
Kamm *ahiya*, An. *yidá*, D. *davūso*.
Kanone *aplęm*, An. *akpleñū*.
Kanu *ępu*, An. *ehū*.
Kanzel *Mawuñagblope*.

Kapitän An. *ehūtoa*.
Kapitel *akpa*, ta.
Kappe am Stiefel An. *afongbe*.
Kassada *kute*, *agbeli*, D. *feñli*.
Kasten, Kiste *adaka*, D. *gba, gbavi*.
Katechismus *katekisme*.
Kattun *klaku*, D. *ko*.
Katze *dadi*, An. *asę̈*.
kaufen, Flüssigkeiten: *jeje, ʒe*; feste Gegenstände *ple*.
Kaufpreis *hohomeaši*.
kaum, ein wenig *fū*.
Kaurimuschel *ho*, *hoćui*, An. *hoti*, *tši*; D. *akwę*.
Kautschuk *año*, *roño*.
Kehle, Gurgel *ve*.
Kehlkopf *vekoe*.
kehren, reinigen *tutu*, D. *ko*.
keimen *do*, *ʒe*, *je*.
kentern *butu*, *ęyo*.
Kern *atiku*, *eng*, *ku*; Nusskern *emeto*.
Kernmass, Go Kilo, D. *akruba*.
Kernöl *ngmi*.
Kessel der Dampfmaschine An. *ćiʒea*.
Kette, Schnur *kanu*, *kosokoso*.
keuchen, Todeskampf kämpfen *po kudo*.
Keule, Schinken *atá*, D. *asátǫ̈*.
Kind, Junges *vi*, *devi*.
kinderlos *kono*.
Kindermutter, Fruchtbare *vino*.
Kindervater *vito*.
Kinnbart *kláge*.
Kirche A. *soleme*, An. *Mawuhome*, *kirike*.
Kissen *sudui*.
Klaftermass *agbo*.
Klage. Leid *koñifafa*.

klagen *fa koñi, fa na*.
klar, still *hemoko, yiko*, dodo
　　　　　D. *bihõ*.
Kleid *edo, avo;* europäisches --,
　　　　　An. *awu*.
Kleiderbausch *atibla*.
Kleidersaum *awudõ*.
klein, winzig *sue, suesue;* zu
　　　vivivue, sehr -- *vivivi*.
Kleingeld An. *gavi*.
Kleinigkeit *nukliko*.
klettern *de, lia*.
Klobe Holz *atikpo*, An. *ʒotikpo*.
Knabe, Kind; --, Sohn *ñučuvi*.
Knecht, Magd *dojola;* Knecht
　　　　　dolaññéu.
kneten *blu;* --, backen *po*.
Knie *klo, oklu;* in die -- sinken
　　　　　je *klo*.
Kniekehle *trikata, trikatame*.
knirschen *kle;* knirschend *klekle,*
　　　　　kekle.
knistern *wo*.
Knöchel *koé*.
Knochen, Bein *epù*.
Knopf *abutõ, awumugbui*.
knospen, ausschlagen *pó je*.
Koch *nudato, kukua, kukuvia*.
kochen *da*.
Kochtopf *kutu, mudaʒe*.
Kohl An. *gboma*.
Kohle *aka*.
Kokosnuss *eneyofune,* An. *yovone*.
Kokospalme *neti, yofuneti*, An. *yo-*
　　　　voneti, D. *agoñke*.
Kokospalmwedel *nepala, nekpa*.
kommen *va, fa; gbo, gbo na;*
　　　　　D. *wa*.
Kommen, das, *vava*.
König *fia*, An. *fio*.

Königreich *fiadupe*.
Königtum *fiadudu*.
können, dürfen *teñu*.
Können, das, *ñudédé*.
Kopf *eta*, als Adv. darauf; — auf
　　　　　legen *jio*.
Kopfsteuer *fedeta*.
Kopftrage *éikpo*, An. *tsikpo,*
　　　　　tsukpo.
Kopftuch *taku*.
kopfüber *goglomi*.
Koralle An. *sué*, D. *láká*.
Korb *kefi, golo*.
Korkzieher An. *ahahūmu*.
Korn *bli*, D. *liku*.
Körper *ñūtila, lāme*.
kosten, prüfen *dukpo*.
Kostgeld *modo, sise, nududu tsia*.
Kot *aba*.
Krabbe *agalā*.
Kraft, Macht *ñuse, ñūse*.
Kraftwort *ñūsena*.
krähen *ku ato*.
Kralle *fesu, fe*.
krank *do, dolé;* — sein *do, lé do*.
Kranke, der, *doléla*.
Krankheit *do*.
kränken, übel thun, An. *je ago*.
kratzen, ausschaben *jame, ku*.
Kraut, Grünes, *amagba, amāgba,*
　　　　mumiemie, añba, ñgba.
Kreide An. *nuñlokpeti*.
kriechen *ta na*.
Krieg, Streit *apa*.
Krieger D. *ahuacifūtõ, ahuañito*.
Kriegsbeute *apanu, aboyo*.
Kriegsgeschrei *apaglidom*.
Kriegsheer *apako*.
Kriegsschiff An. *aʒiʒohū*.
Kriegstrommel, grosse, *agbopu*.

Krokodil *adopra, elo;* junges —, *lovi.*
Krone *fiakuku.*
Kröte *agbagblo.*
Krujunge *Krumá.*
krumm *glõ, gõglõ;* — sein *glõ.*
Küche *mudape.* An. auch *kitsena, mudaho; adoho, zodokpata.*
Küchlein *koklovi.*
Küchlein, Cake. *tatali.*
Kugel, Patrone *tukpé.*
Kuh *ñino.*
kühl,friedlich *fáfá,* D. *fã;* - sein *fa.*
Kühle, Friedfertigkeit *fáfá.*
kundthun *dé fia.*
Kunstarbeit, Kunstwerk *adañũnu, adañũ.*
Kunsthandwerker *adañũwola.*
Kupfer *gavovo, felelé.*
Kürbissgefäss *gui.*
kurz *kpui* An. *kpokpoé;* und klein *wliwliwli, whuwluwlu, whuwluwlu.*
küssen *du do nu.*

L.

lachen *konu.*
Lachen, das. *nukom.*
laden, das Gewehr. *sika tua.*
Laden, Verkaufsladen, Schuppen *fiose,* D. *azawo.*
Ladung, Cargo *agbawo.*
Laguntisch *agba.*
lahm *tutu;* —, sein *tu.*
Lahme, der. *ametutu, hodrõ.*
Lamm *alévi, alégbovi.*
Lampe *kane, kade,* D. *zugbe.*
Lampenöl *akadimi.*
Land *de;* an gehen *yi ago.*
Landarbeit machen *bo nu, bo po.*

Landbesitzer *agbleto.*
Landkarte An. *hiheme woma.*
Landmann *agbledela,* D. *gleleto, glesi, gleto.*
Landungsplatz *nope.*
lang *legbe.*
lange, fern *didi;* dauern *didi.*
Länge *didia;* , Höhe, *mohui.*
langsam *dodo.*
längst, vor Alters *já.*
Lanze *wuhã.*
Lärm *gli.*
Last *muéo.*
Last, Teller *agba.*
Lastier *donyolã.*
Lastträger *mucola.*
lau sein *re.*
lauern *dade.*
laufen *sia, dã, sadidi;* —, galoppiren *situ.*
Läufer *afoto.*
Leben *agbe.*
lebend *gboagbe.*
lebendes Wesen *nupapa nugboagbe.*
lebendig *l'agbe.*
Leber *aklã,* D. *ali.*
lecken, Wasser ziehen, *du, dudu, du do.*
leer *gblalo, gbolo, pluplu, puplu; ve.*
legen *do;* niederlegen, sich schlafen legen *mlo;* D. *ñi;* sich — *da.*
Lehm, Erde *eko.*
Lehne *medepe,* An. *jiõdope,* D. *gajewu.*
lehren *fia,* An. *fio.*
Lehrer *fiala, mufiala,* An. *mufiola.*
leibeigen *peple.*
Leichentrage An. *apake.*

leicht juie; — sein wo juie.
Leisten des Schusters afokpamedoti.
Leopard aläkle, An. ekpo, D. okpo.
Leopardenfell läklegbalea, An. kpogbaʒe.
lernen kpla, srõ; auswendig — srõ tame.
Lernen, das, sõsrõ.
lesen hlẽ.
Lesen, das hõhlẽ, nuhẽhlẽ.
Lesestunde nuhẽhlẽ.
leuchten ko, koko, da jo, ʒe.
Leuchter akaditi.
leugnen mo nu, se nu.
Leute, die to, vivo (Arbeiter). D. gbeto.
Liane eka.
Libelle tadu.
Licht kekeli, kokoli, kokoe; —, Lampe akadi; — anzünden dra kadi.
lichterloh ñeñẽ.
Liebe lõlõ.
lieben, wünschen jro, ré iũ, lõ, di na.
liebenswürdig lõlõ.
Liebling lõlõvi.
Lied hala, hajiji.
liegen do, dedi, —, legen da.
Linie, Strich flũ, — ziehen te flũ, dé fli.
link emiãme, An. emiõme; zur linken An. miõmemo.
Liturgie An. ñañũtidodo.
Lob kãfõkãfõ.
loben kãfõ.
Loch eda, mo, ño, ñoñoǵe.
Löffel gati, ji, gaji, D. tsivi.
Löffelchen jivi.

Lohn, Löhnung fetu, An. fetu, fetu.
Lokomobile lokomobile.
Lokomotive lokomotive.
löschen klo.
lösen, auflösen tu.
loskaufen jo, he fe de ta.
loslassen didi.
Lotterbube, Schuldenmacher fenvola.
Löwe jata, jata, D. jãtã, kinikini.
Luft, das Freie, hehe, An. hihenu; —, Welt, Wetter heheme, An. hiheme.
Luftröhre vehlo.
Lüge pasaña, apaćo.
lügen je, da je.
Lügner ajedato, alakpato, apaćokala.
Lump ñukpela.
Lunge jidojido.
Lust, Neigung ñubia, — Geilheit fefem.

M.

machen, thun wo, wowo.
Macht ñuse, hõhlõ.
mächtig ñuse.
Mächtige, der, ñuseto.
Mädchen, Tochter ñõnuvi.
Magd dojola, dolañõnu.
Magen akpofu.
mager ku.
mahlen, zerreiben tu, gbã.
Mais bli, D. gbadeku, badeku.
Maisbier liha.
Maisblüthe blihaja.
Maisbrei agblẽ.
Maiskolben blitikpui.
Maismehl An. wokune.

Maisstaude *bliti*.
mal *ji*, z. B. *ji etõ* dreimal; *tepe*;
    tepe ve zweimal.
Mal, das, An. *ʒe*, D. *ʒõ*, auf einmal
    ʒõ dokpo.
manchmal *edewoa, dewola*.
Mann *ńúćú*.
männlich *ću*.
Mantel An. *jiwugã*.
Mark *tumito* (in den Knochen).
Mark, eine, in Kauris D. *degba*.
Markt *asime*.
Marktlast *asigba*.
Marktplatz, Schatten *atide*.
Markttag *asigbe*.
Mass, Hohlmass *jijenu, jijenu, jijem*;
    Längenmass *jijeti*.
Maschine *mo, mõ*.
Maschinenöl *emomi*.
Mastvieh *lãdami*.
Matratze *atsatsa*.
Matte, Bett *aba*, D. *ʒã, dõʒã*;
    starke, aus Palmrippen *agodabe*.
Mauer *gli*.
Maurer *glidola*.
Maus *afi*.
Medizin *gbe, atike*.
Medizinmann *tikewola*.
Meer, *apu*, das hohe — *aćiapu*.
Meeresgrund *puade*.
Meeresinsel *apudome*.
Meeresschaum *apudukpo*.
Meeresufer *apunu, aputa*.
Meereswoge *pućoćui*.
Meerschwein *pumeha*.
Mehl *wo, akplẽ*; europäisches
    An. *ʒovowo*, D. *ʒevolifi, lilifi*.
Mehlkloss *wokplẽ*.
meinen *bu na be*.
Meissel *ekpe*.

melken *fia noći*, An. *fiõ noći*.
Melone *go*.
Mensch *ame*; böser — *võame*.
Menschengeschlecht *ameḡbeto*.
Menschenkind, Jedermann *ameḡbeto*.
Menschenschädel *ametakolui*.
messen, zielen *jije, jije*.
Messer *ehe, ehe, kakla*, D. *jivi*.
Metall, Eisen *ga*.
mieten An. *da*.
Milch *noći, nõći*, D. *ńibunoći*.
Milz *pomedé*.
Minister, Berater *fiagbovi*.
Minute *miniti*.
mischen *to*.
Mist, Exkremente *mi*.
mit *gbli, kple*; —, von *kpakple*.
mitnehmen *he de ńuti*.
Mittag, heller Tag *ńdo, ńido, do,*
    dõ, An. *dõ, doṅkućume, doṅkućú*,
    A. *ńdõkućú*, D. *oweme*.
Mittagsmahl *ńidonudu*, An. *doṅkućúnududu*.
Mittagszeit *ḡetitina*.
Mitte, in *eme me; titina*.
Mitternacht *ʒãtitina*.
Mohamedaner *Alufawo, Malewo*.
Mond *gleti*, An. *wetri*, D. *osũ*.
Monat *gleti*, An. *wetri*.
Mord *hlõ, hlõ*; — begehen *dó hlo*.
Mörder *hlõdola, momuito, amewula*.
Mordthat *hlodó, hlõdó*.
Morgen, der, *ʒãʒã*, D. *ʒãʒãte̜*;
    guten —, *ńdi*, An. *ńdé*.
morgen *eću*, D. *ʒãtõgbe*.
Morgengabe *megbenu*; — geben *na megbe*.
Morgenröte *ńũ, ńuti*.

morgens ẓáẓãndé, foñoli.
morsch ñuñõ.
Moskito emu.
Moskitonetz muho.
müde, Müdigkeit mutiko.
Müdigkeit dedie, An. mutiko.
Mühe, Beleidigung, munròpu.
Mühle, Mahlstein te.
Mühle tepo; grosse tegã.
Muhme dadia; ältere — dagã.
Mühsal, Plage fudédé.
Mulattin ablenṛo, An. ablanṛo.
Mund ñũ.
murren lĩ lĩpĩlĩpĩ.
Murren, das, lĩpĩlĩpĩ.
müssig stehen nṛo pome.
mutig sein kpo, ji, nṛo ji.
Mutter da, dada; —, Mutterbrust
noa.
Mutterleib po, podo.
Mutterschaf alẽno.
Muttersprache degbe.

N.
Nabelschnur plolinuka.
nach, dann emẽgbe, mõgbe emegbela, yiome, yome.
nachfolgen je yiome, kploro.
Nachfolger kploruia.
nachhause ahoé, ahome, apeme,
apee. D. hoegbe.
nachher An. nenṛoa.
Nachkommenschaft, Geschlecht,
jiji, pome, podòme, pomeanṛo.
nachlässig dugbãto.
Nachmittag, Spätnachmittag getro;
nachmittags getrome.
Nacht ẓã.
Nachtigal eplé.
Nachtwächter ẓãdiato.

nackt mãmã, alimãmã, An. ama-
ama.
Nadel abi, An. abui.
Nadelöhr abiñku, abinu, mo.
Nagel gatagbaẓe, Fuss-, Finger
nagel fééu; Fussnagel der grossen
Zehe afodeglefééu.
nagen dò.
nahe gogoe, kpuipe; sein jo
de ji.
Nähe, die, kpuikpe.
nahen gede; fallen jo na.
nähen to, tõ.
Nähmaschine An. mutõmo.
nähren, gütig sein ñiro; weiden ñi.
Naht anrudò, toto, mutoto; —,
Handarbeit An. mutõtõa.
Name ñiko, ñko.
Narbe ablunui, jesi.
närrisch sein je, daho.
nass poéi.
Nase ñoti, ñotinu, D. añotiñ.
Nasenschleim miéi.
Nashorn afia.
Nebel afu; dicker —, D. amũsusu.
neblig, es ist —, afu he (Nebel
deckt).
necken dé me na.
Neffe todiavi, todiayovi.
Neger ameyibo.
nehmen éo; — empfangen ho; —,
sammeln lo; D. yi.
Nahrung, Speise nuñi An. nududu.
neigen, den Kopf, dé ko to.
nein wò!, dabi; D. enṛo, eo.
nennen yo ne be.
Netz, grosses, agene, yovodo;
kleines asabu.
neu, frisch yeye, yiye.

Neujahrsopfer, Erstlingsfrucht *petotronu*.
Neujahrstag *pegbegbe*.
Neunpence (75 Pf.) *karegetō*, An. *katōgavitụ*.
nicht *me-wò;* D. *a,* einfache suffigierte Negation; nicht mehr *hũ-wò*.
Nichtigkeit *nuflo*.
niederfallen *jio ani*.
niederlegen *ko de*.
niedersetzen, erniedrigen *do de ani*, *le do ani*.
niedertreten *ñe*.
Niedrigkeit *ñũtibobo*.
niesen *ñi*.
noch einmal *gigbo*.
Nord A. *ani*, An. *epego, anigo*.
Nordwind *afiacu*.
Notdurft verrichten *yi afo ji, yi kpa godo, ña mi*.
nötig, es ist , *nekpe;* —, fehlen *réa*.
notwendig, es ist — dass *elabe*.
nur *deko, ko, dedeko;* —, sehr *ko*.

O.

oben *jipo*, An. *sañu:* —, Himmel. Regen *eji*.
obenauf *enu;* , gegenüber *ñgo*.
Oberarm *abopu*.
Oberfläche, Vorderseite *ñgo*.
Obergarn auf der Nähmaschine *ejika*.
Obergeschoss *jiho*.
oberhalb, auf *tame*.
Oberkiefer *jigbedu*.
Oberleder *afota*.
Obmann *gá, amegaho*.

oder *alo*.
Odum-Eiche *odumti*, An. *logoti*.
Ofen *hojo*.
offen *nuvò*.
offenbaren *dé fia*.
öffnen *pu*, An. *hũ;* spalten *ke;* — sich entfalten *mli*.
Oheim *todia*.
Ohr *to;* beim — lassen *do to*.
Ohrläppchen *tokpui*.
Ohrmuschel *tome*.
Oel, Salbe *ami*, D. *amī*.
Oelgefäss *amigui*.
Oelmass, 1 Gallone, D. *gã;* 18 Gallonen D. *akruba*.
Oelpalmbaum *deti*.
Oelpalmwedel *alode, adefọ̃*, An. *dekpa*.
Oelspritzkanne *amigovi*.
Opferung An. *vọsasa*.
Opfergabe *nunana*.
Orgel *sāku*.
Ordnung, in — bringen *do depe*.
Ort, Jahr *pe*.
Ost, An. *wezepe*.
Ostern An. *paskwe ñkeke ñuē*.

P.

packen *pote*.
Palast *sãm*.
Palaver, Stadtangelegenheit *dunupo*
Palaverbaum *agbloti*.
Palaverglocke *gōgō*.
Palaverplatz *ñagblope, agblome*.
Palmkern *de, deku, nepi*, An. *ene*, D. *deke, deke, kokiño*.
Palmkernschale *ŋeka*.
Palmnussring *nepisige*.
Palmöl *amifie*, An. *amijiē*.

Palmölsuppe *dedéći.*
Palmwein *deha;* frischer — *tugum.*
Pantoffel An. *homafokpa.*
Papagei *ako.*
Papayamelone *adiba*, An. *aduba.*
Papayamelonbaum *adibati,* An. *adubati.*
Papier An. *woma,* D. *wema.*
passen *je,* An. *je.*
Patrone *kpé, tukpé.*
Patrontasche *tukpedaka,* D. *tukpégba.*
Pavian *kese.*
Pechdraht *fokpatöka.*
Pelikan *aluge.*
Petroleum *kerozin.*
Pfanne *nutogba.*
Pfeffer, grosser, *adibodo, atögo;* kleiner — *jebese, atadi, dadi;* D. *takē, takī.*
Pfefferkorn *jebeseku.*
pfeifen *ku ze, kpé, la ku.*
Pfeil *dáti.*
Pferd *so.*
Pferdeantilope An. *elu.*
Pferdebahn An. *esokeke.*
Pfingsten *pentekòste.*
Pflanze An. *nukua, nudodo*
pflanzen *do.*
Pflock An. *soti.*
pflücken *gbe, gbē, ha;* —, Frucht brechen *ke, si.*
Pfund (Gewicht), An. *dada.*
Pfund (Geld) *pauñ.*
Photograph *fotografito.*
Photographie *fotografi.*
Pisang *ablajo, amadā.*
Pisangbaum *amadāti.*
Pistol An. *awumetukpoé.*
Plage, Mühsal *fudédé, fūdede.*

plagen *dé fu na.*
plätschern *ja, ja.*
plätten *do nu ji.*
Platz *dépe, afi;* — in einer Stadt *agbogā, ablo;* auf einen — stellen *do dépe;* — machen *na mo.*
plaudern *do ze,* An. *kasém le,* vgl. S. 92.
plötzlich *lali.*
plus *ro.*
Pocken An. *sakpate.*
polternd *gbogbogbo.*
Pommade An. *primiti.*
portugiesisch *portuges.*
Post An. *poste.*
Posten, Wachmann *zádiato.*
Postkarte An. *postkarte.*
prahlen *po kota, do dokui.*
Prediger, Sprecher *ñagblola,* An. *sofoa*
preisen *kafū, kafō, kāfō.*
pressen *fie,* An. *fiō, dé me.*
Priester *nunola;* —, Priesterin *edrōkosi; trōno;* — Häuptling An. *amegasi.*
Prints, bedruckter Kattun, *klaku,* D. *jite, sita.*
Prophet *ñagblola,* An. *nufiola.*
prüfen versuchen *dé kpo, du kpo.*
puffen *tu ko.*
Pulver *du.*
Pulverfass, 10 Pfund, *dukotoa;* 20 Pfund *dutitriñ,* D. *dugba.*

Q.

Qual *aja, fū, fukpekpe.*
quälen *fū.*
Quelle *añigbajijim.*
quirlen *blu.*

R.

Raa *boñti*.
Rabe *akpavia*.
Rad, Wagen *kekea*.
rein *ja*.
Religion *Mawu ña*.
rascheln *ća*.
rasieren, scheeren *lõ*.
rasten *gbojĕ*.
Raststätte *dropĕ*.
raten, Rat geben *hlõnu*.
Rätsel *ajo*.
Rätselwort *ajoña*.
Ratte *alegeli*, *lélé*, An. *ʒãtoe*, D. *ajaka*.
Räuber *jodala*, An. *ajoto*, *ajowoto*.
Rauch *jujo*, An. u. D. *aʒiʒo*.
rauchen, Pfeife, *nu atabaʒe*.
räuchern *riri*.
rauh *gloñgloñgloñ*.
Rechen *lãklefe*, An. *gaha*.
rechnen *bu*.
Rechnen, das, *nububu*.
Rechnung *akonta*, *akõta*; — ablegen *bu akonta*.
recht, richtig *jo*; es ist — *eje*.
Recht, Gewicht *pomidrõ*.
Rechte, die — Hand *duśi*, *duśime*, *nuduśi*; zur — *nuduśime*.
rechts *duśime*.
Rede, Mundart, Sprache *nupopo*.
reden, sprechen *po nu*; An. *kasém le*, vgl. S. 92.
Rederei, Plapperei *ñagbogblo*.
Regen *eji*, *je*, An. *ći*, D. *ći*.
Regenbogen *aniepo*, D. *oñi*.
Regenschirm An. *katawuia*, *gehi*.
Regenzeit *ćijagbe*, D. *oćime*.
Regierungsarzt An. *fiobatikewoto*.

Reich, Königreich *fiadupe*, An. *fiodua*.
Reiche, der, *keśinoto*, *hoćuito*.
Reichtum *keśino*.
reif sein *siã*.
Reihe, Ordnung *sada*.
Reih und Glied, sich in — stellen *tu do nu*.
Reihe, an die — kommen *do ji*.
Reiher *goló*; weisser — *añogi*, schwarzer — *akoyi*.
rein *tutu*, *ñaña*.
reinigen *klo*, *kplo*, An. *ga*, *jra*; Acker —, *jra do*, D. *suso*, *ho*. reinigen, rein sein *di*.
Reis *moli*, An. *molu*, D. *moliku*.
reissen *ka*, *jo*.
Reisende, Gast *amejiro*.
Reisestock *atiʒoti*.
Reiter *eſinola*, An. *eſinoto*.
Reiz, Begehrlichkeit *nujiro*.
Reptil *mutata*.
rennen *ditu*.
retten *ho*.
Retter *déla*, *hola*.
Rettung *hõhõ*.
Rheumatismus *titi*, An. *ćiti*.
richten *ko jo*, *drũ*.
Richter *drõla*, *pomidrõla*, D. *wedoto*.
riechen *pe gse*.
Riemen, Ruder *atablo*.
Riesenschlange, Boa *epo*.
Rind *ñi*, D. *ñibu*.
Rinde *ćro*, An. *tśro*, *atikpatśafo*.
Rinderhirt *ñikplola*.
Rippchen, Kotelett *ahadaputi*.
Rippe *puti*.
ritzen, schneiden *si*.
Rock *kot*, *kotu*, *awu*, *jiwu* D. *agawu*.

Roller, grauer Fuchs An. *fiǫbe*.
rösten *dǫ*.
rostig *jakada, gebiã*.
rot *ɟič*. An. *jič*.
röten, rot sein *biã*, An. *biç̌*.
Rotgarn *kajič*, D. *moroka*.
Rücken, hinter *megbe*.
Rückenlehne *mědepe, jiodope*.
Rückgrat *megbepu*.
rückwärts *měe*, D. *ʒǒč*.
Ruder *atablo*.
rudern, Kanustossen *ku, hũ, kui*.
Ruderstange, Bambu *puti*. An. *made*.
rufen, nennen *yo, yo be, yo da*.
rufen D. *joro*.
Ruhe *pomefáfá, dǒmefafa, joji*.
ruhen *jijǫ*.
Ruheplatz *drope*.
Ruhiger Mensch *amefafa*.
Ruhr, Dysenterie *sikwi, sikwido, asisi*.
rühren *blu*, D. *gboho*.
Rührlöffel *agblěati*.
Rum *aɦa* D. *aɦã*.
rund *noguie, kotoklo*; herum *nogo, ploɦa, kploɦa, ploɦa*; rundum *poɦlã, kploɦa*.
runzlicht Adv. *ñã*.
rupfen (Geflügel) *bo fua*.
rüsten *jira*; sich — *jira dokui do*.
rutschen auf den Knien *do klo*.

S.

Saat *dodo*.
Saatzeit *dogi, pãgi*.
Säbel, Schwert, Buschmesser *klate, běde*.
Sache *nu*; —, Wort *ñã*: die — Jemandes führen *po nu na, gbǫ na*.

sachte Adv. *ñǒñǒ; blewo, blewu*.
Sack *kotoku*, D. *adǒkpo*.
säen *do, pã, wu*.
Säen, das, *dodo*.
Sage, Fabel, Geschichte *kli*.
Säge *laɦalaɦa*, An. *saka*.
sagen *be, gblo, gblo be, dó*.
sägen *ɦe laɦalaɦa*.
Saiteninstrument, einheimisches, *sañku*.
Salbe *ami, yokumi*.
Salz *eje*, D. *je, je*.
Salznapf *jegbavi*.
sammeln *pǫ, lo*.
Sammlung, Versammlung *pǫpu*.
Sand *ke* D. *neke*.
Sandfloh An. *jigá*, scherzhaft: *mamidosu*.
sanft tröpfelnd *pluplúplu*.
sättigen, sich, *dǒ*.
sauer *jiji, pã, papã*.
säuern, sauer sein *vači*.
Sauerteig *ma, mawe, amǫ pãpã, ma pãpã, amǫwo pãpã*; D. *ligi, dogi*.
säugen *ñi*.
Säugetier *añigbajilã*.
Säugling *viji*.
Saum *toa, dǒ*.
Savanne *gbe*, D. *fãji*.
Savannenbrand *gbejejo*.
schaben *plo*.
Schädel *takohui*.
Schaf *alě*.
Schäfer *alěñito, alějikpoto, alěñila, alěkplǒla*.
schaffen, bilden *me*.
Schafstall *alěkpa*.
Schaftstiefel An. *damaduaɦovi*, vgl. S. 106.

Schale *to*.
schälen, hobeln *kpa*.
Schall *ku*.
Scham *ñūkpe*.
Schande *ñūkpe*.
Schandfleck *ñūkpenanu*.
schändlich sein *kpe ñū*.
scharfäugig *koñkume*, *ćiñku*.
schärfen An. *ñero*.
scharfes Auge An. *ćiñku*.
Scharteke, altes Ding. *togbetogbenu*.
Schatten werfen *wo voyoli*.
Schatten, Schemen *voyoli*.
Schatz *nudodo*, *nuñuie*; Schätze sammeln *donu*.
Schaum *fudokpo*.
scheckig *ñōñōe*.
Scheere *dakpanu*, *sakpate*; An. *tsitsrēm*.
Scheide *aku*; in die — stecken *dé akume*.
scheiden, abscheiden *klā*.
Schelm *amejehato*.
schelten *ju*, *blu de*, An. *wo nupu*.
Schenkel *atapu*.
schenken *nana*, *ke*, *ke*, *ćo ke*.
scheuen, sich. *si*.
Scheusal *ñūñōnu*.
schieben *dé*, *dō*, *déde go*.
schiessen *dá*; mit dem Gewehr — *dá tua*, *tu dada*.
Schiff, Boot *ehu*, An. *ehū*; europäisches *ropu*, D. *hūbo*.
Schiffchen an der Nähmaschine An. *nutōhūvi*.
Schiffshinterteil *pūmegbe*, *pūgodo*.
Schiffsschnabel *pūta*, *pūgome*.
Schild, Schirm *ñūbunu*.
Schilf *aple*.
Schilfrohr *ayeti*, *ageti*.

Schilling, Mark *siliñ*.
schimmelig *ñuñō*.
schimmern, scheinen *kle*.
Schirm *heḥi*.
Schlachtgetümmel *apaglidom*.
Schlaf *alo*, *do*, *dō*.
schlafen *lō*, *dolō*; —, liegen *mlo*.
Schlafzimmer *añimlo home*, *hodōme*, D *zahonome*.
schlagen *po*.
Schlamm *aba*.
Schlange *edá*; schwarze — *epli*.
schlecht *meñō*, An. *muñō*; — sein *meñō-wò*.
schleichen *dade*.
schleifen, schärfen *ñide*.
schlenkern mit den Armen *ña abo*.
schlicht *playa*.
schliessen *tu*, *he*.
Schlingel *jehato*.
schlitzen, zerspringen *je*.
Schloss *sroto*, *kladuba*, *loke*, D. *agazago*.
Schlüssel A. *safi*, An. *sāfe*, *sāfui*, D. *tsavi*.
Schlüsselbein *koga*.
schmähen *ću*.
schmal *bi*.
Schmalz *hami*.
schmecken *ko*.
Schmerz *ñūtivévé*, *momenuvévé*; leiden *kpe fu*.
schmerzen *vé*, *du*.
schmerzlich, bitter *vevie*.
schmerzlich sein *veve*.
Schmetterling *kpakpalupi*.
Schmied *gblē*, *gblede*, *gbedea*.
Schmiede, die, *yoho*.
schmieden *tu*.
Schmuck *jonu*.

Schmutz *di*.
schmutzig sein *p̣odi, blu*, D. *kuji*.
Schnabel *ḥevidò*.
schneiden *so, si, ka;* — trennen *sẽ, se;* —, schälen *kpa;* D. *hũ*.
Schneider *awãdòla, awudola*.
schnell *kaba, dabla*, An. *debla*.
schneuzen *dé mići*.
schnupfen *do asra*.
Schnupftaback *asra, ti*.
Schnupftabaksdose *tigo*.
Schnur, Kette *kanu*.
Schnur, Faden *eka*, D. *kã*.
Schnur Kauris *hoka*.
schon, noch *hade*.
schön, sehr, *keñũkeñũ*.
schön sein, gefallen *ñõ ñũ*.
schöpfen *te*.
Schöpfung *aloṃudoṇvoṇvo;* —, Bildung *numeṃe*.
schräg geneigter Baum *atikliki*.
Schrank *dṛo*, An. *kọba*, A. *sigawo*.
Schrecken, in — setzen *do ñọji;* —, Wunder *ñọji;* in — sein *ji ño*.
schreiben *ñlo*.
Schreiben, das, *nuñoñlo*, An. *womañoñlo*.
Schreibzeug An. *womañlonuawo*.
schreien *p̣a, hõ, hõhlõ;* —, blöken *hlõ;* — singen *kli*.
Schreiner, Tischler *poṭrukpala*. An. *adaño*.
Schrift, die, *ñonue*.
Schritt, Gang *afodede*.
Schuft *ameḳpotoé*.
Schuhmacher *afokpatõto*.
Schuhriemen *afokpaka*.
Schuld abzahlen *dé fe*.
Schulden machen *ñie fe*.
Schuldenmachen, das, *feñiñi*.

Schuldenmacher *feṇvola*.
schuldig sein *lé ñũ*.
Schuldner *feto, feñila, fẽduto*.
Schuldzahlung *feḥeḥe*.
Schule A. *suku*, An. *womaḥome*.
Schüler, Jünger *nusṛõla, sṛõla*.
Schulgeld *womaḥomefẽtua*.
Schulter *abọta*.
Schulterblatt *abọkpa*.
Schuppen, Laden An. *fiose*.
schüren *jera do*.
schürzen, sich, *sa vọla li*.
Schüssel *klisivi*.
Schusterzwecken An. *kplẽgovi*.
Schütze, der, *dãdãla*.
schwach *ku;* — sein *doe*.
Schwalbe *sagbatre*.
Schwamm *kuća*.
schwanger, die Schwangere, *funọ*.
Schwangerschaft *fufofo*.
Schwanz *asike, blẽ*, D. *si*.
schwarz *ỵibo*, D. *wiwi*.
schwatzen *p̣o nu*.
schweben *dò akpa*.
schweigen *gbli, si avi*.
Schwein *eḥa*, D. *oni*.
Schweiss *fifiã*.
Schwelle *agbadonukokui*.
schwer *kpeñ;* — sein *kpé, kpé na, suto*.
Schwert *klate, bèdè*.
Schwester, ältere verheiratete *nosṛõ*.
schwimmen *p̣uću, ap̣ući, ćip̣up̣u*.
schwindeln *dã*.
schwitzen *tea*.
schwören *dé nu; ka dam*.
schwül *gadagadagada*.
Seekrebs *gbolu*.
Seele *gbọgbo, lup̣o, ćogbe, kra;* abgeschiedene — *aklã, klãma*.

Seeseite. Süd apume, apugo.
Segel abala; — setzen do abala.
Segelboot, Segelschiff abalahū.
Segen rira, rayrira.
segnen rira, rira na; tući.
sehen finden kpo.
Sehen, das, kpokpo.
sehr akpa, kpakpa, kpem, tá, D. trála.
sehr, selbst, eigen ñūto, ñto.
Seife adi, ajále, An. ajále, ajáli, ajalẹ, tañánu, afọku.
seihen, sich setzen ćio, ćyo.
Seil eka, D. ká.
sein (esse) ñe, An. ñi; —, verweilen de, di; sich verhalten ši; — verweilen, da sein le.
seit wann gekagime, An. woalẹbe, woalebe keme; seit wielange An. wekawe.
seitwärts to.
Seite ko, ha, ha; am Menschen: hada; —, Ecke go, gbọ.
Seitenweg An. mokla.
selbander gblieve.
selbst er, sie, es —) eake; —, sehr, eigen ñūto, ñto.
Selbstbewusstsein pēñi.
Selbstmord peḥlo.
Seltsamkeit An. mukuña.
senden do, dode.
setzen do; , niedersetzen bo, bobo; , sich — je ji, D. jō.
Seuche dovō.
seufzen du je, gbo ha.
Shirting, Cruydon aklala.
sieden fio, fiofio, fie, bi.
siedend, wallend hevie.
Siegel nono.

siegen du ji vgl. S. 55; ḥo ñko, wörtlich: einen Namen bekommen.
siehe kpoda.
Signal, Schiffssignal siñglẹ.
Signalbuch An. afläga buku.
Silber glosalo, D. gakpẹkpẹ.
singen ha, ji, D. ji há.
Singen, das, hajijim.
sinken, fallen ẓe.
Sinn, Gemüt ñūgblē; —, Verstand tame.
Sitte sein le nu.
sitzen no.
Sklave homẹ, je, oklu, okhuvi, amẹpeple.
Sklavenhandel amẹpeple.
Sklaverei okluvidu.
Skorpion aḥō; schwarzer — jidegbe.
so ale, aleke, nenema, nẹnẹm, nẹnẹ, nẹnẹmko; An. ehū.
sofort atrōmu, fifi, fifila, fifilahe, dédé, dédéla.
Sohlen anlegen do tokota.
Sohn viñūću, D. vićunu.
Soldat tuhẹto, apawola, asrafo.
sondern negbe.
Sonne ǵe, ǵẹ, An. ǵe, we.
Sonnenaufgang ǵeje.
Sonnenschein ǵetotui.
Sonnenschirm ǵehi, hehi, An. doñ kućuhuna, D. homẹ, weho.
Sonnenstrahl ǵe dafo.
Sonnenuntergang ǵedodo, An. weyiho.
Sonntag kwašida.
Sorte ñkume.
so — wie šigbe — aleke; šigbealeši — na enẹ; šike — nẹnẹ; ale — enẹ.
spalten faǵ me; —, sägen ẓe.

Spätnachmittag An. *wetro*.
spazieren gehen *dija*.
Speer *agblobede*.
Speise *nududu*.
Speiseöl *amidudu*.
Speisezimmer *nududuhome*.
sperren, den Weg, *he mo na*.
Spiegel A. *ahuhue*, An. *apipie*,
　　　　　　D. *nukpoèkpa*.
spielen *fe*, An. *gble*; ein Instrument *ku*.
Spindel *kekea, keketi*.
spinnen *tre, tetre*.
Spinngewebe *yiyido*, *afisiafi*,
　　　　　　　　An. *yedo*
Spitzbube *fiafi, fiafito*.
Spitze *suepe*.
spitzig, geschabt *ploplo*.
Spott, Hohn *fenu*.
spotten *dé me na*.
Sprache, Stimme *gbe*.
Sprichwort *abe*.
spriessen *ci, cici, mie*.
spritzen An. *plu*.
Spule *kahlanu*.
spülen *klo*.
Stab, Spazierstock An. *atikplo*.
Stabträger An. *atikploto*.
Stachelschwein *kotoko, jirija*.
Stadt *du*, An. *du, dea*, D. *gbegbe*;
　　— Gebiet *gbame, gbo*.
Städter, Stammgenosse *dumeto*.
Stadthalle *dubeahua*.
Stall *nope*.
Stamm *dó*.
stammeln *kóko*.
Stammgenosse *miato*.
Stammler *kokóla*.
stampfen *toto, dó*; — kneten
　　　　　　　　　ña, ña.

stark *cu, sese, sese, se, sẽ*;
heftig *sesie*; --, fest An. *senũ*,
sese, sesie;　sein *fo, cu, se ñũ*;
　　　　　　werden *ci*.
Stärke, Kraft *ñutisese*.
Starrkopf *ñutasela*.
Staub An. *huhu*.
stechen, durchbohren *po de he*.
Stechfliege *damekplorui*.
Stecknadel *kpoñũ*.
stehen *jitre, fo*; —, verweilen *te*;
　— bleiben *to, to te, no jitre*.
stehlen *fi*.
steif *sisrisi*.
Stein *kpé*; kleiner — D. *ahuña*.
Steintopf *kpeze*.
sterben *ku, ci, mie nu*.
Sterben, das, *pekuku*.
Stern *gletivi*, An. *wetrivi*, D. *osũ vu*.
Stiefel *afokpa*; langschäftiger An.
　　　　　　　　　afokpadidi.
Stiefelabsatz *afokpoji*.
Stiefelsohle An. *afohome*.
stille *dodui*.
stillen *gbli*.
stinken *pẽ*.
stinkend *pẽpẽ*, Adv. *kũ*.
Stirne *ñgonu*.
Stock *ati*.
Stockyams, Kassada *agbeli*.
stöhnen *ñe, ñeñem*.
stolz sein *dá*.
stossen *dó*.
stossen, klopfen *tu*; mit der Faust
　　　　　　　　　—, *tu ko*.
strafen *do ayia, dõ to*.
Strand *apunu, aputa, apucinu*.
Strasse *dumo ga*; D. *alie*.
strahlend, hell *hẽ*.
straucheln an, *klẽ nu*.

Streichholz An. *matšesi*, D. *dumũ*.
Streit *jire, fu, vu, avu, vũ*.
Streiter *gedila*.
Strom, fliessendes Wasser *čisiši*.
Strumpf *afowu, afowui*.
Stück (von Waaren) *kpo*.
Studierzimmer *agblehome*, An. *womanlohome*.
Stuhl, mit Lehne *ablęgo*, einheimischer *jikpui*, An. *aʒikpe*, D. *ʒikpo, plabe, kadera*.
Stuhllehne *ṅgbedonu, ṅgbedope*, *medepe*, An. *jiọdope*.
Stumme, der, *adetututo, mimi*.
Stummheit *adetutu*.
stumpf *kpo, či*.
Stunde, Uhr, Schlaguhr *gapopo*.
Stute *sono*.
Stutzuhr *homega*.
suchen *ji;* —, das Auge schweifen lassen *ja ṅku*.
Süd *apume, apugo, jigo*.
südlich *jiehe, apeʒa*.
Sünde, Uebelthat *nuvõ*.
Sünder, Uebelthäter *nuvõwola*.
Suppe *dęči;* anrichten *po dęči;* aus saurem Maismehl *jaka-jake*.
süss, schmackhaft *vivi;* — sein *vivi*.
süssen *vivi na*.
süsslich Adv. *ñomue*.

T.

Tabak *ataba, atama*.
Tabakspflanze im Beet *atabavi*.
Tabakspfeife *tabaʒe, tamaʒe*, D. *aʒokue*.
Tabakssamen *tabaku*.
Tag *gbe, ṅkeke*, D. *ayiho*.

Tagesanbruch *kękęsi, ṅkekęsi*.
Tagesende *ṅkekeanu*.
täglich *gbešiagbe, gbewotšogbe*.
Tante *dadia*, D. *da ñōnu*.
Tanz *ġe, ġedudu*.
tanzen *du ġe*.
tappen *ja*.
Taschentuch *doku, taku*.
Tasse *kplu*.
Taube, der, *tokuno*.
taub sein *ku to*.
Taube, die, *ahoṅg*, An. *ahōnę;* wilde — *akpakpa*, An. *peplelu, peplelu*.
tauchen, untertauchen *do dí*.
Taufe An. *Mawuči*.
taufen An. *do Mawuči ta ng*.
Taugenichts *amęšiši*.
Teig, Brei *jogbo*, An. *ʒogbõ;* —, gesäuertes Mehl *amowo;* D.*dogi, godō*.
Teil, Stück *gome*.
teilen *pu*, An. *mę;* in der Mitte — *pume;* teilen, trennen *mã, mãmã;* — verteilen *ke me*.
Telegramm An. *telegrãme*.
Telegraph An. *telegrãfe*.
Teller, Traglast *agba*.
Termite *baba*.
Termitenhaufen *babako*, An. *babakõ*.
teuer *évé;*, kostbar *sęsę*, An. *sēsē;* — sein *ho aši*.
Teufel *abosã, legba*.
Thal, Tiefe *pè*.
Thäter *ñajiwola*.
Thau *ʒãmu*.
Thee An. *či ʒoʒo; tia*.
Theer *año*.
Theetasse An. *tikopo*.

261

Thor *agbo*.
Thorax, Brustkorb *aḣada*.
Thorheit begehen *do flo*.
Thorweg, Seeseite *aputagbo*.
Thran *bosomi*, An. *bosro*.
Thron *ḟadujikpui*.
Thür, Holzthür *ḣotru; ḣo*, An. *hotru, ḣoatru; hō*.
Thürhüter *agbojola*.
tief *gobo, gu*; tief — *goglo*.
Tiefe *tome, globoa*; in die — sehen *kpo tome*.
Tier, Fisch, Fleisch *lã;* wildes — *gbemelã*.
Tigernuss *ḟe*.
Tinte An. *womaći*, D. *ṃemaći*.
Tintefass A. *ñloćigui*, An. *womaći*.
Tintenfisch *geno*.
Tintenkleks *womaćiḣoḣo*.
Tisch *kplō*, D. *taṿo*.
Tischplatte *ḣuḣo*, An. *gbogblo*.
Tischtuch *kplōḟivo*.
Tochter *viñōnu*.
Tod *ku*.
todt *kuku*.
Todeskampf *kudo*.
Todesstrafe erleiden *kpo kudeḣe*.
Todestag *kugbe*.
tödten *wu*.
Todtenfeier *yoḣe, etso*.
Todter *ameku*.
tönen *de gbe, ku*.
Topf, Krug *ẓe*, D. *ẓẽ*.
Töpferei *ẓememe*.
trächtig werden *fofu*.
trägʼ *kuviatō*.
tragen auf dem Rücken *kpá*; von Früchten *tse*.
Träger *edoćovi*.
Traglast *agba, agbata*.

tränken *dé ći mu*.
Trauer *koñifáfá*.
Traum *drōḣe*.
traurig sein *fá na, do ada*.
Traurigkeit *mojaka, mojakajaka*.
Treibriemen An. *agbaẓeka*.
trennen, zerreissen *ẓẽ*; auftrennen *tu ka;* sich — *ḣle ka, dé dokui me*.
Trennung *numãnu*.
Trense, Zaum *numega*.
Treppe *ajrog, atrakpoć, atrokpui*.
triefen *dudu*.
trinken *nō*, An. *nu, nū*.
Trinkwasser *ći nunu*.
Tripper An. *safu*.
trocken *ḣuḣui*.
trocken sein *ḣu*, D. *ḣu*.
Trockene, das, *ḣuḣuiḣe*.
Trockenzeit *gbebi*, An., *ẓoḟeme*, D. *alume*.
trocknen *sia*.
Trog *atitokpo*.
Trommel *eḣú;* grosse — *agblopu*.
Trommelfisch *popuṇelãgi*.
Trommelschläger *ḣuḣola*.
Trommelstock *agblo*.
trommeln *ḣopu*.
Trompete *ekpe*.
tröpfeln, lecken, *dudu*.
Trost *jijododo*.
trösten *lé ji ele ḣome, si avi*.
trotzen *do mo*.
trübe *bublu*; trübes Gesicht machen *yo mo*
Trübsal *momenuvévé*.
Truthahn *doku*.
Tyrann *ñutaseḷa*.

U.

Uebel, Sünde *nuvõ*.
Uebelthat An. *agojeje*.
Uebelthäter *nuvõvrola*.
überall *afisiafi*.
Ueberbleibsel *wluwhui, hliha*.
übereinkommen *dogbe*.
überfallen *je ji*.
überführen *dé gome*.
überschreiten *da ta*.
überschwemmt sein *do*.
übersetzen *de nu, de gome*.
überspülen *ko ji*.
übertreffen *wu*.
Uebertreter *señgla*.
Uebertretung *semeñg*.
überwinden *no ji;* —, beherrschen *du ji*, vgl. S. 55.
überzeugen *dé gome*.
übrig sein *ʒuʒo, suso, kpo to*.
Uebrigbleibende, das, Rest *susoe*.
Uebrige, der, das *kpotg*.
Ufer *dó*.
Uhr *ga, gapodokui*.
umarmen *lé kpo*.
umgeben *hlg, pohlã;* —, umschlingen *po hlg*.
umgekehrt *totro*.
umgraben *ñlo, gudu*.
Umkehr, Bekehrung *totro, totrome*.
umkehren *tro*.
umkehren *gbigbo*.
umpacken *popu*.
umsinken *ñero;* —, untergehen *yi to*.
unbarmherzig sein *sé ñuta*.
Unbarmherzige, der, *dõmejuito*.
Unbarmherzigkeit *dõmejni*.

und *eye, ye, kple:* An. *ku, gbaku, gbakudo;* D. *kpo, gbo, gbo;* und doch An. *votšo*.
unendlich, ewig *mavõ*.
ungebildet, zu sehr »Buschmann«, *eveme ñto*.
ungefähr *ano, anõ; ba*.
ungehorsam *trito*.
ungerecht D. *mebublu*.
Unglück *nuvévé*.
Unheil *busu*.
unrein *bublu*.
unser *miape*, An. *miabe*.
unten *añigba, egome;* —, hinunter *añi;* —, in der Erde *gume;* D. *dayi*.
unter, unterhalb *ete*.
Untere, das, Anfang *egome*.
Untergarn auf der Nähmaschine An. *egomeka*.
Unterhaltung *ʒe*.
Unterkiefer *añigbedu*.
Unterricht An. *nukpakpla*.
unterschreiben *do aši, ñlo de té*.
untertauchen *do di*.
Urgrossvater *togbetogbe*.
Urin *aduto*.
Ursprung *egome;* — nehmen *dé gome*.
urteilen *ko jo*.

V.

Vater *to, miato, fofo*.
Velociped *velosipède*.
Ventil *veñtile*.
Veranda *akpata, abranda*, D. *hẽvo*.
verbergen *gla, glã, glẽ;* sich — *bg*.
verbieten, warnen *kpena*.
verbinden *kpe*.

verbrennen, angebrannt sein *fiá.*
verbringen, verlegen *bu.*
verderben *gblẽ, gble, kplẽ.*
Verderben, das, *kpẽkplẽa.*
verdorren *yiro.*
Verehrung *asubo.*
verfault *ñuñõ,* An. *ñiñõ;* — sein An. *ñiñõ.*
verfehlen, nicht treffen *dé pu.*
Verfolger *ametála.*
Verfolgung *ametátá.*
vergeben *ke, kẹ.*
vergelten, belohnen *do depe na.*
Vergeltung *depe.*
vergessen *ńlo* -- *be,* D. *ńo, hõ.*
vergiften An. *do na be ku.*
vergnügungssüchtig sein *fẹ.*
verheiraten, sich, *lé alọ amẹ ku srõ.*
verhören *mo de nu.*
verirren *bu;* sich — *bu mo, tre mo.*
verkaufen, Handel treiben *jira, jra.*
verkommen *jakpasu.*
verlangen nach etwas *bia ńũ.*
verlassen *kplẽdi.*
verleumden, verraten *sesagbliñũti, sagbliñũti.*
Verleumder *sesala, sagblisala.*
verlieren *bu.*
verloren *bu, bubu.*
verloren gehen An. *tṣi.*
vermehren, viel sein *sogbo,* An. *sugbo.*
vermitteln *no nu.*
Vermittler. Priester *nunola.*
verraten *sesagbliñũti, sagbliñũti.*
Verräter *sesala, sagblisala.*
versammelt sein *so.*
verschenken *dahe.*
verschieden, besonders *rovo, vorovo.*

verschlingen *mi.*
verschneiden, kastrieren *ta.*
verschnitten, kastriert *tátá.*
verschweigen *ǵlã ji.*
Verschwender *yakame.*
Verschwendung *hanu.*
versiegen *miẹ.*
versöhnen *wo deka.*
verspotten *ju, do ńku de.*
Verstand *tame.*
Versteck *nuha, ǵlaǵlape, ǵlãǵlãpe.*
verstehen *ñie.*
versuchen *dovere, dé kpo.*
Versuchung *tete, tetekpo;* in — geraten *gede dédéame.*
Vertrauen *ńkujidodo.*
vertreiben *ña, tu ña.*
verurteilen *do de ta.*
Verwandter An. *chomẹ.*
verweigern *gbe, kpe.*
verweilen, dabei sein *jo; totro.*
verwenden, legen *lo.*
verwickelt sein *ku me.*
verwunden *do abi, dé abi ńũ.*
Verwundete, der, *abito.*
verzehren *mi.*
Verzeihung, um — bitten, *le afo na, dé kukua.*
viel *fũ, gede, fugede, sogbo,* An. *sugbo,* D. *sukpo.*
vielerlei D. *gege.*
Vielfresserei *nuéududu.*
vielmehr An. *bohũa.*
vierkantig *kõñũ.*
Vogel *he, hevi; hejojoe.*
Vogelschlinge *mo, mõ.*
Volk *dó,* An. *duko.*
voll *kpeka;* — sein *po, do.*
vollenden *wu nu.*

Vollmacht, Erlaubniss ñūtimo; haben le ñūtimo na.
Vollmond An. wetria mãme.
vor, gegenüber mo; kóme, ñkume.
vorausgehen yi ñgo; — gegenüberstehen je ñgo.
vorbeigehen doli, dó, dó ñũ, dó ñūti.
Vorderarm alonu.
vorgehen, von der Uhr An. debla.
vorgestern ñićo.
Vornehmer, Aeltester amęgã.
vorstellen, einführen gbo fia.
Vorteil haben, gewinnen dé vi.
vortragen, darlegen do gbo.
Vorübergehen, das, ñūtidóm.
vorvorgestern, übermorgen ñićo ke mę.
vorwärts ñko.

W.

Waare ajonu.
wachsen do, do na.
wach sein ñō.
wachen do ñũ; — bewusst sein lé ñũ; Wache halten An. bu.
wachsen ći, ćići, mio, miǫmiǫ; An. śi.
Wachstum miemię, An. miõmiõ, D. wuwùtõ.
wackeln hūhū, mu.
Wade sobo.
Wage mudanu.
Wagen taśiadam, An. keke.
Wagenrad taśiadamkeke.
wählen tia.
wahr, wirklich, in der That? dépe.
Wahrheit ñadeka, ñadepe.
wahrlich vãvã.
Wald are, gbe, D. osũ.
Wallfisch kplohului, boso.

wallen, sieden fie.
Wand gli, D. do.
Wandelndes Blatt dokomedokome.
Wanderer mozola.
Wandtafel An. nuñlogbogblo.
Wange An. tréćo.
wann walębę, wǫlębę, gbekagbe.
Wange alogo.
warm sein je jo, D. yozu.
warnen kpena.
warten lala; — stehen bleiben to te, D. kpuikpo.
warum nuka ñūti; —, wie alemã.
was nuka, D. ani, anihuę; aniwę, aniwęde.
Waschbecken mofugba, An. mefugba.
Wäsche muñãñã.
waschen kpala, lé, ña; das Antlitz —, kämmen fū.
Waschmann An. nuñato.
Waschnapf mofugba, An. mefugba.
Waschwasser An. ećílélé.
Wasser ećí, D. ćī.
Wasserglas, Bierglas tombla, tomblę.
Wassergraben bolipo.
Wasser holen du ći, ku ći.
Wasserloch vudo, fudo, An. tohui.
Wassersucht nogo.
wassersüchtig hǫtrǫ; — sein dè.
Wassersüchtige, der, hǫdrǫ.
Wassertopf tomedeze, D. toyideze; grosser zo.
weben lõ, dà pu.
Weber An. avolǫtoa.
Weberei avolõm.
Webstuhl akpa.
Wechselfieber nũja.

wechseln doli.
Wechsler gadola.
wecken ṅọ.
Weg, Loch mọ, D. li.
wegnehmen pu ćo.
wegwerfen ke pu gbe.
wehren, sich, wọ ada.
Weib ñõnu.
weich, sanft bọbue.
weichen déda.
weiden ñĩ.
Weideplatz ñĩpe.
Weihnachten An. bloña.
weil be, bena, bene, D. beño; weil, auch elabe, elabena.
Wein vẹ.
weinen v'avi.
Weinpalme atati; —, Oelpalme de, D. ọde.
Weintopf atanudọẓe.
weiss ġe, ġi; — sein fu.
weissagen gblọ d'añi.
Weissbart (Affenart) kpõ.
weise sein ña nu, ji ñku.
Weise, der, nuñala, enuñatọ, ñku-jila; ñala, nuñala.
Weisse, der, yofu, An. yovo, D. yevo.
Weissgarn kaġe, D. vọkãwè.
Weisheit nuña.
weit didi; ha; kakaka; D. li.
weiter, vorwärts jiro.
welcher, relat., he, si, ke.
Welle, Woge ćićoćui.
Welt heḥeme.
wenden, werden trọ, trõ.
wenig vi, viade, vide, vẹ; ein — pe, D. kpẹ.
wenn nẹ; — nicht, dass nicht gane.

werden, geschehen ẓu, su; zu etwas — trọ, trõ ẓu.
werfen lo.
werfen dà, di, će, ḥle; —, schlagen pu.
Wichse An. ẓeyi, blẹkiñ.
wickeln he.
Widder alẽgbọ.
widerlich stinkend kũ.
widersprechen gblọ ña de ñũ.
wie aleke.
wiederherstellen dọ do, gbugbowọ.
wiederholen gbọ.
wiederkäuend ḥlọmoḥlọmọ.
wieviel nenie, An. nene, D. nabiwẹ.
Wildpret ade.
Wildschwein, rotes, gbeḥa, hajiẽ.
Wille lũlõnu, jironu.
willkommen jajaja.
Wind aya, D. jọhõ.
winken mia si.
wissen, verstehen ñie; — erkennen ña.
Witwe ahosi, D. aćukući.
Wespe, rote, lili.
West A. amugo, epego (im An. Nord); An. wodoḥọ.
Weste An. weskot.
weswegen aleñũti.
wo fiḥe, fiha, fike, afika; gaka; relat. afisi; wo, da D. fi, fite.
Woche, Sonntag kwasida, D. vodunbe.
Wocken detitetri.
Woge, Welle kpojaja, ćoćui.
wogen jakpo.
wohlbehalten An. ago.
Wohlgeschmack vivi.
wohlhabend, der Reiche, hoćuito.
Wohlthäter ameñila.

wohnen no.
Wohnort nope.
Wölbung godo.
Wolke, Himmelsgewölbe alili, alilikpo; —, Donner D. jinukuču.
Wolle, Decke kuntru, An. kuntu.
Wort, Sprache gbe.
worfeln nafu.
Wunde abi.
Wunder ñoji, nukuña.
Wundsein, das, abihoho.
Wunsch, dem — gemäss loji.
wünschen ji, di, juro; D. bawe, bibao.
würgen lé ve.
Wurmmedizin avlokuitike.
Wurzel ge, D. atido.
würzen do vivi.
Wüste, Oedland gbajape.

Y.

Yams ete; in Oel gebratener — koliko, te toto.
Yamsfarm tegble.
Yamshaufen tekpo, An. kitekpo.
Yamskopf teta.

Z.

Zahn adu.
Zahnschmerz An. adela.
Zange ako, gbe.
zanken he ña de ñu, blu de, wo jre; An. wo ajire.
Zaum lipo, kpo.
zart ji, le; — sein fa.
Zauberei edronu.
Zaubermittel An. ebo.
Zaum numega.
Zehe fobide; grosse — afodegleču.
Zehennagel, Fingernagel feču.

Zeichen, Narbe jeśi, jeśi.
Zeichnung adañu.
zeigen, führen fia, An. fio, D. hle.
Zeit jeje, vovo, ñoli, An. dodo; — einstweilen esinu; — haben vo.
Zeitalter jijime.
Zelt An. azava, bua; Hütte honu kpui; — schlagen tu bua.
zerbrechen, knicken ñe, ñg; —, zerbrochen sein fe, ñg.
zerbrochen kaka.
zerhauen ko.
zerlegen ma me.
zerreiben gba.
zerreissen vu, la, joka.
zerrissen vuvu, jeje.
zerschlagen tu gu; —, zerpicken ji.
zerschneiden fle, fli.
zersplittern ja.
zerspringen je.
zerstreuen ke hle; —, wegwerfen ke pu gbe; sich — ka.
Zeuge dasefo.
zeugen, gebären ći, ćići.
Ziege gbo, gbo; weiblich: gbono; An. D. gbogbo.
Ziegelmauer kpegli.
Ziegenstall gboho, gbokpame.
ziehen, schleppen te; —, zupfen he.
Zimmer home, ahome; inneres — hoga.
Zimmerdecke hoaji.
Zimmermann adañwola, An. adañuto, adañwoto, atikpato, D. atikpato.
zittern čočo, pupu.
Zöllner nučola.
Zorn jibi, jiku.
zornig sein jiku, do dome jui, vé dome.

Zornige, der, *jibila, jikuto.*
zottig *fuẓeẓe;* —, kraus *jejē.*
zuckend *pupupu.*
Zucker *suklé, suklé.*
Zuckerrohr *fofon.*
zudecken *ejo.*
zuerst, zuvörderst *sa.*
zufriedenstellen *gbli.*
zugesellen *éo kpe de nnti.*
Zugtier *dowola.*
zuhören *do to.*
Zunge *adé.*
zupfen, raufen *ño, ño.*
zürnen *biji.*
zurückbleiben *tsi.*
zurückkehren *tro gbo, tro va, gbugbo.*
zurücklassen *kplēdi, gble.*
zusammengehen *kedi.*
zusammengiessen *popu.*

zusammenlegen *dodu, kpla.*
zusammennähen, wählen An. *tsa.*
zusammentreffen *po go, kpe de nn.*
zusehen *kpo da.*
zuteilen *klo.*
zutreffen, eintreffen *fa me, fafa me.*
zuverlässig sein *le gbe ji.*
zuvor An. *adokpo.*
zwängen *haha.*
Zweifel *dike.*
zweifeln *kedi.*
Zweifler *dikela.*
Zweig *alo, fö.*
Zwerchfell *doyi.*
Zwiebel *sabule.*
Zwillinge *renovi.*
zwischen *dome;* , mitten *titina.*
Zwischenmauer, Scheidewand *mudo.*
Zwischenraum *dome.*

Bemerkte Satzfehler.

S. 4 Z. 14 lies: »floh nach Ada, über den Volta«
» 30 » 3 v. o. lies: *dada pe gbe*
» 56 » 12 v. u. lies: ʒe statt ʒo
» 71 » 14 v. u. lies: *ćo* statt *tso*
» 89 » 6 v. u. lies: Vier statt Drei
» 93 » 8 u. 9 v. u. lies: *gbope* statt *gbowe*
» 94 » 11 v. o. lies: *Abloći alẽwo be fu ṅlo na. woćoa kuṅtu woa ka lõa* etc.
» 94 » 12 v. u. lies: *wogbo na elé gea*
» 101 » 8 v. o. lies: *gbo* statt *gbũ*
» 104 » 18 v. o. lies: *koklo de lea?* statt *koklo de m'lea*
» 105 » 16 v. o. lies: *amede le fihe* statt *ame dé mule fiho*
» 109 » 8 v. o. lies: *m'd'akpe no* statt *m'da kpeno*
» 110 » 5 v. u. lies: *gbope* statt *gbohoe*
» 111 » 7 v. o. lies: *ṅkogbe* statt *kõ gbe*
» 162 » 3 v. o. lies: *fẽdutoe* statt *fẽ du toe*

Bemerkungen zur Karte.

Die beigegebene Karte will etwas mehr sein, als eine blosse Sprachenkarte: sie soll gleichzeitig zur physisch und politisch-geographischen Uebersicht dienen. Bearbeitet ist sie auf Grund des folgenden Materials.
Für die Deutsche Sklavenküste bis zum Randgebirge und darüber hinaus durch Kpandu, Nkunya und Kratschi bis in die Nähe des Dakaflusses, im Zuge ostwärts hinüber nach Adeli und südwärts wieder durch Kebu und Akposo beruht die Karte überwiegend auf meinen eigenen Aufnahmen aus den Jahren 1887, 1888 und 1889. Verglichen und benutzt sind dabei die Hassensteinsche Karte in Petermanns Mittheilungen, 34, VIII, 1888, welche ihrerseits meine ältere Karte (1888) benutzt hat, sowie namentlich die Routenskizzen der Herren Hauptmann von François, Stabsarzt Dr. Wolf † 17. Juni 1889 im nördlichen Dahomé und Premierlieutnant Kling in den »Mitteilungen aus den Deutschen Schutzgebieten«. Für den westlichen Teil, das Stromgebiet des Volta, liegt die Karte der Baseler Mission (A Map of the Gold-Coast and Inland Countries between and beyond the Pra and Volta, by the Basel Missionaries on the Gold-Coast. Published by the Missionsbuchhandlung, Basel 1885) und Dr. Mählys vom Jahre 1886 zu Grunde; für den Osten teils Duncan, teils die Perthessche Generalkarte von Afrika. M. d'Albécas Karte, welche seiner »Côte Occidentale« (vgl. Vorrede S. XVI) beigegeben ist, erschien erst, nachdem die vorliegende Karte im Druck schon fertig gestellt war; sie hätte sonst für Dahome noch neues Material abgegeben.
Was die politischen Grenzen anlangt, so ist nunmehr durch das englisch-deutsche Abkommen 1890 Kpandu mit Ho zum Deutschen Gebiet gekommen, so dass dieses mit dem nördlich belegenen Nkunya und Kratschi unbestritten Deutsche Kolonie ist. Die Neutralität Salagas ist bestehen geblieben, dagegen werden weiter nördlich Jendi, Dagomba und Gambaga deutsch, nachdem diese Gebiete durch Hauptmann von François geographisch und politisch schon erschlossen sind.

Die Sprachgrenzen werden noch vielfach der Berichtigung in späterer Zeit bedürfen; schon jetzt, nach dem französisch-dahomitischen Kriege, hat sich endgültig herausgestellt, dass im Königreich Cotonou (Kutonu), das unter französischer Schutzherrschaft steht, **Fongbe**, also ein Ephedialekt, gesprochen wird. Schlegels Angabe, dass Ephe bis Lagos reiche, beruht auf einem Irrtum; natürlich hört man in einem so grossen Handels-Emporium wie Lagos mit seinem Völkergemisch, auch häufig Ephe, aber die Landessprache ist dort Anago. Sehr unsicher sind aber die Sprachgebiete nördlich von Dahome und dem Yorubagebiet; ich konnte nur Custs Angaben und Karte zu Grunde legen (Cust, Modern African Languages).

www.ingramcontent.com/pod-product-compliance
Lightning Source LLC
Chambersburg PA
CBHW031332230426
43670CB00006B/320